“十四五”时期国家重点出版物出版专项规划项目

★ 转型时代的中国财经战略论丛 ◢

多个大股东
对企业风险承担的影响研究
——机制与经济后果

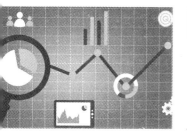

Research on the Influence of
Multiple Blockholders on Corporate Risk-taking:
Mechanism and Economic Consequences

张瀛之 著

中国财经出版传媒集团

经济科学出版社
Economic Science Press

图书在版编目（CIP）数据

多个大股东对企业风险承担的影响研究：机制与经济后果/张瀛之著. －－北京：经济科学出版社，2022.8

（转型时代的中国财经战略论丛）

ISBN 978 - 7 - 5218 - 3981 - 4

Ⅰ.①多…　Ⅱ.①张…　Ⅲ.①上市公司 - 股东 - 影响 - 企业管理 - 风险管理 - 研究 - 中国　Ⅳ.①F279.246

中国版本图书馆 CIP 数据核字（2022）第 159827 号

责任编辑：李一心
责任校对：王肖楠
责任印制：范　艳

多个大股东对企业风险承担的影响研究
——机制与经济后果
张瀛之　著
经济科学出版社出版、发行　新华书店经销
社址：北京市海淀区阜成路甲 28 号　邮编：100142
总编部电话：010 - 88191217　发行部电话：010 - 88191522
网址：www. esp. com. cn
电子邮箱：esp@ esp. com. cn
天猫网店：经济科学出版社旗舰店
网址：http：//jjkxcbs. tmall. com
北京季蜂印刷有限公司印装
710×1000　16 开　14.5 印张　231000 字
2023 年 2 月第 1 版　2023 年 2 月第 1 次印刷
ISBN 978 - 7 - 5218 - 3981 - 4　定价：61.00 元
（图书出现印装问题，本社负责调换。电话：010 - 88191510）
（版权所有　侵权必究　打击盗版　举报热线：010 - 88191661
QQ：2242791300　营销中心电话：010 - 88191537
电子邮箱：dbts@ esp. com. cn）

总　序

　　"转型时代的中国财经战略论丛"是山东财经大学与经济科学出版社在"十三五"系列学术著作的基础上，在"十四五"期间继续合作推出的系列学术著作，属于"'十四五'时期国家重点出版物出版专项规划项目"。

　　自2016年起，山东财经大学就开始资助该系列学术著作的出版，至今已走过6个春秋，期间共资助出版了122部学术著作。这些著作的选题绝大部分隶属于经济学和管理学范畴，同时也涉及法学、艺术学、文学、教育学和理学等领域，有力地推动了我校经济学、管理学和其他学科门类的发展，促进了我校科学研究事业的进一步繁荣发展。

　　山东财经大学是财政部、教育部和山东省人民政府共同建设的高校，2011年由原山东经济学院和原山东财政学院合并筹建，2012年正式揭牌成立。学校现有专任教师1690人，其中教授261人、副教授625人。专任教师中具有博士学位的982人，其中入选青年长江学者3人、国家"万人计划"等国家级人才11人、全国五一劳动奖章获得者1人、"泰山学者"工程等省级人才28人，入选教育部教学指导委员会委员8人、全国优秀教师16人、省级教学名师20人。近年来，学校紧紧围绕建设全国一流财经特色名校的战略目标，以稳规模、优结构、提质量、强特色为主线，不断深化改革创新，整体学科实力跻身全国财经高校前列，经管类学科竞争力居省属高校首位。学校现拥有一级学科博士点4个，一级学科硕士点11个，硕士专业学位类别20个，博士后科研流动站1个。在全国第四轮学科评估中，应用经济学、工商管理获B＋，管理科学与工程、公共管理获B－，B＋以上学科数位居省属高校前三甲，学科实力进入全国财经高校前十。2016年以来，学校聚焦内涵式发展，全面实施了科研强校战略，取得了可喜成绩。获批国家级课题项目 241 项，教育部及其他省部级课题项目 390 项，承担各级各类横向课题 445 项；教师共发表高水平学术论文 3700 余篇，出版著作 323 部。同时，新增了山东省重点实验室、山东省重点新型智库、山东省社科理论重点研究基地、山东省协同创新中心、山东省工程技术研究中心、山东省两化融合促进中心等科研平台。学校的发展为教师从事科学研究提供了广阔的平台，创造了更加良好的学术生态。

"十四五"时期是我国由全面建成小康社会向基本实现社会主义现代化迈进的关键时期，也是我校合校以来第二个十年的跃升发展期。今年党的二十大的胜利召开为学校高质量发展指明了新的方向，建校 70 周年暨合并建校 10 周年校庆也为学校内涵式发展注入了新的活力。作为"十四五"时期国家重点出版物出版专项规划项目，"转型时代的中国财经战略论丛"将继续坚持以马克思列宁主义、毛泽东思想、邓小平理论、"三个代表"重要思想、科学发展观、习近平新时代中国特色社会主义思想为指导，结合《中共中央关于制定国民经济和社会发展第十四个五年规划和二〇三五年远景目标的建议》以及党的二十大精神，将国家"十四五"期间重大财经战略作为重点选题，积极开展基础研究和应用研究。

"十四五"时期的"转型时代的中国财经战略论丛"将进一步体现鲜明的时代特征、问题导向和创新意识，着力推出反映我校学术前沿水平、体现相关领域高水准的创新性成果，更好地服务我校一流学科和高水平大学建设，展现我校财经特色名校工程建设成效。通过向广大教师提供进一步的出版资助，鼓励我校广大教师潜心治学，扎实研究，在基础研究上密切跟踪国内外学术发展和学科建设的前沿与动态，着力推进学科体系、学术体系和话语体系建设与创新；在应用研究上立足党和国家事业发展需要，聚焦经济社会发展中的全局性、战略性和前瞻性的重大理论与实践问题，力求提出一些具有现实性、针对性和较强参考价值的思路和对策。

山东财经大学校长

2022 年 10 月 28 日

目　录

2

第1章 导 论

1.1 研究背景与意义

1.1.1 研究背景

转型经济中,我国普遍存在着集中股权下的大股东控制,大小股东之间的代理冲突代替股东和管理层之间的代理问题成为公司治理的焦点。在这种情况下,最容易产生的问题就是控股股东掌控着公司所有重大决策,表现各控股股东可以随意掏空上市公司的资产、可以随意调整董事会的结构、可以随意地将募集的资金用于非原定用途,甚至可以操纵发布虚假信息,这使得内部交易、虚假信息披露和恶意操纵市场等违规行为多出现在一股独大的上市公司中。近年来,随着股权分置改革的完成和混合所有制改革的进行,我国国有上市公司控股股东的持股比例呈逐年下降的趋势,但为了保持国有经济的主体地位,国资委或国有法人所持有的股份仍然是控制性的,一股独大的局面并未发生根本性的改变。除此之外,国有上市公司由于国家股东虚位和过长的委托代理链条,还存在严重的内部人控制问题,公司往往形成以董事长为核心的内部人控制格局,公司决策往往是内部人的"一言堂",代理成本居高不下。因而,国企改革过程中始终在探索能够改善国企经营弊病的治理机制。

在改革实践中，相关治理机制往往存在一定程度的失效。首先，独立董事制度是我国上市公司治理机制中最基本和重要的安排之一，然而由于独立董事的产生要经由作为其监督对象的上市公司内部人提名和推荐，"任人唯亲"的文化使这项安排天然就具有"非独立"性质，甚至会被控股股东所收买，制约其监督作用的发挥。其次，监事会也没能发挥监事作用，缺席股东大会的"惰性"监事近年来并不少见。最后，公司外部投资者法律保护环境仍较弱，国有企业治理的法律约束环境远没有形成。基于此，从公司治理的本源性变量股权结构出发考虑能否形成具有内在平衡机制的股权控制结构成为可行的方向。

大股东（blockholders）在公司治理中扮演着重要角色。大股东的重要性来自这样一个底层逻辑：只有小股东的公司无法克服"搭便车"① 问题，一定的持股份额是股东参与治理的动力和能力。大股东治理作用的研究最初起源于解决第一类代理问题，即谁来约束经理人行为。而在中国情境下，代理矛盾更多的是集中股权结构下控股股东与中小股东的利益冲突，大股东的治理逻辑是否也可以用于解决第二类代理问题？也就是说，如果公司除控股股东之外都是分散小股东，则小股东的"搭便车"问题使其没有参与治理的激励和能力；而如果公司除控股股东之外还存在其他大股东，即多个大股东并存的结构，其他大股东会有激励和能力参与治理，能够通过"发声"或"退出"机制发挥其治理效用。

控股股东通常有动机和能力去选择保守的投资策略，特别是在投资者保护弱的地区，这有损于小股东利益和公司价值（Paligorova，2010）。而如果公司存在多个大股东，由股权相对集中的控股股东和具有相当持股量的其他大股东组成，公司决策机制就会变得更为复杂，决策不再是控股股东的一家之言了。其他大股东会积极地在股东大会和董事会上提出体现自己意志的议案，并积极地通过建立关系股东、向董事会派驻董事、拉拢中小股东等方式促使自己的议案更多地被通过，促使公司决策向自身的风险偏好上倾斜，此时公司决策往往是控股股东和其

---

① "搭便车"问题是指，股东要承担干预的所有成本却只能从干预中获取一部分收益（以自身持股比例为限的收益）（Shleifer and Vishny，1986），因此，分散小股东几乎都是"消极"股东。

他大股东讨价还价的结果，控股股东次优的、有利于控制权私利攫取的决策可能更少地被通过。米什拉（Mishra，2011）指出内部人（包括控股股东和经理人）侵占小股东利益的一个重要途径就是投资于次优的、低风险的投资项目，或者通过建立多元化的"企业帝国"损害企业价值。也就是说，公司内部人会通过低风险承担的决策对小股东利益及公司价值造成侵害。那么，在多个大股东结构的公司中，其他大股东有没有激励制约控股股东和经理人，从而推进与内部人偏好相反的冒风险投资决策、提高企业的风险承担呢？

国内外有限的文献对这一问题给予了关注。米什拉（Mishra，2011）基于东亚国家数据的研究发现，多个大股东结构与企业风险承担正相关，其他大股东的存在可以限制控股股东通过保守的投资决策去攫取控制权私利，这缓解了控股股东与小股东间的代理问题，促使企业更多地投资于冒风险的项目。而在中国情境下，朱冰等（2018）得出了相反的结论，指出其他大股东对控股股东可能存在"过度监督"，使控股股东更不愿进行高不确定性的决策，行为变得保守，从而降低了公司风险承担水平。由此可见，多个大股东结构如何影响一个公司的风险承担倾向尚存争议，在中国情境下又有何作用还有待研究。

混合所有制改革是国有企业改革最重要的突破口，2022 年是国企改革三年行动的收官之年，国有企业是否"积极稳妥地推进混合所有制改革"将在 2022 年获得实践检验结果。新一轮混合所有制改革的关键特征就是引入其他资本，即引入其他大股东，形成"分权控制"的主要股东间的竞争关系。因此，引入非控股大股东形成多个大股东治理结构与国有企业的混合所有制改革有着密不可分的关系。

现有文献围绕着混合所有制改革背景下参与混合的非控股股东的治理作用进行了一定程度的研究。马连福等（2015）的研究发现外部制度环境的有效性是参与混合股东改善绩效的约束条件；并且，外资股东相对于民营股东来说能够发挥更好的制衡作用，参与混合的股东存在优序选择问题。杨兴全和尹兴强（2018）的研究发现了非国有股东在现金持有方向上的治理效用，非国有股东可以发挥制衡作用从而优化国有企业的现金持有行为，进而能够提高企业价值。而郝阳和龚六堂（2017）的研究不再关注于引入参股股东的制衡作用，而是侧重于关注国有控股股东和非国有参股股东之间的"互补效应"，研究发现民营股东的参股补充了国有企业缺乏的有效的经营和管理机制，能够提高国企绩效，而国有股东之间的多元化不能起到互补效应从而没有对公司绩效起到促进作用。总结当前主要文献，学者们对非控股股东的作用进行了一定研究，但并未系统全面考察控股股东与非控股大股东之间的互动关系。因此，多个大股东结构的形成是否对国有企业来说更有效率，细分不同身份的非控股大股东在风险承担方向上所表现出来的治理效应有何不同，这些问题的讨论在国企混改的场景下兼具理论上和现实上的双重意义，不仅能够加深对股东间互动关系所能起到的治理效应的理解，还能够为混合所有制改革提供风险承担方向上的实施效果检验，为逐步深入国有企业混合所有制改革提供相关的制度和政策设计意见。

综上所述，本书在国有企业混合所有制改革深入推进的制度背景下，遵循"结构—行为—绩效（SCP）"的研究范式，深入探讨了多个大股东对企业风险承担的影响及影响机制，试图回答以下问题：

（1）国有上市公司多个大股东并存是否有利于提高企业的风险承担？多个大股东存在下的促进竞争效应、联盟效应和折衷效应，哪一种效应发挥了主导作用？

（2）多个大股东发挥治理效应的具体机制是什么？在中国情境下，是通过"发声"还是"退出"机制？

（3）多个大股东并存最终会影响企业的风险承担水平，而这种影响效应可能是通过具体的风险承担方向上的公司政策的选择来实现的。那么，多个大股东影响企业风险承担的具体公司政策路径是什么？

（4）在逐步深化国有企业混合所有制改革过程中，国家股东控股、非控股大股东为民营性质或其他不同身份的多个大股东公司越来越多，不同身份的股东（identity of blockholders）间作用关系不同会导致多个大股东怎样不同的治理效应？导致差异性效应的具体机制是什么？

（5）风险承担的提高意味着公司更不会放弃冒风险但有利于公司价值增值的决策，这是否会带来公司资本配置效率的提升？在多个大股东公司中是否有差异性影响？

1.1.2 研究意义

1. 理论意义

第一，以往文献从多个方面考察了企业风险承担的影响因素，但总体而言，从股权结构视角探讨风险承担的研究还稍显不足，更鲜有研究能够系统揭示多个大股东在国有企业场景下影响企业风险承担的作用机制。事实上，在现行公司治理中，多个大股东股权结构是非常重要的存在，这种除控股股东外还存在其他具有相当影响力股东的股权结构，相对于我国普遍存在的"一控众散"的股权结构哪一种更具有风险承担方向上的效率，是很值得深入探讨的。因此，本书从多个大股东并存这一重要的治理机制入手探讨了国有企业风险承担的提高，以及具体的作用机制和渠道。

第二，从风险承担的视角为多个大股东的治理作用提供了新证据，在中国特殊的制度背景下拓展了米什拉（Mishra，2011）的研究，丰富了多个大股东视角下股权结构领域的文献。混合所有制改革中的股权结构安排是近年来理论界所热议的问题，但多数文献的关注点在于股权的集中度、多元化和融合度（李文贵和余明桂，2015；王欣和韩宝山，2018；徐光伟等，2019；钱红光和刘岩，2019；），鲜有文献关注混合所有制改革制度背景下多个大股东的治理作用。特别地，承袭高佳旭和刘志远（2019）的研究展望，本书讨论了当公司内同时存在相同或不同性质身份的大股东时，多个大股东由于参与治理的意愿、能力和风险偏好不同而存在的互动博弈的差异，最终如何影响了公司风险承担水平。

第三，丰富了股东关系的相关研究。区别于委托代理理论下第二类代理问题研究，将大股东作为一个整体讨论其侵占行为，实际上大股东存在异质性并表现出复杂的博弈关系，并不总是一致行动进行侵占；而制衡问题研究中是将非控股股东假定为一个整体，讨论非控股股东对控股股东的制衡，实际上非控股股东间也存在异质性并且关系复杂，并不总是一致行动制衡控股股东的行为。本书借助多个大股东的研究场景，对国有上市公司大股东间的作用关系做出更加深入的分析，打开了复杂股东治理的"黑箱"。并且，以往有关股东关系的文献在混改背景下多强调不同性质股东间的"互补"关系，本书将大股东间的关系进一步地解析，创新性地提出股东间的促进竞争关系（procompetitive effects），并关注了竞争过度可能导致的折衷效应（compromise effects），补充了股东关系的研究框架。

2. 现实意义

多个大股东的治理实质是与当前国有企业推行的混合所有制改革密切相关的。新一轮国有企业混合所有制改革最显著的特征就是鼓励引入盈利动机明确的其他股东，通过"共享控制权"，赋予其他股东"发声"的能力和影响力，引入"股东间的竞争"，充分发挥其他股东的积极影响，改变国有企业由于所有者缺位和内部人控制导致"暮气沉沉"的经营状态[①]，提高国有企业经营活力。在此过程中，为了实现由形式上的混改向实质性混改的转变，赋予引入的其他股东一定的"话语权"是关键，而股权是股东"话语权"的最关键的来源。一定的持股量意味着股东拥有较高程度的所有权所赋予的参与公司决策的权利、选择和监督管理者的权利、向董事会派驻董事的权利、参与收益分配的权利和退股权等，是持股股东能够参与公司治理的基础。因而理解和检验大股东特别是非控股大股东的治理作用在混合所有制改革推进过程中是很重要的问题。

基于此，本书试图考察国有上市公司引入其他非控股大股东所发挥的治理效应如何，在转型经济的资本市场环境下非控股大股东发挥治理效应的具体作用机制如何，不同身份性质的大股东相互作用产生的治理效应有何差异。国企混改的重要要义就是提高企业活力，而企业活力在很大程度上来源于其风险承担行为（苏坤，2016）。因此考察多个大股东在风险承担方向上的作用后果可以为深化国有企业改革提供经验证据。

值得注意的是，虽然多个大股东影响企业风险承担的作用逻辑是适用于所有性质的企业的，但是结合混合所有制改革的情境来看，本书更加关注国有上市公司引入民资背景的非控股大股东的治理效应。非控股大股东在国有企业中发挥的治理效应与在一般市场化背景下的民营企业中很可能存在差异，国有企业存在天然的"所有者缺位"弊端，民营

---

① 周人杰：《人民日报：少数国企染大企业病，安于现状暮气沉沉》，载于《人民日报》2014年2月25日。

性质大股东的进入可以带来所有者"复位"，打破国有企业内部人控制格局，带来促进竞争的"鲶鱼效应"；同时，民营性质大股东与原有国家控股股东存在战略导向、利益诉求、风险偏好等多方面的冲突，也可能由于竞争过度带来折衷效应，哪一种效应会在最终作用效果中处于主导地位是值得深入研究的。

1.2　主要概念界定

1.2.1　大股东治理

自伯利和米恩斯（Berle and Means，1932）发现股权分散背景下股东与经理人之间会存在严重的代理问题，经典的股东治理（shareholder governance）就开始讨论如何进行更有益的机制安排来保护股东利益。而后拉波塔、洛佩兹、施莱弗和维什尼斯（LLSV）等学者发现世界范围内的股权结构并非像伯利和米恩斯（Berle and Means，1932）所描述的那样高度分散，集中的股权是广泛存在的，这使得股东治理的研究焦点转移到大股东治理上，讨论何种机制安排能够充分发挥大股东的治理作用以及如何设计机制来缓解大股东对小股东的利益侵占行为。因此，大股东治理（blockholder governance）包括两方面的含义：其一，集中的股权使大股东能够克服分散小股东的"搭便车"问题来积极参与公司经营决策，同时大股东对公司拥有较高的控制能力，从而如何充分发挥大股东在公司治理中的作用是大股东治理的重要内容；其二，高股权集中度下控制权和现金流权的分离使大股东有动机对小股东进行利益侵占，因此如何设计相关机制来缓解大股东侵占、保护小股东权益是大股东治理的关键问题。

大股东可以通过两种机制参与公司治理（Hirschman，1970）。第一种是直接干预公司经营，或者称为大股东"发声（voice）"。例如，大股东可以利用提案权提出战略变革的建议，或者通过董事会投票支持相关经营决策和经理人人选，再或者通过与经理人非正式沟通来影响公司经营决策。大股东参与治理的第二种机制是"退出（exit）"，即当大股东对经理人减损公司价值的行为有所不满时，可以卖掉手中的股票，拉低股价从而惩罚公司经理人之前的行为。当这种退出威胁可置信时，就可以事前约束公司经理人的决策行为。

在我国转型经济背景下，高度集中的股权结构仍是上市公司的主要特征，因而大股东治理已经成为我国上市公司治理的主要形态（黄中生，2018），对大股东治理效应的讨论对公司治理机制的完善具有重要意义。值得注意的是，大股东并非是同质的，他们之间在实际中存在着复杂关系，并不完全表现为一致行动进行参与治理或侵占。在高度集中的股权结构下，一家公司可能同时存在控股大股东与其他非控股大股东，他们之间在治理意愿、治理能力和利益诉求等方面均有差异，所发挥的治理效用如何是本书研究所关心的问题。

1.2.2　多个大股东

如何界定大股东存在一定的理论上和实证上的难度（Edmans and Holderness，2017）。而结合相关文献，基于持股份额来界定大股东有两层含义：第一，持股份额意味着决策权的分配（collocation of decision rights），股东决策权的行使主要是通过在股东大会上直接对公司重要决定投票以及投票选举公司董事来影响公司决策，而更高的股权份额给予了单个股东更多的投票权；第二，持股份额意味着股东财富效应（wealth effects）的高低，公司决策所带来的股东财富效应的高低最终取决于股东在公司的持股份额。因此，持股份额对于大股东的界定是十分重要的，它决定了股东发挥治理作用的激励和能力。

我国笼统地将前十大股东或者前五大股东视为大股东，但由于我国上市公司股权高度集中（经本书全样本数据计算得出，第四大股东的平均持股比例仅为1.81%，第十大股东平均持股仅为0.51%），这种定义下的大股东由于持股较少，能够起到的参与公司治理的作用可能十分有限。因而我们认为，能够对控股股东的利益攫取行为进行约束进而改善公司治理的大股东应该是具有相当持股量的股东。埃德曼斯（Edmans，2014）将持股比例在5%以上的股东作为大股东，而拉波尔塔等（La Porta et al.，1999）认为持股比例超过10%的股东可以被认

定为公司大股东，同样使用此界定标准的研究还有莫里和帕尤斯特
（Maury and Pajuste，2005）、莱文和列文（Laeven and Levine，2008）、
阿提格等（Attig et al.，2008）等。将持股比例5%以上作为大股东的
原因在于，5%的比例是众多西方国家的信息披露标准线，股东的增持、
减持等行为信息必须加以披露。

而结合我国的资本市场环境和制度环境，我国学者多数都采用
了将10%以上的持股比例作为大股东的界定标准（李学伟和马忠，
2007；郝云宏等，2016；姜付秀等，2017；朱冰等，2018）。这是
因为，根据我国的相关法律制度，持有10%以上股份的大股东可以
在很多方面对公司经营和治理有相当的影响力。在我国，持股比例
10%以上的股东一般能够向上市公司派出至少一名董事，甚至直接
派驻高管；同时其有权请求董事会召开临时股东大会，甚至在特定
情况下可以自行召开临时股东大会。这使得持股比例超过10%的大
股东能够借助股东大会以"用手投票"的方式影响公司决策，限制
控股股东侵害中小股东的决策行为；甚至可以通过派驻高管直接参
与公司决策和经营管理。此外，根据《公司法》的相关规定，持股
比例超过10%的股东拥有申请公司解散权，当公司经营被认为是不
可持续的状态下，持有10%以上股份的股东有权向法院申请解散公
司。这使得持股10%以上股东的"退出威胁"具有实际意义，通过
"退出"（用脚投票）的方式对控股股东的行为进行监督和限制。因
此，本书倾向于认为将10%的持股比例作为大股东判断标准是更具
合理性的。

区别于股权制衡，多个大股东与股权制衡并非同一概念，多个大
股东的股东关系比股东制衡有更为丰富的内涵，大股东之间既可能存
在相互竞争的关系，也可能出现互相合谋的关系，制衡仅是其中一种
股东关系表现。根据以往文献，股权制衡的衡量往往是第二到第五大
股东持股比例之和与第一大股东持股比例之比（刘胜强、刘星，
2010；孙兆斌，2006）或第二到第十大股东持股和与第一大股东之比
（陈德萍、陈永胜，2011），这样界定对大股东的制衡缺乏对股东关系
和股东异质性的考虑。股权制衡的这种界定的假设前提是，第二到第
五（十）位的大股东能够作为一个利益集团对企业控股股东发挥制约
作用。然而，其一，控股股东之外的其他大股东并不是都有制衡控股

9

股东的意愿（例如家族企业中的关系股东），他们彼此之间也存在利益冲突因而并不能完全团结一致来制约大股东，因此股权制衡中将其他大股东作为一个整体的界定并不能刻画现实中的大股东的博弈状况。前五或前十大股东持股比例仅为1%左右，虽然被列为"大股东"，但由于持股比例低而对公司决策的影响和对控股股东的制约极为有限。其二，前十大股东中可能存在控股股东的关系股东（尤其是家族企业中），关系股东与控股股东行动一致，因而将第二到第五（十）股东整体考察对控股股东的制衡没有考虑到股东关系的影响作用。此外，第二到第五（十）大股东之间不一定会是合作关系，也可能是竞争关系，这使得几个次大股东采取一致行动来制衡控制股东变得困难（郑志刚，2020）。而多个大股东的相关研究既考虑了股东间具体关系和相互作用可能出现的丰富效应（竞争、联盟或相互妥协），也考虑了大股东由于持有相当份额的股份而能够对控股股东起到约束作用。

综上所述，本书将10%的持股比例作为大股东的判断标准。多个大股东是指，当上市公司具有两个及两个以上持股超过10%的大股东时，本书界定为多个大股东。

1.2.3 风险承担

风险承担体现了企业在多大程度上愿意将资源投入不确定以及有风险的项目中，更高风险的项目能够带来更高的预期回报，最终提升股东的股权价值和最大化公司价值（John et al.，2008；李文贵和余明桂，2012）。高的风险承担使企业管理者在面对市场环境的不确定性时，敢于冒着风险和损失来制定企业的目标、决策和相关的行动，投资于高风险且净现值大于零的项目以追求高的市场回报，因而能够抓住企业的成长机会，加快资本积累并促进技术进步，这种持续的成长最终可以带来高水平的经济发展（Faccio et al.，2011）。而风险承担意识不足会阻碍企业对机会的识别和利用，面对不断变化的市场环境不能做出及时反应，投资于保守的、创新性不足的项目，最终不利于企业绩效的提升。因此，风险承担反映了企业对不确定性项目的态度，在外部环境不确定性较高时，风险承担意愿高的企业可能会看到项目成功可带来的巨大收益，抓住机会承担高风险；而风险承担意愿低的企业可能会关注到项目失败时损失的增大而不敢承担风险。

企业投资决策决定了当前企业的资本投入和未来的现金流波动，因而对不同程度的收益和现金流不确定性的投资项目的选择与企业未来收益的波动性存在强相关关系，许多学者从投资决策的视角描述定义企业风险承担行为（Wright，1996；Faccio et al.，2011）。而基于更广泛的视角来看，企业风险承担可以理解为企业决策制定者承担风险态度的集中体现（韩培培，2018）。基于高阶理论的"特征—行为"模式，决策者特征不同所带来的群体决策心理特质不同，投资决策行为及其后果也就不同（张瀛之等，2017），因而企业决策者的风险偏好会影响企业的风险倾向，风险承担行为是企业决策者进行企业经营的整体决策思维和决策选择的最终表现。

区别于企业风险承担，企业风险，是指在企业在其经营过程中所面临的众多不确定性因素和发生损失的可能性。奈特（Knight，1921）在研究中指出，企业利润就是来源于企业面对的不可预见的变化（即不确定性）。而不确定性和风险的含义存在一定的区别，其最大的区别可能是：风险的程度可以根据以往事件结果的概率分布来一定程度上的推算；而不确定性由于未来发生事件的不可预见性，因而不可能用统计概率来推算。由经典的资本资产定价模型（CAPM），企业总风险的组成为系统性风险和非系统性风险。系统性风险是不可分散风险，是通过投资组合的安排也不能消除的市场风险；非系统性风险是企业特质性风险，投资者可以通过变换投资组合来消除。因此，企业风险与企业风险承担概念不同，企业无法预见未来所面临的不确定性，只能选择自身的风险态度，是否愿意为追求高收益而承担更高的不确定性。

综上所述，风险承担是企业在进行投资决策时，对预期现金流存在不确定性的项目的选择，即企业将资源投入到具有不确定性的项目上的意愿，是企业的一种决策倾向（Wright，1996）。

1.3 研究思路、框架与方法

1.3.1 研究思路、内容安排与研究框架

1. 研究思路与内容安排

在新一轮国有企业混合所有制改革的制度背景下，本书试图探讨国有上市公司同时存在多个大股东是否影响公司风险承担水平，以及其中的作用机制、具体的作用渠道，旨在分析多个大股东治理在风险承担决策方向上的作用如何，并基于SCP（结构—行为—绩效）模型的理论框架，探讨公司风险承担是否最终影响企业资本配置效率以及不同股权结构下的影响差异。

基于上述的研究目的，本书的研究思路如下：首先，对本书相关的基本概念进行界定并进行了相关文献的述评，接下来详细介绍了我国上市公司多个大股东现状和形成原因，为后文研究奠定了基础。其次，对多个大股东并存可能发挥的三种在风险承担方向上的治理效应进行了详细的理论分析，在此基础上进行了实证检验和一系列稳健性检验；进一步地，讨论了其他大股东发挥治理效应的具体作用机制，并基于"股权结构—公司政策—风险承担"的逻辑路径探讨了多个大股东的引入通过何种具体路径影响了企业风险承担水平。再次，基于国企混合所有制改革的特殊制度场景，检验了多个大股东公司中不同身份非控股大股东存在下对风险承担的差异影响，进一步地，对差异影响的具体机制进行检验分析。最后，基于SCP模型的理论框架，探讨公司风险承担是否最终影响企业资本配置效率和绩效以及不同股权结构下的影响差异。

基于上述的研究目的和基本思路，全书共有8章，各章主要内容安排如下：

第1章，导论。首先基于现实背景和理论背景，提出本书的研究问题，并阐述本研究的现实价值和理论意义。其次，逐一明确了本书的相

关概念，为后续探讨研究对象之间的逻辑关系做出铺垫。然后，阐述了本书研究思路，进而介绍文章的内容安排和逻辑框架。最后，简要归纳了本书主要研究结论，并提出了论文的主要创新点。

第 2 章，文献综述。首先，通过对股权结构和多个大股东治理相关文献的梳理，描述了多个大股东研究的重要性；梳理了考虑异质股东框架下股东身份的相关研究。其次，从决策主体、股权结构与经济后果三个方向上总结了企业风险承担的相关文献。最后，对相关文献进行了述评，并提出了本书研究对未来研究方向的可能补充。

第 3 章，我国上市公司多个大股东现状及形成原因。本章详细介绍了我国多个大股东的现状，并基于我国转型时期的特殊背景讨论了多个大股东形成的影响因素，从公司特征因素、制度因素以及法律环境因素方面对多个大股东形成的动因进行考察，对我国上市公司多个大股东形成中更强的"外生性"进行了讨论。

第 4 章，多个大股东对企业风险承担的影响研究。首先，对多个大股东并存的股权结构所可能产生的治理效应对风险承担的影响进行详细的理论分析，提出了多个大股东的促进竞争效应、联盟效应和折衷效应三种可能的治理结果，在此基础上利用国有上市公司 2008 – 2017 年的数据进行实证检验，并通过 Heckman 两阶段、PSM – DID 检验进行内生性控制。在这一部分，本书基于公司风险承担的基本内涵，创新性地提出了大股东间的促进竞争效应，以探讨其他非控股大股东的引入能否起到促进公司风险承担的"鲶鱼效应"。其次，进一步地，也是现有相关文献较少进行检验的，本书讨论了多个大股东能够发挥促进竞争效应的具体机制是什么，检验了其他非控股大股东治理的"发声"机制和"退出"机制，并讨论了在中国情境下退出机制没有发挥作用的原因。再次，基于"股权结构—企业政策—风险承担"的逻辑路径探讨了多个大股东的引入通过何种具体路径（公司投资行为、战略选择和创新行为）影响了企业风险承担水平。

第 5 章，多个大股东、大股东身份与企业风险承担。首先，本部分探讨了细分不同身份的非控股大股东在风险承担方向上所表现出来的治理效应有何不同。不同股东性质带来的股东间关系不同会导致多个大股东不同治理效应的发挥，因此具体区分每一个大股东是国有股东、民营股东、金融股东或外资股东以及判断大股东之间是否为不同性质对于考察分析多个大股东的治理效应有重要意义。其次，深入探讨了民营性质非控股大股东存在下风险承担水平更低的原因和具体作用机制，提出了股东冲突假设和融资约束假说的可能解释。最后，提出有关政策启示，特别是对新一轮国有企业混合所有制改革推进方面的政策启示。

第6章，多个大股东、风险承担与资本配置效率。本书研究基于SCP（结构—行为—绩效）模型的理论框架，将落脚点最终放在公司的业绩和效率表现，讨论公司风险承担行为是否最终影响了公司效率表现以及影响的具体情况如何，完整了整个SCP框架中的 C－P 影响环节。进一步地，结合国有上市公司多个大股东结构的情况，进一步检验公司风险承担对资本配置效率的作用在多个大股东结构与单一控股股东结构公司的差异，以及在大股东身份细分维度上检验其差异影响。

第7章，政治监督环境对风险承担的影响效应。本章探讨在中国转型时期特殊的制度因素影响下，企业的风险承担水平会有怎么样的变化。具体研究的问题是：对国家腐败治理有利于经济的进一步市场化，从而有助于经济的长期增长。但在短期内，高强度腐败治理带来企业政治环境的变化是否会影响企业的风险承担行为？这种影响是否会因为企业产权性质不同、政治关系不同而产生差异？基于此，本章检验了反腐期间政治环境变化对企业风险承担的影响，为本书提供了制度环境层面的实证经验结果。

第8章，结论、政策建议与研究展望。在前述的理论分析与实证检验的基础上，对本书中的主要结论进行了归纳与总结，并提出了相关的政策建议，最后指出了本书研究的局限性和展望。

2. 本书的逻辑框架

基于上一节的研究思路与内容安排，本书研究的逻辑框架如图 1.1 所示。

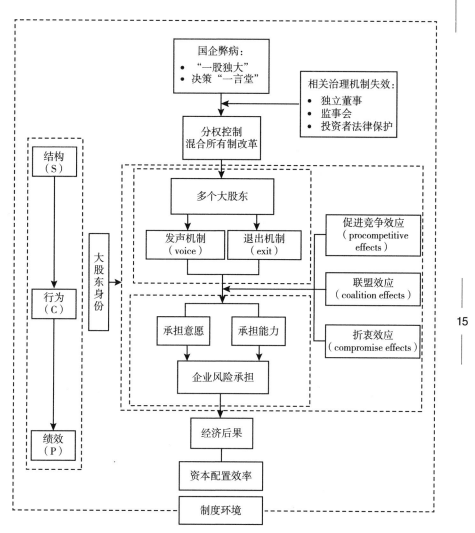

图1.1　本书基本逻辑框架

资料来源：作者自制。

1.3.2　研究方法与技术路线

本书涉及公司治理、管理学、创新管理、心理学等多个学科及方向，在研究中运用多种研究方法对影响和机制进行了深入剖析。主要采用以下三种研究方法：

（1）文献研究法。

通过大量的国内外相关文献的查阅，本书对既有的相关文献进行了较为详细的归纳和梳理，在对多个大股东治理相关研究进行梳理的过程中遵循逐步深入的逻辑，从股权结构治理研究细化到多个大股东股权结构治理研究上，再细化到多个大股东治理研究中的重要问题即大股东身份的异质效应研究；梳理了不同风险承担决策主体的相关研究以及风险承担的经济后果研究，遵循本书的主要逻辑框架结构—行为—绩效（S－C－P）架构。通过文献梳理了现有研究的发展脉络与趋势，指出了现有研究可能的局限性，进而提出本书研究是现有研究的有益补充。

（2）案例研究法。

在探讨多个大股东的治理效应之前，本书介绍了两个有关于多个大股东治理有效和失效的简短案例，从事实上印证了多个大股东治理效应存在不一致的结论，说明了多个大股东对企业风险承担的影响是一个实证问题。通过讲述中国制度背景下多个大股东治理的不同结果的实例，为后文大样本的实证研究做出一定铺垫。

（3）规范研究与实证研究相结合。

本书在背景提出、文献综述和理论分析中，大量采用了归纳和演绎等规范性研究方法，为实证检验奠定了相应的理论基础。对理论假设的检验过程中，本书采用描述性统计分析、多元回归分析、Probit回归分析、中介效应检验、Heckman 两阶段检验、PSM－DID 检验等实证研究方法。Heckman 两阶段检验和 PSM－DID 检验能够很大程度上克服多个大股东与企业风险承担关系中的样本选择偏误和内生性问题。本书多利于中介效应检验来探讨多个大股东影响企业风险承担的具体作用机制，探寻非控股大股东积极主义行为提高企业风险承担水平的驱动路径。

本书的具体技术路线如图 1.2 所示。

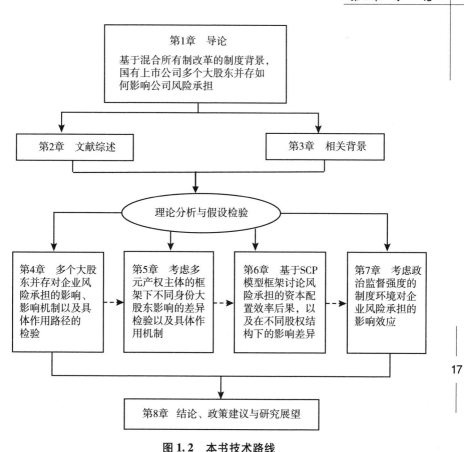

图 1.2　本书技术路线

资料来源：作者自制。

1.4　本书的创新之处

本书可能的创新之处主要有以下三点：

（1）在企业风险承担方向上拓展了中国制度背景下多个大股东治理作用的研究。

现有文献对多个大股东的治理作用尚存争议，并且鲜有文章分析大股东治理的具体机制。本书拓展性地分析了中国情境下大股东治理在风险承担方向上的影响作用以及具体作用机制，并创新性地提出了多个大股东间的促进竞争效应。以往鲜有文献在中国转型经济情境下讨论多个大股东治理效应发挥的具体作用路径，本书检验了多个大股东的"发声（Voice）"和"退出（Exit）"两种不同作用机制以及两种作用机制在我国资本市场上的适用性，实证结果发现非控股大股东在风险承担方向上的治理作用主要是通过"发声"机制实现的；由于非控股大股东的进入可能是政府的指令性行为以及我国资本市场中资产定价效率低的原因，非控股大股东治理的"退出"机制并不能有效地发挥作用，这拓展了现有关于多个大股东的研究。

（2）拓展了股东关系的相关研究。

股东性质以及由此决定的股东间关系是多个大股东治理作用发挥与否的约束项，以往文献对于多个大股东治理作用结论的不一致可能由于没有深入考虑股东关系的影响，即不同股东身份带来不同股东关系最后作用效果不同。以往文献对多个大股东治理效应的讨论主要集中于监督效应（李学伟和马忠，2007；朱冰等，2018）或合谋效应（吕怀立和李婉丽，2015），而事实上，多个大股东间形成的有竞争关系的、分权控制的格局并不是静态的监督或合谋，而是在主要大股东不断地"讨价还价"过程中，给公司带来内生的、进步的、冒险的动力；"竞争"不仅可以带来相互制约，更可以带来在竞争过程中的相互学习，从而使公司决策向更有利于公司资本配置效率提升的方向上平衡。本书基于混合所有制改革和风险承担的内涵，创新性地提出了多个大股东间竞争关系所形成的促进竞争效应（procompetitive effects），以检验其他大股东的引入能否起到提高企业经营活力的"鲶鱼效应"，丰富了股东关系的研究。

此外，本书拓展性地讨论了公司内同时存在相同或不同性质身份的大股东时非控股大股东治理作用的差异。在逐步深化国有企业混合所有制改革过程中，国家股东控股、非控股大股东为民营性质或其他不同身份性质的多个大股东公司越来越多，因此考虑股东身份的异质性可以在细分维度上得到更加深入具象的股东关系结论，进一步打开国有企业大股东间作用关系的"黑箱"。

（3）揭示了民营非控股大股东存在负向影响风险承担的股东冲突机制和融资约束机制。

近年来有关多个大股东治理作用的讨论形成了丰富的研究成果，但鲜有文献关注大股东间冲突的影响效应，本书研究补充了这一方向上的实证证据，并由此提出在深化国企混改的过程中应进一步重视股东偏好不相容的冲突问题。此外，本书研究为国有股权退出过程中伴随着融资约束的强化问题提供了新的证据。国企混改过程中国有股权退出民营股权进入的情况下，企业可能会面临着资源优势的减弱同时融资约束更强，这可能使混改国企虽然"愿意"、但是"不能"承担风险，使公司风险承担的总体水平有所下降，由此提出推进混合所有制改革的同时加强金融体系配套建设的重要性。

第 2 章 文 献 综 述

2.1 多个大股东治理的相关研究

2.1.1 股权结构的治理效应研究

股权结构（ownership structure）指公司权益性资本内部各种资本来源的构成及其比例关系。股权结构的静态构成以及动态变化，会对公司组织结构产生重要影响，进而影响公司治理机制和股东控制权配置。

自伯利和米恩斯（Berle and Means，1932）以后，人们对股权结构特征的认知大致分为两个阶段：第一阶段以伯利和米恩斯（Berle and Means，1932）为起点和基础，探讨股权高度分散的公司中第一类代理冲突问题；第二阶段以拉波塔、洛佩兹、施莱弗和维什尼所提出的假说（LLSV，1999）为起点，侧重于股权相对集中的公司第二类代理冲突的研究。研究思路是在不同的股权安排下，探讨管理层与股东之间或大、小股东之间的代理冲突，进而分析股权结构对代理成本、经营绩效、投资效率、公司价值等方面的影响（魏明海等，2011）。

当股权比较分散时，没有股东有足够的积极性去严密监督管理者，因为单一股东从监管中能够取得的收益不足以抵消监督成本（Crossman and Hart，1980），由此管理者掌握着公司实际控制权，出现股东与管理者之间的代理冲突（Claessens et al.，2002）。因而学者研究如果存在控股股东或者大股东是否可以缓解这种冲突（Shleifer and Vishny，1997），提高公司治理水平；通过授予管理层股权（Fahlenbrach and

Stulz，2009)，使管理层利益与股东利益趋同，从而缓解代理冲突。而自拉波尔塔等 (La Porta et al.，1999) 发现分散的股权结构仅在投资者保护良好的国家较为普遍，大多数国家的公司股权都相对集中，控股股东侵害中小股东利益的行为普遍存在，控股股东对公司治理存在重要影响。因而研究焦点转移到控股股东的利益侵占问题上，探讨何种股权结构可以更好地对控股股东进行制衡和约束，多个大股东的制衡问题 (Mishra et al.，2009) 和金字塔结构下两权分离度问题 (Faccio and Lang，2002) 的研究由此产生。

以往学者们有关于股权结构的研究多集中于股权集中度与股权制衡度的经济后果研究 (Shleifer and Vishny，1986；赵景文和于增彪，2005；徐莉萍等，2006；陈德萍和陈永圣，2011；)。股权集中度表示股东持有股份在集中程度上的分布状态。一般而言，股权集中程度大致可以分为三种状态：一是股权高度分散，公司不存在控制性股东，股东均为分散性中小股东；二是股权高度集中，公司股权高度集中于控股股东手中，其余股东为分散性小股东；三是股权适度集中，公司存在控股性股东，同时存在实力较强的其他大股东相制衡。股权集中度的衡量方式一般为第一大股东、前五大股东以及前十大股东持股所占比例。其中，第一种形态是伯利和米恩斯 (Berle and Means，1932) 所提出的代理问题的根源结构形态，在美国上市公司中普遍存在，高度分散的股权使任何的单一小股东无法监督管理层行为，管理层与股东之间存在严重的代理问题 (Grossman and Hart，1980)；第二种形态在亚洲以家族控股为主导的资本市场上普遍存在，控股股东对小股东的利益侵占问题成为主要的代理问题。

以第一大股东、前五大股东以及前十大股东持股所占比例作为衡量方式 (徐莉萍等，2006；陈德萍和陈永圣，2011；王欣和韩宝山，2018)，学者们对股权集中度与公司绩效或价值的关系存在不同的认识。一部分研究认为股权集中度与公司绩效正相关 (Shleifer and Vishny，1986；Thomsen and Pedersen，2000；陈小悦和徐晓东，2001)，也有研究得出认为股权集中度与公司绩效不相关 (朱武祥和宋勇，2001；Chen et al.，2011)。而多数学者的研究认为股权集中度与公司绩效呈非线性关系。黄祖辉和孙永祥 (1999) 的研究发现随着第一大股东持股比例的增加，公司的托宾 Q 值先是上升，在达到一定峰值后下降，呈现倒"U"型；杜莹和刘立国（2002）的研究也发现股权集中度与公司绩效是倒"U"型关系，并发现国家股比例与公司绩效负相关，即国家股东治理的低效性；吴淑琨（2002）、苑德军和郭春丽（2005）关于股权结构与公司绩效相关关系的研究也得出了相同的结论。也有部分学者认为股权集中度与公司绩效之间呈正"U"型关系，例如白重恩等（2005）的研究发现，公司的市场价值与第一大股东持股比例之间的关系呈现非线性的"U"型关系；魏等（Wei et al., 2005）的研究也得出了相同的结论，并指出了国家股的低效性和外资股的效率优势。

股权制衡则是以往学者们所关注的股权结构研究的另一视角。在我国资本市场仍不完善、投资者保护环境较弱的制度背景下，是否存在制衡的股权结构以及制衡的股权结构是否能起到公司治理的效用，是学者们试图回答的问题。而对于我国股权制衡效果的研究，以第二到第五（十）大股东持股和与第一大股东持股之比衡量公司股权制衡度（孙兆斌，2006；刘胜强和刘星，2010；陈德萍和陈永圣，2011；徐光伟等，2019），以往文献并没有达成一致的结论。

一部分学者的研究认为股权制衡度与公司价值是正相关的关系。例如，刘运国和高亚男（2007）的研究认为股权制衡能够一定程度上改善公司治理结构，进而有助于提高上市公司经营绩效；吴红军和吴世农（2009）的研究发现其他大股东制衡能力的增强可以通过抑制大股东的掏空行为而增加公司价值；陈德萍和陈永圣（2011）的研究也肯定了股权制衡对上市公司绩效的积极影响，股权制衡度显著的正向影响了公司绩效。而也有很多学者的研究认为股权制衡会带来其他的公司经营问题，并不必然带来公司经营效率的提升或公司价值的提升。例如，朱红军和汪辉（2004）基于宏智科技的案例研究发现，股权制衡模式并不比"一股独大"模式更有效率，相反，各股东之间激烈地争夺控制权会影响公司的经营效率。赵景文和于增彪（2005）基于我国特殊的制度环境，研究发现股权制衡公司的经营业绩要显著差于"一股独大"的公司，创造性地提出了公司规模、多重代理成本和民主与独裁的适用性可能是影响股权制衡发挥正向作用的影响因素。孙兆斌（2006）的研究发现股权制衡与公司技术效率呈负相关关系，其原因在于控股股东集中程度较高的持股会激发其对上市公司的"支持行为"，而大股东之间的过度制衡会阻碍控股股东支持行为的进行，进而影响上市公司的技术效率。同样，徐莉萍等（2006）的研究也发现，过高的股权制衡度会负面影响公司经营绩效。

可以看出，关于股权集中度和股权制衡是学者们关于股权结构研究的两个重要维度。然而，对于股权集中和股权制衡的作用效果，学者们并没有得出一致结论甚至得出全然相反的结论。导致差异性结果的可能原因之一是上述股权结构讨论的理论框架仍然存在"缺口"。具体而言，在集中的股权结构问题的讨论中，往往将大股东假定为一致行动进行侵占的整体，而实际上大股东之间也有划分，他们之间的复杂关系使其并不是一致行动侵占小股东；而股权制衡问题的讨论中往往将非控股股东设定为一致行动对抗控股股东侵占的整体，但现实中非控股股东之间也有划分，并不都会发挥有效制衡作用。多个大股东治理问题的研究有益地补充了上述的研究缺口，借助多个大股东结构的研究场景，对大股东之间和制衡股东之间进行了更清楚的治理作用的划分，因而可以对大股东间作用关系做出更加深入的分析，打开了复杂股权结构治理的"黑箱"。

部分学者认为，导致上述差异性结果的另一重要原因是缺乏对异质股东身份及相互作用关系的深入考察（徐莉萍等，2006；涂国前和刘峰，2010）。在这些关于股权结构的讨论中，隐含着一个主要判断：股东是公司"财务资本提供者"，公司的首要目的应是实现股东利润最大化。也就是说，这隐含着股东是"同质的"财务资本提供者，股东的共同目标都是追求自身财富的最大化；公司的决策权配置（decision allocation）也主要基于股东持股比例，决策的表决机制同样体现为"资本多数决"的原则，即基于股东"同质化"的逻辑。"异质性股东"在这里只是指持股比例的大小之别，即由于大股东和小股东间由于持股比例不同，在公司的表决权和控制权地位不同，而产生治理能力和利益诉求上的差异。而聚焦于中国的股权结构研究，在中国转型经济背景下，情况显然更为复杂，因此本书认为对多元股东身份维度的讨论有着重要价值（马连福和杜博，2019）。存在于特定的政治、经济和法律环境中的我国上市公司，其股权结构的复杂性表现为存在更为多元化的股东身份。根据陈等（Chen et al.，2009）的研究，我国上市公司大股东身份至少包括国资委直属、中央企业、地方国企、民营企业和外资企业。由于不同身份的股东具有不同的治理能力，在同比例的股权结构下，由不同身份股东持有股份也会由于激励机制、约束机制的差异而在公司决策中产生差异冲突（马连福和杜博，2019），进而影响公司治理和经营绩效。基于此，本书接下来对多个大股东治理和大股东身份异质性效应的相关研究进行了梳理和分析。

2.1.2　细分多个大股东维度的治理效应研究

多个大股东结构是公司股权结构的细分，是当公司同时存在控股股东和非控股大股东时的公司治理问题。随着我国资本市场的不断发展和混合所有制改革的持续推进，上市公司的股权结构逐步呈现出多元化特征。在多元化股权结构下，如何发挥非控股股东特别是非控股大股东的治理作用已成为抑制控股股东利益侵占及改善公司治理水平的热点问题（汪茜，2016）。

以往文献认为控股股东具有双重作用，一方面，控股股东的存在可以更有效地监督经理人行为，缓解内部人控制问题；另一方面，大股东能施行有效控制的前提条件是具有良好的投资者保护环境，在法律不健全的环境下，控股股东有强烈的动机利用控制权攫取公司收益，从而侵害了中小股东的利益，致使公司价值下降。而如果存在一个或多个非控股的大股东，他们有足够的激励积极参与公司治理，却没有足够的控制权掏空公司，因而学者们认为非控股大股东的存在可以对控股股东形成有效的制衡与监督，从而缓解控股股东的掏空问题，进而提升公司价值（Pagano and Roell，1998；Faccio and Lang，2002；Attig et al.，2009；Edman and Mans，2011）。在对投资者保护不完善的治理环境中，多个大股东的存在将分享控制权，可以在公司决策投票过程中改变投票的平衡使之更偏向于中小股东的利益，这使得任何一个大股东都无法单独控制企业决策（Gomes and Novaes，2005），从而限制控股股东投资低风险项目的决策（Mishra，2011）；能够缓解控股股东与小股东间的代理冲突和信息不对称问题，从而缓解融资约束和降低公司的融资成本（姜付秀等，2017；Attig et al.，2008；王运通和姜付秀，2017），提高公司现金持有的价值（Attig et al.，2013），减少潜在的过度投资并提高投资表现（Jiang et al.，2018）。由于控股股东可以通过交叉持股、金字塔结构等方式分离自身的控制权和现金流权，因而非控股大股东相对于控股股东来说现金流权更集中，更加看重现金红利而非股票红利，因此有研究发现在多个大股东结构下现金股利被更多地分配（Jiang et al.，2019）。同时，多个持有大宗股份的股东会形成控制权竞争，这种控制权竞争压力会使控股股东更加有压力，促使控股股东做出更加有利于公司价值的决策，从而提升公司治理水平和公司绩效（Leaven and Levine，2007；Bloch and Hege，2001）。

然而，对于多个大股东的治理作用也有学者提出了相反的结论。一方面，由于各个大股东之间存在错综复杂的利益关系，他们与控股股东之间的关系在某些因素驱使下可能由监督转为合谋，此时会加剧对中小股东的侵害；另一方面，复杂的利益关系使大股东之间出现讨价还价的问题（Disagreement Effects），可能导致决策效率的降低，甚至因此错失最佳的投资机会，从而并不比单一控股股东的形式更有效率（Maury and Pajuste，2005；Gomes and Novaes，2005；汪茜等，2017）。程敏英等（Cheng et al.，2013）的研究认为当非控股大股东与控股股东存在关联关系时会使公司价值下降，因而考察非控股大股东作用时需关注非控股大股东的身份（identity of non-controlling large shareholders）。家族企业中若非控股大股东也属于同一家族则很可能出现大股东间合谋问题，从而造成过度投资等非效率行为，损害中小股东利益（吕怀立和李婉丽，2015）。此外，朱冰等（2018）认为多个大股东结构存在"过度监督"效应，而导致大股东决策的积极性降低，风险承担能力下降，从而抑制企业的创新活动。由此可见，多个大股东在公司治理中的影响是综合而复杂的。

近年来，学者们从企业金融化、高质量审计需求、企业社会责任、国有企业税收规避等方面进一步丰富了多个大股东治理效应的相关研究。冯晓晴等（2020）考察了形成多个大股东监督结构的外部效应，讨论多个大股东能否对管理层形成更加有效的监督，从而促使管理者减少私利行为，进行更多的社会责任承担。孙泽宇和齐保垒（2022）的研究将多个大股东的治理效应引向了中观层面，探讨了多个大股东股权结构是否能缓解我国当前面临的实体企业"脱实向虚"的问题。多个大股东并存既有可能起到缓解融资约束、降低经营风险从而降低企业的"蓄水池"动机，弱化企业"替代投资"的动机，从而缓解实体企业金融化的问题；也有可能由于增加了对管理层业绩的监督压力而使管理层迫于压力而增加企业金融化，成为"火上浇油"的作用。研究结果发现，多个大股东并存的股权结构能够缓解企业金融化的问题，为多个大股东影响企业金融化决策提供了经验证据。蔡春等（2021）的研究探讨了多个大股东并存对控股股东监督作用的审计需求表现，研究发现非控股大股东的存在缓解与控股股东间第二类代理问题的渠道之一是提高上市公司的审计需求，多个大股东通过要求高质量审计服务发挥其治理效应，降低上市公司的委托代理问题。马新啸等（2021）讨论了国有企业混合所有制改革背景下非国有股东在企业税收方面的治理作用，研究发现非国有股东的存在能够起到股权制衡的作用，进而影响税收规避行为，在增加税收规避程度的同时提高了企业的纳税贡献，缓解了国有企业委托代理问题，提高了企业的经营管理效率，从国有企业税收的角度丰富了非控股股东的治理效应研究。

我国转轨经济和混合所有制改革的特殊背景为研究多个大股东问题提供了良好的契机。在混合所有制改革过程中，最优股权结构问题成为学术界与实务界共同关注的重要问题。茨维伯尔（Zwiebel，1995）用合作博弈的工具证明了三种均衡的股权结构，存在多个大股东相互制衡的股权结构即为其中一种。然而国内就多个大股东共存对公司价值影响的研究还存在结论上的分歧。一方面研究发现存在多个大股东相制衡的公司价值显著高于其他公司（陈信元和汪辉，2004；赵景文和于增彪，2005）；而另一方面，有研究表明股权制衡结构并没有产生治理效率的提高，反而产生了控制权争夺，客观上令公司价值和中小股东利益受损（朱红军和汪辉，2004）。此外，在混合所有制改革背景下，多个大股东问题研究进一步复杂化，演化为不同股权性质即不同股东身份的多个大股东的博弈问题。不同产权性质股东在代理问题的产生和缓解途径、所有权的行使方式上存在明显差别，因而其博弈的路径和产生的结果不尽相同。徐莉萍等（2006）的研究结果证明，不同性质外部大股东的作用效果有明显差别，而且其在不同性质控股股东控制的上市公司中的表现也不尽一致。涂国前和刘峰（2010）对民营化上市公司不同性质股东的制衡作用进行分析，结果发现，国有股东制衡公司更可能被民营股东掏空，说明不同性质制衡股东的制衡效果不同。

2.1.3 细分大股东身份的异质性效应研究

关于股权结构的研究，起初集中在股权结构是分散还是集中的问题上。当股权相对分散时，管理者掌握公司实际控制权，出现股东与管理者之间的代理冲突（Claessens et al.，2002）。因而学者研究如果存在控股股东或者大股东是否可以缓解这种冲突（Shleifer and Vishny，1997），提高公司治理水平；通过授予管理层股权，使管理层利益与股东利益趋同，从而缓解代理冲突。自拉波尔塔等（La Porta et al.，1999）发现分散的股权结构仅在投资者保护良好的国家较为普遍，大多数国家的公司股权都相对集中，控股股东对公司治理存在重要影响。因而，研究焦点转移到控股股东的掏空问题上，探讨何种股权结构可以更好地对控股股东进行制衡和约束，多个大股东的制衡问题（Pagano and Roell，1998）和金字塔结构下两权分离度问题（Faccio and Lang，2002）的研究由此产生。

在这些关于股权结构的讨论中，隐含着一个主要判断：股东是公司"财务资本提供者"，公司的首要目的应是实现股东利润最大化。也就是说，这隐含着股东是"同质的"财务资本提供者，股东的共同目标都是追求自身财富的最大化；公司的决策权配置（decision allocation）也主要基于股东持股比例，决策的表决机制同样体现为"资本多数决"的原则，即基于股东"同质化"的逻辑。"异质性股东"在这里只是指持股比例的大小之别，即由于大股东和小股东间持股比例不同，在公司的表决权和控制权地位不同，而产生治理能力和利益诉求上的差异（李先瑞等，2009）。

对股东个体性质与股东间关系的深入分析，股权结构理论的研究逐渐开始将"资本"与其背后的人相关联，并认识到资本持有人不同将影响"资本"在公司治理与价值创造中的作用。因而，研究者开始将股东个体性质差异和股东间关系考虑进来。例如，创始股东由于其在创业过程中积累起来的个人才能、家长权威、团队信任，在企业中享有极高的话语权，甚至可以在持股比例失去控制地位时控制整个企业。

以往文献对同一公司异质股东身份的讨论往往集中于对外资和机构投资者股东的公司治理作用，多得出了对公司价值具有积极作用的结论。弗里曼等（Fryman et al.，1999）认为，考虑到外资股东的财务资源和对管理者的了解，他们比其他所有者类型更有优势，并会带来正向的业绩。另外，外资股东比本土股东更可能推动公司层面的公司治理改善。对于机构投资者，研究发现机构投资者能够显著提高企业绩效，进一步地，与交易性机构投资者相比，稳定型机构投资者更有参与公司治理的激励，更可以发挥监督作用，有利于企业绩效的提升（Ferreira and Matos，2008；李争光等，2014）。由于西方发达国家中民营资本占绝对地位，因而对国有、非国有股东处于同一企业时的异质影响的关注较少。国内学者对这一问题的关注也是始于混合所有制改革开始后同一企业异质产权股东的大量出现，相关研究仍不丰富。

部分学者关注了异质产权股东对企业绩效的可能影响。例如，范和王（Fan and Wong，2007）发现实行部分民营化的国有企业仍在很大程度上受政府控制，董事会可发挥的作用、所能行使的权力非常有限。在引入非国有资本进行混改后，保留国有股仍有重大影响，甚至可以在不处于控股地位时对混合所有制公司拥有绝对控制权，这说明了国有资本具有超级股东身份，国有股东的背景是庞大的国家资源和国家权威。陈建林（2015）的研究讨论了家族股权与非控股的国有股权对企业绩效是否具有互补效用，结果发现国有股权在家族企业中对企业绩效的提升作用受到家族涉入强度的约束影响，甚至在高家族涉入强度的情况下，引入国有股权会有减低企业绩效的影响。郝云宏和汪茜（2015）以鄂武商案例来讨论混合所有制企业中民营性质次大股东的制衡作用，认为国有控股股东与民营非控股大股东适度的控制权争夺是有积极作用的，但二者关系如果权衡不好就会导致效率损失，进而影响公司绩效，即以案例形式说明了不同身份股东间冲突的可能影响。由此可以看出，不同身份股东间的作用关系不同，考虑股东身份异质性影响的相关文献多集中在对企业绩效后果的研究上，影响后果的研究层面有待于进一步的拓展

2.2 企业风险承担的相关研究

经济学基本原理和经典 CAPM 理论都说明了这样一个原理：风险与收益是相伴相生的，高风险意味着有更大可能性获得高收益。在充分竞争的市场上，要想获得更高的收益，那么更高的风险承担就是相伴而来

的。风险承担是企业为了追逐市场上的高额利润而有意愿将资源投入具有较高不确定性的项目上的倾向（Lumpkin and Dess，1996）。著名的管理学家彼得·德鲁克认为，企业家在经济上的冒险行为是企业管理的核心内容，而企业是企业家决策的组织载体。因此，企业通过承担高风险来获取更高收益水平的行为应当得到鼓励（Holmstrom，1979；Jensen and Murphy，1990）。

我国近年来所倡导的大众创业、万众创新的实质就是提高企业和社会的整体风险承担水平，为中国经济发展注入新的活力和动能。创业和创新始于对市场上有价值的机会的识别与捕捉，有风险承担意识的企业和企业家会乐于为这种有价值的投资机会配置相关资源，即使这种机会往往是具有高风险性的。这意味着具有风险承担意愿的企业因为更看重的是新机会能够给企业带来长期的价值增值潜力，而能够容忍风险性项目投资可能带来的失败成本。企业和企业家在制定目标和进行决策时能够承担一定风险的胆识，使其可以更好地开发和捕捉市场上有价值的机会，从而给企业乃至于整体经济带来发展的活力和动能。本部分的综述针对企业风险承担的研究成果，回顾了影响企业风险承担的因素以及企业风险承担的经济后果。

29

2.2.1 企业决策者对风险承担的影响研究

1. 管理者与企业风险承担

基于股权结构理论和委托代理理论，在股权结构相对分散时，分散的小股东很难达成一致来对公司管理层形成足够的制约，因而管理者实际掌握公司控制权，公司经营决策也更多地反映管理层意志（Berle and Means，1932）。而管理者和股东的风险态度并不一致，存在风险承担方面的代理冲突（Jensen and Meckling，1976）。股东能够通过投资组合来分散风险，因而大部分文献假设股东是风险中性的（Bauguess et al.，2012）；管理者由于个人财富高度集中于其供职公司，不能够将风险充分地分散（Wright et al.，1996），在承担风险获得巨大收益时能分享的收益有限，而在承担高风险失败时职业生涯会受到威胁（张瑞君等，2013），因而管理者很可能是风险规避的（Amihud and Lev，1981；May，1995）。

对于如何缓解管理者与股东在风险决策上的代理问题，很多学者从激励角度展开研究，分别从管理层薪酬计划（May，1995；Coles et al.，2006；Armstrong et al.，2012；Hayes et al.，2012；Low，2009；王栋、吴德胜，2016）、解雇补偿金（Rau and Xu，2013；胡国柳和胡珺，2017）、"锦标赛晋升机制"（Kini and Williams，2012）等角度探讨契约的设计和完备对管理者与股东风险激励相容问题的提高作用。研究发现，薪酬契约中的财富—风险敏感度（Vega）比财富—业绩敏感度（Delta）对管理者的风险承担有更大的激励作用；解雇补偿金或者责任保险能够缓解管理者的职业担忧而提高管理者承担风险的意愿；管理者之间的晋升竞争能够促使管理者做出更优的风险决策，减少风险规避的行为，从而提高了风险承担。然而，另外一些文献发现，薪酬激励不当时仍然会使经理人决策偏离企业最优的风险承担选择。董志勇等（Dong et al.，2010）发现由于高的股票回报波动率能够增加管理层期权的价值，因此期权激励也会使公司管理者不顾公司实际而过度冒风险。李小荣等（2014）的研究发现股权激励会使管理者财富与企业风险波动更相关，导致管理层更有动机利用股权激励攫取私利，不愿意更多地承担风险。

与此同时，另有一部分学者考察了监督机制对管理者代理冲突的缓解作用。董事会是公司的决策机构也是监督机构，学者探讨了董事会特征（Nakano and Nguyen，2012；Wang，2012；郑晓情，2015）、董事会结构（Su and Lee，2013）、董事会监督能力（O'Connor et al.，2006；Deutsch et al.，2011）等对风险承担的作用。研究发现，规模过大的董事会可能会因为难以协商一致而降低决策效率，风险决策不容易被通过；独立董事比例高的董事会能够更好地发挥监督与咨询作用进而促进风险承担；对董事会的激励能够促进董事会监督作用的发挥，从而促进企业风险承担。此外，学者们讨论了多元化股东对管理者决策行为的监督和限制。适当的股权集中度使大股东可以有足够的精力和能力密切监督管理者，促使管理者选择更优的风险承担决策（Nguyen，2011；Phan et al.，2013）。机构投资者持股（Wright et al.，1996）、外资持股（Boubakri et al.，2013）和银行持股（Nguyen，2011）都对管理者行为有更强的监督意愿，限制管理者想要选择风险规避决策的行为，促进企业风险承担。

委托代理理论是从股东与管理者的理性特征出发，而基于高阶理论，认为管理者是有限理性的，管理层的心理认知会直接影响其决策，并不总是风险规避的。基于高阶理论的研究突出了管理者及管理层团队的人口统计学特征对其决策行为选择的影响。余明桂等（2013）、杰维斯等（Gervais et al.，2011）考察了管理者过度自信的特征对风险承担的行为的影响，发现过度自信的管理者会提高风险承担；格斯特纳等（Gerstner et al.，2013）、李和唐（Li and Tang，2010）从自恋和自大的性格特征考察了对风险承担的影响；年龄（Peltomaki et al.，2015）、性别（吕文栋等，2015；Faccio et al.，2016）也是影响管理层决策的个人特质因素，女性高管的风险承担普遍偏低。此外，有些学者对形成管理者性格特征的后天因素进行了研究，分别从管理者的职业背景（Palmer et al.，2001）、教育背景（Barker et al.，2011）、个人经历背景（马永强和邱煜，2019）等方面分析了后天经历对管理者在风险承担决策选择上的影响作用。

高阶梯队理论往往与行为金融理论相融合来探讨管理者心理认知偏差会影响其风险偏好，进而对企业风险承担水平产生影响。前景理论假设人们都是损失规避的，因此，人们会倾向于降低其相对于参照点（个人的抱负水平、社会比较参照等）的损失（Kahneman and Tversky，1979）。当低于参照点时，人们倾向于承担风险（gain-framed），当高于参照点时，人们倾向于规避风险（loss-framed）。企业行为理论认为，企业会将现有的业绩水平与目标水平进行对比权衡，当低于这一预期目标时，企业是风险偏好的，当高于这一目标时，企业是风险规避的，因此参照点的变化影响企业的风险承担偏好（Cyert and March，2010）。

2. 股东与企业风险承担

集中的股权结构，一方面使大股东能够更好地监督管理层的行为，股东的决策权得以回归；另一方面会使大股东有动机和能力利用控制权谋取私利，从而产生第二类代理问题。与财富充分分散的中小股东相比，集中的股权结构下大股东财富过多地集中于企业，使大股东要承受风险决策失败所带来的绝大部分损失，从而导致大股东不愿意承担风险（Paligorova，2010）；此外，集中的股权结构有利于大股东获取私人收益，因而其更可能通过投资稳健的项目以确保企业持续成为其获取私人利益的来源（John et al.，2008；Mishra，2011）。

　　对于如何缓解集中股权结构下大股东风险规避的问题，现有文献主要从大股东财富分散化和股权制衡方面展开研究。财富过多地集中于一家公司使大股东存在损失规避和控制权私利攫取倾向，文献结论均表明大股东财富分散化可以提高其风险承担意愿。法西奥（Faccio et al.，2011）以大股东投资组合的分散化程度衡量股东财富分散化，认为大股东的风险规避程度随着分散化程度的提高而减轻；鲍格斯等（Bauguess et al.，2012）研究发现同股不同权制度可以使大股东更多地分散财富而不会丧失公司控制权，因此实施差别投票后公司风险承担水平提高；帕利戈罗娃（Paligorova，2010）的研究认为集团组织结构可以使大股东处于财富分散化的状态，因而会追求更加冒风险的项目。

　　金字塔结构是大股东实现财富分散化的另一途径。大股东可以通过金字塔结构使控制权和现金流权进一步分离，在企业承担风险时获取更多的收益，而在承担风险失败只承受有限的现金流损失，提高了大股东的风险承担意愿；但同时，金字塔结构也使大股东可以更隐蔽、成本更小地掏空公司，这又使大股东的控制权私利攫取动机增加，做出更加保守的投资决策，因此金字塔结构对于风险承担的作用有待于进一步研究。苏坤（2016）的研究发现国有企业金字塔结构能够减轻政府的干预，提高了国有企业的风险承担。

　　大股东财富分散化可以减少大股东财富暴露于单一公司的风险，提高股东承担风险的意愿；而监督和制衡机制可以限制大股东通过保守投资而攫取控制权私利的决策行为。外部董事的公司治理机制安排可以起到监督股东行为的作用，苏和李（Su and Lee，2013）的研究利用台湾地区家族企业数据，发现外部董事减弱了家族持股与风险承担间的负相关关系。还有学者关注股权制衡对保守决策的制约作用，米什拉（Mishra，2011）基于东亚国家的数据研究发现，其他大股东的存在及投票权能够限制大股东的保守投资倾向，缓解大股东的代理问题，促使企业更多地选择风险性项目。机构投资者被认为是扮演着公司治理中的监督角色，机构投资者持股具有改善公司治理的作用，然而在中国不成熟资本市场的环境下，机构投资者可能多有"短期投机主义倾向"，对公司的监督作用有限。因此，有关机构投资者是否能够起到监督公司风险承担行为的作用，现有文献的结论仍存在不一致，尤其是在中国资本市场中。赖特（Wright et al.，1996）研究发现机构投资者持股能够通过提高企业风险承担从而提升企业的价值。而朱玉杰和倪骁然（2014）基于中国市场的数据发现机构投资者持股与风险承担水平是负相关关系，非独立机构投资者更有可能是"短期投机主义者"，限制了企业投资于价值增加的风险项目。

2.2.2　股权结构对企业风险承担影响的相关研究

股权安排是决定公司治理机制进而影响公司经营行为的本源性变量，不同股权结构下，股东对公司决策或者说经理人行为所承担的风险和获得的收益不同，其相应地参与公司治理的激励和能力也不同，进而导致公司在决策中所进行的风险选择也会不用。基于股权结构的含义，现有股权结构对企业风险承担影响的文献也主要从两个维度展开：不同持股比例结构对企业风险行为选择的影响和不同身份性质的多元股东对企业风险承担的影响。

首先，有关于不同持股比例结构对企业风险承担影响的讨论，现有文献大部分认为，集中的股权结构下大股东更不愿意承担风险。与财富充分分散的中小股东相比，若大股东没有持有多家公司来分散股权，其财富会过多地集中于企业，使大股东要承受风险决策失败所带来的绝大部分损失，从而导致大股东不愿意承担风险（Paligorova，2010）；此外，集中的股权结构有利于大股东获取私人收益，因而其更可能通过投资稳健的项目以确保企业持续成为其获取私人利益的来源（John et al.，2008；Mishra，2011）。

因而，学者们关注如何缓解股权集中结构下大股东风险规避的问题，大股东财富分散化和股权制衡是主要的两个角度。金字塔结构和交叉持股可以使投票权和现金流权分离，有利于大股东提高风险承担意愿。米什拉（Mishra，2011）研究发现其他大股东的存在及投票权能够限制大股东的保守投资倾向，缓解大股东的代理问题，促使企业更多地选择风险性项目。

其次，不同身份的多元股东持有股份会由于其利益诉求和行为偏好而造成对风险承担决策的影响差异。基于此，学者们探讨了国有持股和民营持股差异，外资持股、管理层持股、机构投资者持股对企业风险承担的影响。布巴克里等（Boubakri et al.，2013）发现国有股权与风险承担呈负相关关系，民营和外资股权与风险承担呈正相关关系；李文贵和余明桂（2012）研究表明我国国有企业相较于民营企业有明显更低的风险承担水平。金秉默（Byungmo，2011）基于韩国数据发现外资持股会提升企业的风险承担水平，进而有利于企业的价值增值。

基于我国转型经济的背景，股东所有权性质差异对风险承担的影响作用显得更为突出。现有文献多认为国有股权由于政府干预问题严重和经理人较高的代理成本会降低其风险承担，而外资股权和民营股权由于其逐利特性会有更高的风险承担水平。李文贵、余明桂（2012）研究表明我国国有企业相较于民营企业有明显更低的风险承担水平，国家干预对风险承担的这种抑制效应在中小企业更加明显。进一步地，经济转型的过程给学者们研究不同身份股东的作用差异提供了动态的研究场景。余明桂等（2013）基于国有企业民营化的特殊样本，实证表明了民营化后企业的风险承担更高，即国有企业经民营化转变为民营企业后具有更强的逐利动机，会更多地选择风险大但更加有利可图的投资决策；并同时文章分析了这种效应是源自政治观还是经理人观。布巴克里等（Boubakri et al.，2013）基于多个国家国有企业私有化的特殊样本，考察了不同性质股东并存下各类股东持股比例对风险承担的影响，发现国有股权与风险承担呈负相关关系，民营和外资股权与风险承担呈正相关关系，认为国有股权的完全退出对企业风险承担更有利。

对于家族控股企业的风险承担表现，现有研究还未达成一致结论。有文献认为相对于非家族企业，家族企业能够更好地协调股东与管理层之间的第一类代理问题（Nguyen，2011）和大、小股东之间的第二类代理冲突（Anderson et al.，2003），这会促进企业的风险承担；而另有文献认为，家族企业是损失规避的，家族控股企业有强烈的愿望将企业传承到下一代，因而有倾向承担保守的投资决策以避免企业破产风险或者在冒风险项目失败时外部融资趁机进入稀释家族股权（Paligorova，2010）。但同时也有文献认为，由于家族企业想将企业传承给下一代，因此其眼界较长，愿意投资有利于企业价值增加的项目，促进企业风险承担（Nguyen，2011）。

2.2.3 企业风险承担的经济后果研究

风险承担是企业为了追逐市场上的高额利润而有意愿将资源投入具

有较高不确定性的项目上的倾向（Lumpkin and Dess，1996）。在传统金融理论框架下，风险与收益紧密相连，通过承担高风险来获取高的预期收益是企业经营的基本逻辑。在此框架下的有关风险承担经济后果的文章多数发现了冒风险决策的积极后果，认为风险承担决策可能给企业带来更高的收益，同时会促进企业技术进步，保持企业的竞争优势，最终有助于企业价值的提高（John et al.，2008；Nguyen et al.，2011；李文贵等，2012；余明桂等，2013）；另一部分文献从风险承担的内涵出发，认为风险承担意愿的提高使企业更不会错失风险较高但能够带来高额回报的投资机会，从而可以提高企业的资本配置效率（Faccio et al.，2014；王栋等，2016；苏坤，2015）。

　　而在战略管理领域，高风险并不必然带来高回报，风险承担的经济后果研究进一步拓展。鲍曼（Bowman，1980）基于美国行业研究样本，发现多数行业的净资产回报率的方差（即风险）与净资产回报率的均值（即收益）之间存在负相关关系，这一发现与传统资本资产定价理论中"高风险、高收益"的原理相悖，后称这一现象为"风险—收益悖论"。在此之后，部分学者开始关注更加多元化的风险承担经济后果。董保宝（2014）的研究试图讨论企业风险承担是否存在一个平衡值，其实证结果发现风险承担与企业绩效的倒"U"型关系，即冒适度的风险时对绩效有积极的作用，过于规避风险和过度冒风险都会负向影响绩效；风险承担并不是越高越好，而是应该与企业资源禀赋相适应，风险承担可能存在最优值。刘和莫尔（Liu and Mauer，2011）的研究发现企业进行风险承担需要较高的资金流动性，这使企业不得不保持更高的现金持有。田高良等（2019）将风险承担行为与资本市场表现纳入同一框架，发现风险承担会降低股价同步性，但这种降低并不意味着定价效率的提高，反而是意味着管理者机会主义行为和更低的信息透明度。

　　综上所述，现有文献对企业风险承担所带来的经济后果方面的研究主要涉及对企业绩效（John et al.，2008；Nguyen et al.，2011；余明桂等，2013；董保宝，2014；苏坤，2016）、资本配置效率（John et al.，2008；Faccio et al.，2014；王栋和吴德胜，2016；苏坤，2015）、现金持有（Liu and Mauer，2011）、融资方式及结构（Dong et al.，2010；Djembissi，2011）等方面，相关文献的主要观点总结见表2.1。由此可见，承担冒风险决策所带来的经济后果研究还未受到足够的重视，风险与收益的关系究竟如何还需要在更丰富的框架下进行讨论。

表 2.1　　　　　　　风险承担行为经济后果的主要观点

经济后果		主要观点	相关文献
企业价值	正相关	风险承担决策可能带来更高的收益，同时促进企业技术进步，保持企业的竞争优势，最终有助于企业价值的提高	约翰等（John et al.，2008）；阮等（Nguyen et al.，2011）；李文贵和余明桂（2012）；余明桂等（2013）
	非线性	风险承担并不是越高越好，而是与企业资源能力相适应，风险承担可能存在最优值	董保宝（2014）；苏坤（2016）
资本配置效率		风险承担意愿的提高使企业能够更好地抓住和利用投资机会，从而提高企业的资本配置效率	约翰等（John et al.，2008）；余明桂等（2013）；法乔等（Faccio et al.，2014）；王栋和吴德胜（2016）；苏坤（2015）
现金持有		风险承担行为较高的资金流动性需求使企业现金持有高	利乌等（Liu et al.，2011）
公司融资		风险承担导致企业更多地进行负债融资而不是权益融资；债务期限结构更短	董等（Dong et al.，2010）；苏坤，2016
股价同步性		风险承担在降低股价同步性的同时，也会带来管理者的机会主义行为和更低的信息透明度	田高良等（2019）

资料来源：作者经相关文献整理自制。

2.3　文　献　述　评

基于前面的文献回顾可以看出，国内外文献对于多个大股东的治理作用、企业风险承担的影响因素以及混合所有制改革成效的影响因素积累了大量成果，但仍存在一些不足。以下是对相关文献的简短述评和对进一步研究方向的分析。

第一，多个大股东的治理效果近年来成为国内外学者关注的热点，分别探讨了多个大股东在公司价值（李学伟和马忠，2007；贾钢和李婉丽，2008；张旭辉等，2013；叶勇等，2013；Cheng et al.，2013）、融资约束（姜付秀等，2017）、债务融资成本（王运通和姜付秀，2017）、股价崩盘风险（姜付秀等，2018）、企业创新（朱冰等，2018）、股利分配（Jiang et al.，2019）、企业投资（Jiang et al.，2019）等方面的治理作用，形成了丰硕的研究成果。但对于作为公司重要经营和投资战略的风险承担行为，相关文献较少予以关注。米什拉（Mishra，2011）基于东亚国家的数据探讨了多个大股东与企业风险承担之间的关系，证明了多个大股东的存在可以限制控股股东进行保守的投资决策，并且这种作用在家族企业中更为显著。然而其理论分析中，并没有穷尽多个大股东之间相互的作用关系，更集中于讨论多个大股东的制衡作用发挥的效果。而事实上，其他非控股大股东与控股股东间的作用关系不仅会表现为制衡，还可能在一定条件下表现出互相合谋，甚至会在相互讨价还价过程中导致折衷效应而降低公司总体效率。多个大股东之间作用关系的进一步剖析是重要的未来研究需求，以进一步打开复杂的股东治理"黑箱"。

第二，国内外文献对所有权结构与公司风险承担的关系做出了一定程度上的探讨，关注点主要在控股股东对风险承担的影响作用（Faccio et al.，2011；Nguyen，2011；何威风等，2018），以及何种机制可以调节控股股东的风险选择行为（Bauguess et al.，2012）。部分学者探讨了企业民营化后股权结构对风险承担和创新行为的影响（Boubakri et al.，2013；潘红波等，2013；李文贵和余明桂，2015），然而文章中只考虑了单一性质股东持股比例的影响，没有涉及不同性质股东相互作用的后果和作用机制，这样得到的股权结构比例的结论可能会略显片面。冯晓晴和文雯（2019）在多个大股东结构框架下探讨了多个大股东的存在对企业风险承担水平的影响，然而文章没有对不同性质股东间的作用关系详细地进行考察，仅是上市公司全样本的概括分析，因而此议题仍然有待进一步的深入研究。

第三，承袭汪茜（2016）、高佳旭和刘志远（2019）的研究展望，本书认为在多个大股东框架下进一步识别非控股大股东与控股股东之间的关系仍是重要的方向。以往股权制衡研究多将非控股股东作为一个整体研究对象，而事实上，非控股股东之间的目标偏好、利益诉求、战略导向等并不完全一致，将其作为一个整体进行制衡度研究可能会显得太过笼统。为了进行更为有效的分析，未来研究需对非控股股东与控股股东关系进行更加详尽的划分，并且考虑除制衡关系外股东间可能具有的其他作用关系（如联盟关系、竞争关系、相互折衷等）。汪茜（2016）

的研究中已经开始考虑到讨论我国国有企业或民营企业中非控股大股东为民营股东、外资股东或机构投资者时，次大股东与控股股东会形成怎样的股东关系，但文章中以具体案例分析为研究方法，没有进行多样本的实证分析，因此有待于进一步的实证数据分析。

第四，引入非控股大股东形成多个大股东结构与中国特殊的转型时期制度背景有着密不可分的关系，我国转轨经济和混合所有制改革的特殊背景为研究多个大股东问题提供了良好的契机，但相关的研究并不丰富。有学者关注了国有企业改革形成的多元化股权结构对企业经营决策会产生怎样的影响，探讨了混合所有制企业股权安排对创新（陈林等，2019；朱磊等，2019；李文贵和余明桂，2015）、企业投资（徐伟光等，2019）、治理绩效（王欣和韩宝山，2018）等的影响。而鲜有文献讨论引入持股量较高、负责任的非控股大股东的效用，以及当大股东身份不同时，多个大股东之间的作用关系不同会产生怎样的差异化影响。这些讨论可以为国有企业混合所有制改革中非控股大股东的治理作用提供相应的经验证据。

第3章 我国上市公司多个大股东现状及形成原因

3.1 我国上市公司多个大股东现状

拉波尔塔等（La Porta et al.，1999）发现分散的股权结构仅在投资者保护良好的国家较为普遍，大多数国家的公司股权都相对集中，研究焦点转移到了控股股东的利益侵占问题上。控股股东的存在一方面可以减轻第一类代理冲突，因其财富集中于公司而会积极收集信息并监督管理层（Shleifer and Vishny，1986）；而另一方面也引发了第二类代理冲突，即控股股东利用控制权攫取中小股东的利益。这使探讨何种股权结构可以更好地对控股股东进行制衡和约束的问题受到了关注。控股股东之外其他大股东的存在和影响的研究，打开了复杂股权结构的黑箱（郝云宏等，2016）。

无论从我国还是全世界范围来看，多个大股东的股权结构都是普遍存在的。莱文和列文（Laeven and Levine，2008）的实证研究发现，将公司股权结构二分为股权分散型的股权结构和集中股权下存在单一控股股东的控制型股权结构是不完备的，其对西欧 13 个国家的 1657 家企业股权结构进行分析后表明，有约 34% 以上的企业拥有两个或两个以上的持股 10% 以上的大股东，即西欧国家 1/3 的企业既不是股权完全分散的，也不是高度集中的，而是有着多个大股东共同分享控制权的股权结构。拉波尔塔等（La Porta et al.，1999）以 27 个亚洲国家的上市公司为样本，发现约 25% 的上市公司有不止一个大股东。而克莱森斯等（CLaessens et al.，2000）的研究发现有 32.2% 的东亚公司存在不止一个的持股 10% 以上的股东，与西欧比例相似，在 1/3 左右。贝洛特（Belot，2010）以法国上市公司为样本，发现 37.2% 的上市公司存在多个大股东股权结构。即使是在被认为是股权高度分散的美国，埃德曼斯和曼索（Edmans and Manso，2011）发现持股比例超过 5% 的其他大股东也是普遍存在的。姜付秀等（2018）以中国上市公司为样本，认为 25% 以上的中国上市公司拥有两个或两个以上的持股 10% 以上的大股东。

以上的研究均表明，多个大股东股权结构在世界范围内和我国都是普遍存在的。而对于我国这样一个转型经济体而言，股权结构和股东性质都更具特殊性和复杂性。我国上市公司股权结构呈现出怎样的特点呢？接下来本部分对我国股权结构的情况做出了初步的分析，来观察我国的国有、非国有上市公司不同类别大股东的持股情况和变化趋势如何，并对其中说明的问题进行讨论分析。

表 3.1 ~ 表 3.4 反映了国有企业和非国有企业第一、第二大股东持股比例（平均值）随年份的变化情况。从样本数量来看，国有性质上市公司数量比较平稳，2008 ~ 2012 年随着市场经济的快速发展数量有所上升；而在 2013 年以后，随着新一轮混合所有制改革的实施，部分处于完全竞争行业领域的国有企业更多地出现了将转让控制权给民营企业的样本，因而国有性质上市公司的数量略有下降。

表 3.1　　　　　　　　国有企业第一大股东持股比例的变化情况

变量	2008 年	2009 年	2010 年	2011 年	2012 年	2013 年	2014 年	2015 年	2016 年	2017 年
Obs	1063	1084	1124	1135	1152	1150	1149	1143	1141	1140
Mean	38.44	38.94	38.76	38.64	39.09	38.98	38.49	37.61	36.87	36.71
Std_Dev	15.41	15.85	15.92	16.07	16.25	16.07	15.77	15.46	15.09	14.92
Min	6.29	5.14	5.02	5.14	5.14	5.14	3.95	5.65	8.12	5.72
Max	86.42	93.61	86.2	89.41	89.41	89.41	89.41	89.99	89.09	89.09

资料来源：作者经 Stata 统计软件分析整理所得。

表 3. 2　　　　　　　　国有企业次大股东持股比例的变化情况

变量	2008 年	2009 年	2010 年	2011 年	2012 年	2013 年	2014 年	2015 年	2016 年	2017 年
Obs	1063	1084	1124	1135	1152	1150	1149	1143	1141	1140
Mean	7.87	7.56	7.58	7.56	7.73	7.78	7.74	8.12	8.62	8.71
Std_Dev	7.81	7.68	7.71	7.61	7.77	7.67	7.54	7.45	7.43	7.36
Min	0.08	0.16	0.14	0.15	0.14	0.16	0.07	0.15	0.26	0.17
Max	42.41	42.41	39.68	39.63	40	39.99	39.98	39.98	39.97	39.75

资料来源：作者经 Stata 统计软件分析整理所得。

表 3. 3　　　　　　　非国有企业第一大股东持股比例的变化情况

变量	2008 年	2009 年	2010 年	2011 年	2012 年	2013 年	2014 年	2015 年	2016 年	2017 年
Obs	499	620	928	1144	1256	1299	1416	1611	1908	2284
Mean	32.73	33.19	34.72	34.43	34.44	34.21	33.63	32.6	32.53	32.53
Std_Dev	15.1	15.66	15.96	15.01	14.76	15.23	14.97	14.45	14.7	14.39
Min	3.74	3.64	3.5	2.197	2.197	2.197	2.197	0.29	4.15	4.15
Max	80.6	95.1	95.95	99	88.55	92.26	88.92	99	90	83.13

资料来源：作者经 Stata 统计软件分析整理所得。

表 3. 4　　　　　　　非国有企业次大股东持股比例的变化情况

变量	2008 年	2009 年	2010 年	2011 年	2012 年	2013 年	2014 年	2015 年	2016 年	2017 年
Obs	499	620	928	1144	1256	1299	1416	1611	1908	2284
Mean	10.73	10.98	11.5	11.7	11.53	11.04	10.69	10.77	10.99	11.3
Std_Dev	7.42	7.79	7.65	7.59	7.49	7.47	7.24	6.94	7.03	6.98
Min	0.23	0.21	0.18	0.21	0.245	0.24	0.15	0.36	0.26
Max	37.5	38.8	39.21	39.21	40.48	39.21	39.21	39.21	39.21	41.06

资料来源：作者经 Stata 统计软件分析整理所得。

相比较来看，非国有性质上市公司在 2008～2017 年的十年间数量激增，这充分体现了我国近些年对民营经济发展的大力支持和推动，同时也是我国市场经济迅速发展和市场化改革不断推进的表现。改革开放以来，民营企业经历了从无到有、由弱变强的快速发展，到今天已经成为推动中国经济快速并且高质量发展的重要力量。2008～2011年间是大量的民营企业由封闭式家族有限责任公司转型为具有现代企业制度意义的股份制公司的时段，股份制公司的开放性特征使民营企业能够吸纳资本市场上的资金，民营性质的上市公司因而迅速增加，上市数量年增长率甚至达到了接近50%。2013年党的十八届三中全会通过的《中共中央关于全面深化改革若干重大问题的决定》中提出要积极发展混合所有制经济和全面优化营商环境的政策，进一步激发了民营经济的活力，民营性质的上市公司数量年增长率达到了15%以上。

第一大股东的持股数量很大程度上反映了控股股东对上市公司的控制程度。由表3.1和表3.3可以看出，国有企业第一大股东的持股比例（平均值）要显著高于非国有企业第一大股东持股，这反映了国家股东在股权上的控制力度较高，也说明了国家股东对国有资产的掌控力一直保持在较强的程度，虽然国有企业第一大股东持股比例有逐年下降的趋势，但仍高于非国有企业。新一轮混合所有制改革后，国有企业第一大股东持股有显著的下降趋势，但仍然保持在较高的水平上，说明国企混改的实施促使国有企业吸纳了更多的非国有资本，而国有资产在此过程中的流失问题（陈仕华和卢昌崇，2014）从股权比例上看并不严重。非国有性质上市公司第一大股东的持股比例在2012年前平稳增加，在之后有所下降，可能是由于之前我国市场经济不完善程度高，法律制度不健全，使民营上市公司的控股股东由更强烈的动机追求更高的控制权来缓解控制权争夺的风险和更好地监督管理层经营。

次大股东持股比例反映了其他股东对控股股东的制衡力量。由表3.2和表3.4可以看出，国有性质上市公司的第二大股东持股比例（平均值）在8%左右，低于10%，而非国有性质上市公司第二大股东逐年的持股比例均高于10%；并且国有企业次大股东持股比例的最小值显著低于非国企的次大股东持股比例最小值。这说明了非国有企业的第二大股东普遍有更高的持股，国有企业控股股东与其他股东之间的比例差要高于非国有企业股东间的比例差，也就是说，国有企业更可能出现控制型股权结构（叶勇等，2013），"一股独大"的问题更加严重；而非国有企业更可能出现多个大股东的股权结构。在"一股独大"的控制型股权结构下，控股股东因缺乏监督而容易进行侵占行为，损害公司利益和中小股东权益。在我国，持有10%以上公司股份的股东一般可以向上市公司提名董事，甚至可以向公司派驻高管，参与公司的决策和经营管理，因此，一般将持有 10% 以上股份的股东定义为大股东（贾钢和李婉丽，2008；张旭辉等，2013）。

表 3.5 反映了全样本和国有、非国有分样本的我国上市公司多个大股东结构的占比情况。可以看出，大约有接近 40% 的我国上市公司存在多个大股东结构，这与以往文献关于多个大股东结构占比的结论相符。法西奥与郎咸平（Faccio and Lang，2002）基于东亚 5232 个样本公司的数据，发现 39% 的公司存在多个大股东股权结构；贝洛特（Belot，2010）利用法国上市公司的数据发现，有 37.2% 的公司具有至少两个持股 10% 以上的大股东。

表 3.5   **多个大股东占比的描述性统计**

项目	Obs	Mean	Std_Dev	Min	Max
全样本	25296	0.397	0.489	0	1
国有性质	12332	0.305	0.46	0	1
非国有性质	12964	0.485	0.499	0	1

资料来源：作者经 Stata 软件分析整理所得。

而本书进一步细分样本后我们看到，国有上市公司和非国有上市公司的多个大股东结构占比存在显著差异。存在多个大股东结构的非国有上市公司比例高达 48.5%，而仅约 30% 的国有上市公司是多个大股东股权结构的。表 3.6 中 T 检验结果也表明国有、非国有上市公司多个大股东结构的占比有显著的差异。这说明，在中国市场情境下，仅观察全样本公司的多个大股东结构相关情况是不全面的，也是不具有说服力的，因为我国上市公司的国有性质和非国有性质存在股权结构上的巨大差异，细分讨论国有、非国有性质企业的情况才能得出更科学的分析结果。因而，本书在后面的讨论中着重探讨国有企业改革情境下国有企业多个大股东结构所扮演的治理角色，并在次大股东不同性质的细分维度上继续讨论。

表 3.6   多个大股东占比的差异性检验

项目	Mean	T – Statistic
非国有性质	0.4848041	29.7645 ***
国有性质	0.3047356	

注：*** 、** 、* 分别表示回归系数在 1%、5%、10% 的水平上显著。
资料来源：作者经 Stata 软件分析整理所得。

由此，自然而然产生的一个问题就是，国有企业相较于非国有企业为何较少出现多个大股东的结构？国有企业多有的"一股独大"的股权结构和"多个大股东"的股权结构哪一种对国有企业来说效率更高？多个大股东结构会有什么样的影响？本书的后面的内容会对此做出详细的理论分析和解释。

3.2 我国上市公司多个大股东形成原因

既然多个大股东结构在国内外上市公司中普遍存在，那么一个自然而然的问题是，哪些原因会引发多个大股东的出现呢，也就是说，其他大股东的进入动机是什么？我们都知道，公司控股股东会因其对公司的最大持股而享有极大的控制权，而控股股东会利用控制权最大限度地攫取控制权私利，那么在这种情况下，如果多个大股东结构不是初始形成的，其他投资者因何会增持公司股票而成为非控股大股东呢？

以往文献对多个大股东结构的形成原因进行了一定的讨论，但这个问题并没有引起学者们的高度关注，关注点多在多个大股东结构的影响后果上。股东积极主义理论认为，有些投资者会想要通过采取积极的行动来强化手中持有股票的价值，若投资者想要对公司决策"发声"时，就会增持公司股票成为大股东来施加影响，因此国外学者们多认为多个大股东结构的形成往往是出于股东对成本和收益的权衡。伯特利等（Bethel et al.，1998）通过对当时世界财富排名前 500 的上市公司中425 家公司的数据进行分析后发现，其他大股东进入公司形成多个大股东的动因是投资者的积极主义，即通过行使投票权干预公司经营以增加公司价值分享收益。不同的股东基于自己所持有的股权比例会有不同的风险—收益偏好，因而会偏好不同的投资策略（Dhillon and Rossetto，2009）。流动性股东（小股东）由于财富被投资组合很好地分散化，因而偏好高风险项目以期获取高风险项目伴生的高收益；而控股股东由于财富更集中于公司（财富分散化的控股股东除外），为了规避高风险项目失败所带来的极端损失而更偏好风险低的项目，尽管低风险项目的投资回报也会低。若公司存在持股份额介于控股股东和小股东之间的具有一定持股量的投资者，那么他相对于控股股东来说财富更加分散化，这意味着其偏好风险性项目而获得高收益；同时其相对于小股东来说持有足够份额的股票来分享收益，并有较高的投票权影响公司决策导向。这种参与决策的激励和能力使这样的投资者有意愿收集更多的股票成为大股东来对公司决策施加影响，其对风险性项目的投票会平衡控股股东与小股东之间的风险收益选择差异，使公司决策更接近于自身的风险—收益偏好。

关于股权结构的内生性问题，宋敏等（2004）研究认为非控股大股东的持股比例是内生于公司业绩的。而基于我国特殊的制度背景来看，学者们多认为我国的股权结构多是外生性的，其受到国内不断变化的制度和政策的影响比受到公司内部因素的影响而改变的可能性更大。胡一帆等（2006）认为在转型经济体中的所有制变革主要是通过政治和行政手段来决定和完成的，而不是在资本市场上通过价值选择而主动完的，因而转型经济体的所有制结构从某种程度上来说，是可以看成是外生给定的。

其他学者探讨了多个大股东形成的外部因素。LLSV（1999）利用跨国公司的数据发现，并不是所有股权高度集中的国家都有严重的控股股东侵占问题，控股股东侵占问题主要集中在东欧和亚洲地区，英国和德国的侵占问题并不严重，因而认为法律上的投资者保护程度能够缓解控股股东代理问题；而在投资者保护弱的地区，多个大股东结构的形成对限制控股股东侵占有积极作用。

接下来本部分讨论了我国上市公司多个大股东形成的影响因素，也就是讨论其他大股东进入公司的原因和动机如何，主要从公司特征因素、法律环境因素和制度因素三个方面进行讨论。

1. 公司特征因素

首先，我们讨论在公司成立时就形成多个大股东结构的可能原因。

45

班纳森和沃尔芬森（Bennedsen and Wolfenzon，2000）的文章研究认为，封闭型公司（Closely Held Corporations，没有市场重估价格的公司）的创始人更愿意形成多个大股东共同控制的股权结构。该文章认为，多个大股东的存在可以内部化股东行动的后果，从而做出比单一大股东更具效率的选择；既有足够的控制权去监督管理者，也不会使控股股东大到可以单独控制公司。因此，封闭型公司的创始人经常会选择多个大股东结构，多个大股东联盟可以良好地控制单一股东的单边行动。

而上市公司股权结构是随着公司经营发展和市场环境而动态变化的。宋敏等（2004）指出，非控股大股东相对于控股大股东来说，其进入和退出并不那么稳定。其文章认为，非控股大股东具有易变性，其在不同的时间段增持或减持公司股票的行为与公司业绩存在着比较密切的关系。根据德姆塞茨和莱恩（Demsetz and Lehn，1985）的研究，在上市公司招股的时间段，投资者愿意大量持有一家公司股份的原因在于，他们认为这家公司上市之后有能够盈利的前景，因而持有较多的股份可以为其带来更多的收益和经营决策权。在公司上市后投资者（股东）会收集大量的股份，从而跻身到公司大股东行列的原因同样在于，他们预期公司的发展前景良好，可以给他们带来较高的收益。

此外，想改变公司投资决策的风险收益偏好从而提升公司的盈利能力，也是股东倾向于增持股权而跻身大股东行列的激励。高风险与高收益是相伴相随的，而控股股东往往因为财富集中于公司而倾向于避免极端风险带来的损失，从而不愿意选择高风险的投资项目。中小股东由于极其分散，往往无法形成统一的力量来制约控股股东选择低风险低回报项目的行为。这时基于改善公司绩效的目的，非控股股东可能会想要增持公司的股票而成为公司大股东，通过更高的股权赋予的投票权，在公司经营和投资决策中选择更符合自身利益的决策。

基于此，本章首先考虑的影响多个大股东形成的公司特征因素是盈利能力。基于上述分析，本部分预期多个大股东出现的可能与公司盈利能力正相关，即检验是否盈利能力更好的公司更可能形成多个大股东结构。为了验证上述假设，本部分进行了 T 检验和 Probit 概率回归检验[①]。

---

　　① 进一步地，本书将国有上市公司非控股大股东根据不同身份划分为民营、国有、金融和其他四类，由于"其他"性质的非控股大股东不是本书关注的重点，并且样本量也非常少，因此在本书检验结果中不做呈现和对比。

差异性检验结果与 Probit 回归检验结果如表 3.7 和表 3.8 所示。

表 3.7　　　　　　　　公司盈利能力的组间差异性检验

变量	Group	Mean	P-value
总样本（AMLS）	G（1）	0.04151	0.02*
	G（0）	0.02112	
PMLS	G（1）	0.06485	0.08*
	G（0）	0.03599	
SMLS	G（1）	0.04903	0.301
	G（0）	0.03618	
IMLS	G（1）	0.04055	0.489
	G（0）	0.03954	

注：***、**、*分别表示在1%、5%、10%的水平上显著。
资料来源：作者经 Stata 统计软件分析整理所得。

表 3.8　　　　　　盈利能力与多个大股东形成的 Probit 检验

变量	（1）AMLS	（2）PMLS	（3）SMLS	（4）IMLS
ROA	0.0996	3.5009***	−0.6242	−1.3481
Size	0.0016	0.0013	0.0016	0.0015
Cash	0.0076***	0.0076***	0.0076***	0.0076***
Firstsh	0.0001	−0.0002	0.00004	0.00003
PPE	−0.0542***	−0.0544***	−0.0543***	−0.0538***
Lever	−0.1358***	−0.1346***	−0.1359***	−0.1362***
Growth	0.0266***	0.0264***	0.0265***	0.0267***
Year	Control	Control	Control	Control
Industry	Control	Control	Control	Control

注：***、**、*分别表示回归系数在1%、5%、10%的水平上显著。
资料来源：作者经 Stata 统计软件分析整理所得。

　　由表 3.7 可见，多个大股东股权结构（AMLS）的国有上市公司的盈利能力要高于非多个大股东结构的公司。但将非控股大股东身份细分后可见，民营非控股大股东的多个大股东结构下有显著更高的盈利能力，而国有非控股大股东和金融非控股大股东存在下，盈利能力虽略高于单一国有控股大股东股权结构的盈利，但并不显著。进一步地，我们通过 Probit 概率回归检验盈利能力与多个大股东结构形成的可能性。

表3.8 中（1）~（4）列为国有上市公司总样本和细分样本的盈利能力与多个大股东形成的概率回归检验结果。由检验结果可见，公司盈利能力与存在民营非控股大股东（PMLS）的多个大股东结构在 5% 的置信水平上相关联，即盈利能力好的公司更可能吸引民营性质的其他大股东的进入。而总样本的多个大股东结构（AMLS）、存在国有非控股大股东的股权结构（SMLS）与公司盈利能力负相关，但不显著；存在金融非控股大股东的股权结构（IMLS）与公司盈利能力在 10% 的水平上显著负相关。这与以往研究的观点相一致，即盈利能力越好的公司，投资者认为增持公司股票预期可以带来更好的收益，因而会倾向于增持公司的股票成为大股东。宋敏等（2004）认为，这些大股东之所以愿意持有大量的股票，可能是他们有足够的信心认为他们所持有的公司有良好的经营前景。大股东持股量的内生性问题并不严重，但是非控股大股东比起控股大股东来讲，就不是那么稳定，这些非控股大股东在不同的时段增持或减持手中股权的行为，应该是与上市公司的经营业绩息息相关的。

其次，本书考虑的第二个影响多个大股东形成的公司特征因素是公司规模。德姆塞茨和莱恩（Demsetz and Lehn，1985）通过研究 511 家美国上市公司的数据发现公司股权集中度随着资产规模的扩大而降低，这一定程度上说明大规模企业更可能出现股权制衡的状态。陈林等（2019）强调了企业规模异质性的影响，不同规模的企业有着不同的组织结构和掌握着不同的资源禀赋，大规模的公司可能会带来规模经济。而公司要想实现规模经济带来的各种经济效益，就需要诸如资金、人才和管理经验等的各种资源的支持，这些可能不是单一股东或者是分散的小股东能够带来的。这就会需要对公司负责任的、肯为公司提供资源的股东加入，这样的股东需要有一定的持股量才能将公司收益内部化，才有足够的动力为公司提供资金、人才等资源，因而大规模的公司可能更需要其他大股东的加入支持。相反，如果公司规模较小，控股大股东所提供的资金等各种资源就可以满足公司需求，此时其他大股东引入的成本可能会大于收益。其他大股东的进入也会带来大股东之间的代理冲突，而小规模企业也可能消化和整合不了过多的资源，加上对于国有企业来说，本身就存在机制调整不灵活的弊端，不能随着股权结构的变化而随时调整相适应的公司机制。因此小规模企业更不需要其他大股东的加入。

基于此，本书首先考虑的第二个影响多个大股东形成的公司特征因素是公司规模。基于上述分析，本书预期多个大股东出现的可能与公司规模正相关，即检验是否规模更大的公司更可能形成多个大股东结构。

表 3.9 中（1）~（4）列为国有上市公司总样本和细分样本的公司规模与多个大股东形成的概率回归检验结果。由结果可见，公司规模（Size）的回归系数均显著为正，Probit 模型表明多个大股东出现的概率与公司规模正相关，这与我们的假设相符。检验结果意味着大规模公司的发展需要更多的资金、人才和管理经验等资源，而这样的资源不是单一大股东或者是分散小股东能够带来的，因而大公司更乐于接受来自其他大股东的资源支持，从而形成多个大股东结构。此外，还有一种可能是，大公司的控股股东相对于规模小的公司来说更无法完全掌控公司，因此不容易设置屏障阻止其他大股东的进入。而规模较小的公司需要的发展资源相对较小，控股股东可能能够带来足够的所需资金；并且控股股东的控制力强，可能会设置屏障阻止其他大股东的加入，因而更不容易形成多个大股东的股权结构。

表 3.9　　　　　公司规模与多个大股东形成的 Probit 检验

变量	（1）	（2）	（3）	（4）
	AMLS	PMLS	SMLS	IMLS
Size	0.2301 ***	0.3633 ***	0.224 ***	0.1187 **
Firstsh	− 3.5193 ***	− 3.8566 ***	− 1.8437 ***	− 1.7329 ***
PPE	0.0334	0.6619 **	− 0.3418	0.8868 **
Lever	− 0.4068 **	− 0.9515 **	− 0.3489	− 1.3322 ***
Growth	0.2608 ***	0.1774 *	0.2017 *	0.3722 ***
Year	Control	Control	Control	Control
Industry	Control	Control	Control	Control

注：***、**、* 分别表示回归系数在 1%、5%、10% 的水平上显著。
资料来源：作者经 Stata 统计软件分析整理所得。

49

2. 法律环境因素

外部环境因素是影响公司股权结构的形成的重要方面，自拉波尔塔等（La Porta et al.，1998）以来，企业所处环境中投资者保护的强弱是影响股东选择股权结构的重要因素。拉波尔塔等（La Porta et al.，1998）认为极度分散的股权结构更多地见于投资者保护环境好的地区，而投资者保护环境差的地区的大股东更倾向于收集股权成为控股股东，从而更好地监督管理者经营，但这会带来大股东攫取中小股东利益的第二类代理冲突。班纳森和沃尔芬森（Bennedsen and Wolfenzon，2000）的研究认为多个大股东的股权结构在投资者保护较差的环境中更为有效。对投资者保护弱的环境下更容易出现股权集中的公司股权结构，这会导致大股东对中小股东利益的盘剥，这激励其他非控股大股东的出现来对控股股东进行制约。戈麦斯和诺瓦伊斯（Gomes and Novaes，2005）发现对小股东保护较弱的国家里更可能出现多个大股东分享控制权。就我国资本市场而言，虽然所有上市公司都在沪、深两市上市，并受到国家统一法律法规监管，但各上市公司原属地为我国各地，而我国各地区经济发展水平和法治水平差异颇大，因而拉波尔塔等（La Porta et al.，1999）研究中的跨国法律环境比较仍可适用于我国各地区投资者保护环境比较中。本章将樊纲等（2016）编制的分省份市场化指数中的分项指数"市场中介组织发育和法律制度环境"指标，作为各地区投资者保护环境的替代变量。

综上所述，本章预期在该指数较低的地区注册的国有上市公司更可能形成多个大股东股权结构。据此，本部分假设多个大股东结构的形成与投资者保护水平负相关，并利用 Probit 概率模型进行回归检验。检验结果如表 3.10 所示。

表 3.10　　投资者保护环境与多个大股东形成的 Probit 检验

变量	（1）	（2）	（3）	（4）
	AMLS	PMLS	SMLS	IMLS
LegalEnv	− 0.0065	− 0.0132	− 0.0218 *	− 0.0219 *
Size	0.1092 *	0.2688 ***	0.1381 *	0.0109
ROA	− 0.0324	2.9842 **	− 0.3461	− 2.2015 *

续表

变量	(1)	(2)	(3)	(4)
	AMLS	PMLS	SMLS	IMLS
Cash	− 0.0114	− 0.0331	0.0157	0.0589
Lever	− 0.3388 *	− 0.8595 **	− 0.3375	1.2526 ***
Growth	0.2041 **	0.1237	0.1758 *	0.3407 ***
Year	Control	Control	Control	Control
Industry	Control	Control	Control	Control

注：*** 、** 、* 分别表示回归系数在1%、5%、10%的水平上显著。
资料来源：作者经 Stata 统计软件分析整理所得。

表 3.10 中（1）~（4）列分别是国有上市公司全样本和细分非控股大股东性质后的 Probit 回归结果。由检验结果可见，国有性质上市公司总体上多个大股东结构的形成受法律环境因素的负向影响，但不显著；细分非控股大股东性质后可见，国有非控股大股东和金融类非控股大股东的进入受法律环境影响，Probit 估计系数显著为负，说明法律环境越薄弱的地区越可能形成多个大股东结构。而民营非控股大股东的存在与法律环境负相关，但不显著。由此可以看出，在投资者保护较弱的地区，金融类股东和国有非控股股东为了制衡控股股东，更有动力增持股票而成为大股东，以此增加在公司的话语权，限制控股股东的利益侵占行为。而在投资者保护较弱的地区，民营股东利益的保护水平也同样较差，相对于国有股东和实力资金雄厚的机构来说，民营资本更害怕自己的权益得不到保护，不愿意成为话语权较弱的其他大股东。因而在法律环境差的地区，民营股东成为非控股大股东的激励更弱，民营大股东的存在与法律环境不显著为负。

3. 制度因素

在我国特殊制度环境下非常重要的是，考虑制度因素对多个大股东形成的影响。与西方成熟的资本市场不同的是，我国经济正处于转型阶段，除了市场自主发展外，国家政策法令是市场经济发展的重要导向和指引。有学者认为，在改变股权结构的市场交易成本较低的情况下，公司股权结构的形成内化于股东对公司价值最大化的追求，最终每个公司都会形成一个合理的股权结构（Demsetz and Lehn，1985）。而事实上，特别是对转型经济体来说，改变股权结构的市场交易成本是相当大的、并且受到现有制度约束的。在国家相关政策未实施前，部分类别股份的市场交易甚至是不被允许的（比如我国的股权分置改革以前的资本市场）。胡一帆等（2006）认为转型经济体的资本市场上很难自发完成大规模的股权变动交易，大多数的大型股权变更往往是通过政治的、行政性的指令完成的。从这个层面来讲，转型经济体中公司股权结构的变更具有很强的"外生性"（胡一帆等，2006）。以往对转型经济体股权结构的研究结论主要来自民营化的证据，如布巴克里和科塞特（Boubakri and Cosset，1998）利用 21 个发展中国家的民营化企业的数据，研究发现民营化（privatization）后企业的利润率和运营效率都有所提高。

因而，探讨股权结构形成的制度因素在转型国家是极其重要的。从我国改革开放以来经济政策的发展过程来看，两个重要的政策实施引发了国有企业股权结构的明显变化。一是 2004 年以来的股权分置改革；二是 2013 年以来我国大力推行的混合所有制改革。我国上市公司在进行股权分置改革后，股权结构出现了明显的变化，更加地多元化和具有制衡性（俞红海和徐龙炳，2011）。股权分置改革意在消除资本市场股份转让的制度性差异，更多的资本被释放进 A 股市场得以自由交易，股权的大规模交易促使公司股权结构发生转变。此外，股权分置改革消除了流通股股东和非流通股东之间成本权益不平衡的矛盾，激发了投资者进一步持有股份的动力。这在国有上市公司中尤为明显，在股权分置改革中，大量掌握在国家或者国有法人手中的非流通股上市流通，民营资本因此得以大举入市，国有资本一定量地退出（林菀娟等，2016）。这使国有上市公司的股权进一步分散，公司之间国有股权差异明显。相比于分散型股权结构和控制型股权结构，具有多个大股东股权结构的上市公司比例增加明显（叶勇等，2013）。

第二个促使国有性质上市公司股权结构明显变化的政策阶段就是 2013 年开始的新一轮混合所有制改革。推进混合所有制改革是国企改革攻坚阶段的重要举措，主张通过积极引入其他国有资本或各类非国有资本实现股权多元化来解决国企的代理问题（杨兴全和尹兴强，2018），这一政策大大鼓励了其他国有资本和非国有资本对国有上市公司股份的增持，使其跻身为国有上市公司的非控股大股东，更多地公司形成了多个大股东股权结构。接下来，本书利用 Probit 回归分析检验新一轮混合所有制改革后是否更多地形成了多个大股东股权结构，解释变量为 Post，2013 年以后的年份取 1，其他取 0。采用 Probit 概率模型的回归检验结果如表 3.11 所示。

表 3.11 制度环境与多个大股东形成的 **Probit** 检验

变量	(1)	(2)	(3)	(4)
	AMLS	PMLS	SMLS	IMLS
Post	0.0606 **	0.0163 *	0.0225 *	0.0152 *
Size	0.0634 ***	0.0298 ***	0.0548 ***	0.0199 ***
Roa	− 0.085	0.0961 *	− 0.0391	− 0.0662 *
Lever	− 0.1634 ***	− 0.0905 ***	− 0.1366 ***	− 0.0721 ***
Growth	0.0257 *	0.011 **	0.0054	0.0119 ***
Year	Control	Control	Control	Control
Industry	Control	Control	Control	Control

注：***、**、* 分别表示回归系数在 1%、5%、10% 的水平上显著。
资料来源：作者经 Stata 统计软件分析整理所得。

表 3.11 中 (1) ~ (4) 列分别是国有上市公司全样本和细分非控股大股东性质后的 Probit 回归结果。由表 3.11 可见，无论是国有上市公司全样本还是细分样本都在混合所有制改革之后显著增多了多个大股东股权结构，说明国有企业混改过程中大股东持股份额发生了明显变化，进而影响到公司的股权结构，多个大股东结构比例明显增加。混合所有制改革旨在引入非国有资本和其他国有资本以改善公司的治理机制，充分发挥不同所有制资本的优势，改善国有企业的固有弊端，而其他非控股大股东的引入，能够更好地制约控股股东利益攫取倾向，缓解国有企业的第二类代理问题；最终可以促进公司价值的提升。综上所述，在我国特殊的资本市场环境下和经济转型时期，制度因素是影响多个大股东结构形成的重要因素，公司股权结构的变化随国家政策出现明显的转变。

3.3　本章小结

本章详细介绍了我国多个大股东结构的现状，并基于我国转型时期的特殊背景讨论了多个大股东形成的影响因素。统计分析结果表明我国国有上市公司和非国有上市公司的多个大股东结构占比存在显著差异，因而细分讨论国有、非国有性质上市公司的情况才能得出更科学的分析结果。因此，本书在后面的讨论中探讨国有上市公司情境下多个大股东结构所扮演的治理角色，并在不同身份大股东的维度上进行进一步细分讨论。

基于多个大股东结构在国内外上市公司中普遍存在，那么一个自然而然的问题是，哪些原因会引发多个大股东的出现呢？也就是说，其他大股东的进入动机是什么？以往文献对多个大股东的形成原因进行了一定的讨论，但这一问题并没有引起学者们的高度重视，本章对多个大股东形成的影响因素作出了较为细致的讨论。检验结果发现：第一，盈利能力强的公司更有可能吸引民营非控股大股东的加入。这说明民营性质的投资者会因为看好公司经营前景而愿意持有大量的股票；这也与国有企业混合所有制改革中"靓女先嫁"的实践相一致，为了吸引民间资本的进入，政府往往拿出更加优质的国有企业开展混合所有制改革。第二，大规模的公司更可能形成多个大股东。陈林等（2019）强调了公司规模对股权结构形成的重要性，不同公司规模拥有不同的资源禀赋和控制条件，由于大规模公司的发展需要更多的资金、人才和管理经验等资源，而这样的资源不是单一大股东或者是分散小股东能够带来的，因而大公司更乐于接受来自其他大股东的资源支持，从而形成多个大股东结构；同时小规模公司的控股股东的控制力量更强，会有可能设置屏障阻止其他大股东的进入。第三，法律环境较差的地区更可能形成多个大股东。在投资者保护较弱的地区，控股股东侵占问题更加严重，国有性质和金融性质的非控股股东为了制衡控股股东，更有动力增持股票成为大股东来提高话语权；而民营资本则可能因为担心权益得不到法律保护，不愿意成为话语权较弱的其他大股东，因此没有动力在弱投资者保护地区成为非控股大股东。

最后，检验结果表明，与发达资本市场不同，我国上市公司中多个大股东的形成具有较强的"外生性"。检验结果发现无论是总样本还是细分样本，多个大股东的形成随着制度改革的推进均显著增多，即在我国特殊的资本市场环境下和经济转型时期，制度因素是影响多个大股东结构形成的重要因素，公司股权结构随着国家政策出现明显的外生性转变。

第4章　多个大股东对企业风险承担的影响研究

　　在我国上市公司，特别是国有上市公司和一些家族企业中，控股股东往往是一股独大，占据绝对优势。在这种情况下，最容易产生的问题就是控股股东往往掌控着公司所有重大决策，表现在控股股东可以随意掏空上市公司的资产，可以随意调整董事会的结构，可以随意地将募集的资金用于非原定用途，甚至可以操纵发布虚假信息，这使得内部交易、虚假信息披露和恶意操纵市场等违规行为往往出现在一股独大的上市公司中。近年来随着股权分置改革的完成和混合所有制改革的进行，国有上市公司控股股东的持股比例呈逐年下降的趋势，但为了保持国有经济的主体地位，国资委或者说国有法人所持有的股份仍然是控制性的，一股独大的局面并未发生根本性的改变。除此之外，国有上市公司由于国家股东虚位和过长的委托代理链条，还存在严重的内部人控制问题，公司内往往形成以董事长为核心的内部人控制格局，存在严重的委托代理问题，代理成本居高不下。因而国企改革过程中始终在探索能够改善国企经营弊病的治理机制。

　　然而在改革实践中，相关治理机制往往存在一定程度上的失效。首先，独立董事制度是我国上市公司治理机制中最基本和重要的安排之一，然而由于独立董事的产生要经由作为其监督对象的上市公司内部人提名和推荐，"任人唯亲"的文化使这项安排天然就具有"非独立"性质，甚至会被控股股东所收买，制约其监督作用的发挥。其次，监事会也没能发挥监事作用，频频缺席股东大会的"惰性"监事近年来并不少见。最后，公司外部投资者法律保护环境仍较弱，国有企业治理的法律约束环境远没有形成。基于此，从公司治理的本源性变量股权结构出发考虑能否形成具有内在平衡机制的股权控制结构成为可行的方向。

如果公司存在多个大股东，由股权相对集中的控股股东和具有相当持股量的其他大股东组成，公司决策机制就会变得更为复杂，决策不再是控股股东的一家之言了。其他大股东会积极地在股东大会和董事会上提出体现自己意志的议案，并积极地通过建立关系股东、向董事会派驻董事、拉拢中小股东等方式促使自己的议案更多地被通过，此时公司决策往往是控股股东和其他大股东讨价还价的结果，控股股东的利益侵占决策受到了限制。米什拉（Mishra，2011）指出内部人（包括控股股东和经理人）侵占小股东利益的一个重要途径就是投资于次优的、低风险的投资项目，或者通过建立多元化的企业帝国损害企业价值。也就是说，公司内部人会通过低风险承担的决策对小股东利益及公司价值造成侵害。那么，在多个大股东结构的公司中，其他大股东有没有激励制约控股股东和经理人，从而推进与内部人偏好相反的风险性投资决策、提高企业的风险承担呢？

本章意在探讨，国有企业多个大股东股权结构与一股独大的股权结构哪一种对国有企业来说效率更高？多个大股东并存在企业风险承担方向上的影响如何？其内在逻辑及影响的具体机制是什么？多个大股东并存最终会影响企业的风险承担水平，而这种影响效应可能是通过具体的公司政策的选择来实现的。那么，多个大股东影响企业风险承担的具体公司政策路径是什么？

4.1 多个大股东治理：两个简短的案例[①]

4.1.1 多个大股东并存的效率性——中百集团（000759）的案例

新一轮国企改革以引入民资背景的战略投资者实现所有制的混合为典型特征（郑志刚，2020），而引入什么样的民资、多大程度上引入民资以及民资进入后如何协调、效果如何都是有待实践检验的具体问题。

---

① 资料来源：笔者经上市公司公告（000759，600265）及相关媒体报道整理所得。

中百集团选择引入与其战略发展需求相匹配的民营大股东永辉超市，是国有企业混合所有制改革中充分发挥民营股东活力，带动国有上市公司经营管理效益提升的典型例子。

中百集团是一家以商品零售为主业的国有上市公司，其 2017 年的财报显示公司营业收入同比增长 370.68%、净利润增长率达 318.09%，这漂亮的经营成绩与中百集团 2013 年以来进行的一系列改革方案密切相关。

首先是股权结构上的变革。2013 年开始永辉超市不断通过二级市场举牌增持中百集团股份，到 2014 年为止持有上市公司 20% 的股权，上市公司形成了国有控股、同时存在民营非控股大股东的多个大股东股权结构。民营大股东永辉超市较高的持股比例使其能够更多地将上市公司价值内化为自身收益，与控股股东共享公司控制权激发了其参与公司经营决策的意愿和能力，这使得民营大股东永辉超市积极参与公司重大投资决策和经营决策，为上市公司摆脱当前停滞不前的经营状况出谋划策，描写全新的战略布局；并且积极促成上市公司改善公司治理机制，引入职业经理人制度，并完善了管理层薪酬管理体系。

其次是选择什么样的参股股东。混合所有制改革"跟谁混"是企业混改所要考虑的重要问题：企业既可以选择金融背景的战略投资者，背靠其雄厚的资金力量和资本运作能力，以寻求企业新的增长点；也可以选择供应链端或市场资源端的行业佼佼者，以发挥协同效应，提高主业的全球竞争力；同样也可以选择有技术优势或产品优势的成长型企业，进行优势互补，发挥上市公司的平台优势加速技术或产品更新，提高企业的核心竞争力。永辉超市选择增持中百集团是为了自身战略布局的自发行为，而中百集团对永辉超市不断增持的默许一方面是为了积极响应武汉国资委对于引入非公有制资本实现股权多元化、提高企业国际竞争力的政策号召；另一方面是因其之前转型升级的部分尝试效果并不明显，而民营大股东永辉超市的入驻符合上市公司的战略转型需求。上市国企中百集团在管理机制上缺乏有活力的管理模式，在经营机制上缺乏完整的供应链和物流体系，而这些都是民营大股东永辉超市的优势方向。二者达成战略性合作协议，在集团战略层面高度合作，迅速地恢复了上市公司的盈利能力，新零售战略转型的成功激发了上市公司的又一生机。国资、民资双方战略目标较高程度的重合使民营大股东永辉超市进入上市公司后并没有与国有大股东进行控制权争夺，民营次大股东不断在二级市场上增持的行为更多的是表达了要成为上市公司长期积极股东的意愿，这是国民双方稳定合作关系的基础。

综上所述，从案例中可以看出，首先，民资背景的永辉超市通过多轮举牌增持，成为了上市国企中百集团的非控股大股东，较高的持股量使民营大股东有积极参与公司治理和经营决策的动力和能力，积极促成上市公司治理模式和管理模式的改善，股东间竞争提高了上市公司的经营活力和竞争力。其次，国民双方战略目标的匹配使得多个大股东协调效应得以发挥，不会因为大股东间战略目标冲突而造成决策效率的损失。

4.1.2 多个大股东并存的非效率性——ST景谷（600265）的案例

在逐步深化混合所有制改革过程中，越来越多地出现民营大股东或其他不同属性大股东被引入国有企业，这使得，一方面多个大股东之间会存在相互制约的作用，比单个控股股东更有效率；而另一方面，不同身份的大股东在战略导向、经营理念、风险偏好等方面存在较大差异，在决策过程中主要大股东之间的意见冲突很可能会延缓决策，甚至错失商业机会，造成企业的效率损失。

ST景谷（原景谷林业）于2005年借国家实行股权分置改革之机引入其他大股东——中泰担保，随后中泰担保以29.51%的持股比例位居景谷林业的第一大股东，国有大股东景谷森达变更为第二大股东，上市公司形成了多个大股东的股权结构。然而，中泰担保的控股目的是将上市公司作为自己所属的泰跃系集团的资本运作平台，景谷林业很快变成了第一大股东中泰担保的"现金池"，向其关联公司北京君合百年地产公司以投资入股和借款等形式输入巨额资金，致使上市公司经营情况不断下滑。其后，当地国资不满意中泰担保以多元化投资形式隐蔽掏空上市公司的行为，在二级市场上增持意图夺回控制权。双方控制权争夺的持久战就此开始，通过轮番增持的方式试图掌握上市公司的控制权。

景谷林业是一家依赖于当地优越的自然资源、以林产化工产品为主业的上市公司，是当时全国第二家以林业为主业的上市公司。中泰担保入主景谷林业后，并没有继续优化上市公司的主业，而是意图北上投资房地产行业，这与国有股东景谷森达的战略经营导向存在较大的偏差。不仅如此，中泰担保控股下不断通过关联交易对上市公司的三家林产业附属子公司进行资金占用和资金转移，削弱了上市公司林业主业的实有资产。在上市公司经营出现困境（净资产收益率连续为负）时，不断地通过售卖林地、林木采伐权、林化产品生产机器设备来提高收入，这使景谷林业的木材产品和林化产品的产值急剧下降，主业生产能力严重萎缩。失去了主业生产能力的上市公司生产销售情况极为糟糕，几乎每年都需要出售资产来维持经营资金需求和避免被暂停上市。同时，中泰担保方面牢牢把控着上市公司的董事会①，这使得国有股东无法在公司内部决策层面有效地制约控股股东，无法通过公司内部决策机制（股东大会和董事会）与控股股东达成意见一致的国有股东屡次寻求重新夺回公司控制权以实现自身的经营理念。

综上所述，从案例中可以看出，ST 景谷在引入其他大股东后形成了多个大股东相"竞争"的结构，然而并没有起到限制大股东的效果，反而因为大股东之间始终存在战略导向、经营理念和利益关系等方面的冲突，多次发生控制权争夺，公司经营不断偏离主业方向，经营效率和盈利能力不断变差。双方过度的竞争致使股东和其他利益相关者的利益受损，也消耗了资本市场对上市公司的信心，最终走向了被"带帽"（ST）的结果。

4.2 理论分析与研究假说

股权结构是公司治理的逻辑起点，是公司决策机制形成的基础。在分散的股权结构下，众多分散小股东无法有效地聚合起来监督经理人，弱的投资者保护环境会使经理人有大量机会侵占小股东利益。这使得现有股东有激励不断增加股权集中度直到成为公司控股股东，对公司有着

---

① 中泰担保方面掌握着董事会中 7 个席位（董事会成员共 13 名），除 3 名独立董事外，董事长和 4 名董事都来自中泰担保。同时，在 2008 年国有股东景谷森达再次成为第一大股东之后，接管上市公司董事会失败，使得中泰担保对上市公司的掏空行为没有被有效限制。

绝对的控制权和话语权。

控股股东的存在一方面可以有效地监督经理人行为，另一方面大股东能实行有效控制的前提条件是具有良好的投资者保护环境，在弱投资者保护的环境下，控股股东往往有强烈的动机利用控制权攫取公司收益，从而侵害了中小股东的利益，致使公司价值下降。控股股东侵占小股东利益的一个途径就是投资于次优的、低风险的投资项目，或者通过建立多元化企业帝国损害公司价值。以往文献证明了控股股东很可能做出保守的投资决策。约翰等（John et al.，2008）的研究表明，在投资者保护弱的国家中，大股东有强烈的动机追求私有收益，可能通过更稳健的投资项目来确保这些收益。法西奥等（Faccio et al.，2011）的研究发现财富多元化的大股东才更乐于承担更冒风险的投资，非财富多元化大股东（nondiversified large shareholders）更倾向于保守的投资策略。帕利戈罗娃（Paligorova，2010）证明了控股股东（没有在其他公司持有最高股份）会倾向于更低的风险承担。这一系列文献的结果都说明了控股股东通常会有动机和能力去选择保守的投资策略，特别是在投资者保护弱的地区。

那么，控股股东为什么（或为什么不）会有动机去选择次优的、低风险的（最优的、高风险的）投资决策呢？委托代理理论认为，相对于可以进行多元化投资而表现出风险中性的股东而言，不持有公司股份的经理人由于人力资本和财富集中于所供职的公司，他的雇佣风险可以通过进行低盈余波动性的项目而降低，因此有动机追求保守的投资项目。在公司存在控股股东的情况下，股东与经理人之间的代理冲突减轻，但是，如果控股股东没有持有一个多元化的股权投资组合，或者是在家族企业中想要将控制权传给下一代，控股股东就有动机去追求保守的投资决策。这时控股股东与其他小股东之间的利益冲突上升，控股股东会说服或者指使经理人进行满足自己控制权私利的低风险投资。帕利戈罗娃（Paligorova，2010）认为在一家公司持有大宗股份的控股股东可能会由于财富的非分散化而更倾向于保守的投资决策，其研究发现是否持有投资组合是控股股东愿意承担风险的重要影响因素，不持有投资组合的控股股东并没有表现出更高的风险承担。加杜姆和阿亚迪（Gadhoum and Ayadi，2001）的研究也同样认为，不持有投资组合的控股股东通常会倾向于回避冒风险的投资项目。安德森等

61

（Anderson et al.，2003）的研究认为家族企业的控股股东可能出于代际传承的目标而降低企业风险承担，其降低企业风险的方式通常有两种——多元化和更多的股权融资，而这会损害小股东的利益。

然而，在企业存在除控股股东之外的其他大股东时，控股股东还能在保守投资决策上占优势吗？其他非控股大股东有没有激励去追求与控股股东偏好相反的高风险决策呢？控股股东之所以能够通过次优的、保守的投资决策攫取控制权私利，源于一股独大的结构形成了控股股东的"一言堂"，企业决策过程中没有其他的与控股股东相竞争的"声音"。考虑如果在企业中引入新的大股东，由于股东间在战略导向、利益关系、风险偏好、治理能力等方面均存在差异，他们之间会形成竞争关系（郑志刚，2020），在决策过程中积极为使最终决策结果偏向自身利益而"发声"，从而使控股股东的保守的、价值减损的决策更少地被通过，企业资金朝着更正确的方向上投入（Bennedsen and Wolfenzon，2002），本书称这种效率的提高为多个大股东的促进竞争效应（Procompetitive Effects）。

促进竞争效应原意是指区域内统一市场的形成，将促进区域内垄断行业的竞争，从而提高生产率。即在垄断市场内引入竞争者形成竞争性市场，可以促进产业合理化和公司变革，最终提高经济效率。与促进竞争效应同理，在一股独大的公司中引入其他大股东也就是在"股权垄断"下引入竞争性股东，在股东间形成有竞争关系的、分权控制的格局，应能够促进企业决策效率的和资源配置效率的提升。与监督效应带来的制衡关系有所不同，制衡关系最后的结果是平衡的、静止的，而本书所期待的竞争关系是动态的、有活力的，因为竞争关系的存在而让公司有内生的、进步的、冒险的动力，从而公司风险承担的水平能够提高。同时，制衡取"相互制约、使不偏离"之意，其能够带来的"进步"之意有限；而在促进公司风险承担的方向上，"竞争"不仅可以带来相互制约，更可以带来在竞争过程中的相互学习，从而引入其他大股东可以起到"鲶鱼效应"。

企业中非控股的大股东既有意愿、又有能力在投票权和控制权上与企业内部人相竞争，使内部人次优的、保守的投资决策更少地被通过，从而提升企业的风险承担水平。股权的不断增加使非控股大股东内在化公司价值，从而有足够的激励积极参与公司治理；另一方面较高的持股份额赋予非控股大股东相应的正式权力和话语权，使其相对于分散小股东有更强的能力表达自身的意愿，使最终决策结果向非控股大股东和小股东的偏好上平衡。这种竞争包括两个方面：一方面，这种竞争关系体现为对竞争对手的限制，限制控股股东和经理人的行为以使企业决策更好地满足自身利益和偏好；另一方面，这种竞争关系也体现为直接的控制权竞争，控制权竞争的压力会迫使内部人提高决策质量（郝云宏和汪茜，2015）。

具体来说，首先，相对于企业控股股东，非控股大股东往往有显著更高的投资多元化组合，在公司的现金流权较低，这使得非控股大股东有更高的意愿投资于最优的、冒风险的投资项目来获取更高的收益。与控股股东间风险偏好的冲突和利益冲突，使非控股大股东为防止自身利益受到侵害而有动力限制控股股东的保守的、价值减损的投资决策，最终使投资决策更接近广大投资者的潜在偏好（Dhillion et al.，2009）。

非控股大股东对控股股东决策和侵占的竞争效应可以通过"用手投票""用脚投票"来实现，即通过"发声"机制和"退出"机制。"用手投票"是指非控股大股东通过投票和直接参与经营决策方式，直接使控股股东有利于控制权私利攫取的决策更少地被通过。非控股大股东可以在股东大会表决投资项目时直接投票，并可以引入关系股东以增强在股东大会上的投票权和话语权（郝云宏和汪茜，2015）；可以积极地争取向董事会中派驻董事，争夺董事席位，因而能够直接影响企业日常经营中的投资决定。在多个大股东公司中，当股东们要为某个投资项目投票的时候（如并购等），尽管控股股东想要选择有利于其控制权私利攫取的更保守的投资项目，其他大股东的存在可以限制控股股东的这种选择，使决策过程不再是"一股独大"结构下控股股东的"一言堂"，其他大股东的投票可以将投票结果更多地平衡到更符合分散小股东利益的投资决策上，从而使企业能够更多地选择更优的、高风险的投资项目，提高企业的风险承担。同时，非控股大股东有动机通过拉拢小股东的投票来与控股大股东竞争公司控制权。内诺瓦（Nenova，2003）指出"在竞争控制权时控股股东愿意为争取小股东的投票而付出积极的价值"。即使一个股东现在没有处于控制地位，他也很想去在公司董事会谋求一个职位，这样的股东有动机去不给价值减损的投资决策（如多元化）投票，以增加小股东信心，来为未来控制权争夺争取更多的小股东投票。感受到控制权威胁的控股股东会更愿意迎合小股东的偏好来给更多的价值增加的、高质量的、高风险的项目投票，从而可以提高企业风险承担水平。此外，由于"搭便车"问题的存在，分散小股东很难协调一致通过"用脚投票"来制约内部人（Edmans and Manso，2010），即通过退出机制来进行威胁。而在其他非控股大股东的存在下，有足够持股量的非控股大股东的退出会将信息体现在公司股价中来惩罚控股股东的次优投资决策，非控股大股东"用脚投票"的退出威胁促使控股股东选择更优的投资决策。

其次，与公司经理人相比，非控股大股东虽不是财富集中于公司，但由于较高的持股量使其利益与公司价值和收益高度协同，因此承担冒风险决策以获得更高收益的意愿更高，相对于公司经理人更关注公司的长远利益。同样，非控股大股东可以通过董事会上的权力直接限制经理人选择价值减损的多元化投资决策；或者通过提案和举牌，将控制权竞争所带来的接管压力传递到管理层，使经理人做出更多地价值增加的、冒风险的投资决策，提高企业的风险承担；也可以通过"用脚投票"（卖出持有的股票）将信息体现在公司股价中来惩罚经理人所做出的次优决策，促使经理人做出更多承担风险的经营决定。

对于国有上市公司而言，国有股"一股独大"的股权结构特征和国家所有者虚位使国有企业面临严重的代理问题，经理人的经营决策很大程度上反映国家控股股东的意志。国家控股股东因为多元化任务而不单以追求企业利润最大化为目标，国家股东的干预和内部人私有收益攫取动机使国有企业经常做出次优的、保守的投资决策，风险承担水平较低。博尔顿和萨登（Bolton and Thadden，1998）指出，具有控制性地位大股东有动力阻止任何降低可证实现金流的商业决策，因而公司引入新的大股东，实现"分权控制"，是可行的制衡机制，也就是形成多个大股东的股权结构。其他非控股大股东的引入建立了主要股东之间的竞争关系，这一方面可以限制控股股东"一言堂"所可能带来的决策失误，使决策更多地向其他大股东和小股东的利益偏好上平衡；另一方面形成对经理人的制约，限制内部人控制问题，促使内部人做出更多价值增值的冒风险决策，提高企业的风险承担水平。

然而，控股股东和其他非控股大股东间关系不仅会表现为促进竞争，还可能出现相互结盟以共同攫取私利，这反而会降低企业风险承担，即多个大股东的联盟效应（coalition effects）（Bennedsen and Wolfenzon，2000）。公司内部人（经理人或控股股东）会由于追求控制权私利而选择次优的、保守的投资决策，这种决策可以让公司经营失败或者被接管的可能性更小，使内部人能够更长久地攫取私利。与内部控制人相类似，当其他非控股大股东认为与控股股东结成控制联盟具有相对于控制权来说较小的现金流权，即控制联盟对公司资源的侵占只会对其所有权收益产生较小的影响（Shleifer and Wolfenzon，2002）时，会倾向于与控股股东结成投票联盟来分享公司控制权攫取私利，而不是迎合小股东的利益以获得小股东的投票支持来争夺控制权。在这种情况下，控股股东与非控股大股东的利益趋同，都倾向于选择保守的投资决策，致使风险承担反而会有所降低。此外，若公司控股股东与非控股大股东存在关联关系时，非控股大股东很可能选择合谋而不是与控股股东相竞争，例如家族企业中往往引入具有关联关系的非控股大股东因而更经常会出现合谋的情况（Maury and Pajuste，2005；李学伟和马忠，2007；Cheng et al.，2013）。此时，多个大股东公司的风险承担反而会有所降低。

最后，值得注意的是，股东间的竞争一方面会因为竞争效应而带来决策质量的提升；另一方面，股东间过度的"话语权"的竞争也可能会带来决策效率的下降，使冒风险的投资决策更加地难以通过，甚至使小股东的利益受损，表现出多个大股东的折衷效应（compromise effects）。戈麦斯和诺瓦伊斯（Gomes and Novaes，2005）的研究发现多个大股东间共享控制权并不总是有效率的，大股东间严重的讨价还价问题也可能导致公司瘫痪，降低了公司总体效率，这也会伤害小股东利益。也就是说，多个大股东竞争过程中的讨价还价是有成本的，这种股东间讨价还价（bargaining problem）带来的折衷效应会使非控股大股东想要限制内部人保守投资决策的作用无法发挥。投资者不断增持公司股份而成为大股东意味着其想要在公司中表达自身的偏好、掌握一定的话语权，而这并不是控股股东所能欣然接受的，大股东间可能在股东大会和董事会上进行话语权竞争，甚至会上升为控制权竞争。这使决策过程中多个大股东之间发生激烈冲突，股东间达成一致的难度增加，冒风险的投资决策因其高风险性、高投资性和收益无法预期性更会由于无法达成一致意见而不容易被通过，风险承担水平因而可能下降。特别是对于"混合所有"的企业而言，由于不同产权性质的股东并存，其战略目标、利益诉求和风险偏好差异使大股东在谈判过程中更容易成为对立面，更难以形成有效率的集中决策。此时，多个大股东并存可能负向影响企业风险承担水平（见图4.1）。

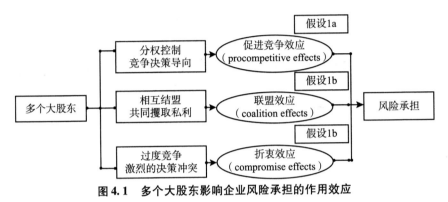

图4.1 多个大股东影响企业风险承担的作用效应

资料来源：作者自制。

综上所述，本书提出如下对立假说。

假设1a：在促进竞争效应下，相对于仅有单一控股股东的公司，多个大股东公司中的风险承担水平更高。

假设1b：在联盟效应和折衷效应下，相对于仅有单一控股股东的公司，多个大股东公司中的风险承担水平更低。

4.3 研究设计

4.3.1 样本选取与数据来源

本章以沪深A股2008～2017年国有上市公司为研究样本，并根据研究需要对样本做如下筛选：（1）剔除了金融保险类企业，因为金融保险类企业在经营和盈利模式上与非金融类企业存在较大差异，其风险承担行为所指也有很大的不同；（2）剔除各年度的ST、PT公司，因为异常经营公司可能会影响检验结果；（3）剔除资产报酬率（ROA）在4年内不连续的上市公司的观测值，因为本书以至少连续3年的企业盈余波动来衡量风险承担水平，不连续的观测值会造成风险承担样本值缺失；（4）剔除数据有缺失的样本。为了控制异常值对研究结果可能带来的偏误，本书对主要连续变量在1%的水平上进行了Winsorize缩尾处理。本书中所用公司财务数据主要来源于CSMAR数据库，其他数据来自Wind数据库、Choice金融数据库、金融网站（新浪财经、东方财富网）等。

参考姜付秀等（2017）、朱冰等（2018）及其他学者的研究，我国上市公司股东间可以作为一致行动人在行使表决权时一致行动来实现共同的利益①，这种一致行动人关系是要求在年报中明确予以披露的。也就是说，如果前十大股东中存在具有一致行动人关系的股东，则证监会要求必须在年报中加以公告。因此，本书根据公司年报、东方财富网站和Choice金融数据库的信息，在计算大股东持股比例时将一致行动人持股数量进行合并；Choice金融数据库中"重要持股人"数据专栏中详细地披露了"一致行动人持股汇总"信息，可以由此较为准确地获得一致行动人信息。此外，由于本章的研究主体为公司大股东，因而将控股股东持股比例小于10%的样本加以剔除，即该样本中不存在符合定义的大股东。

为了研究多个大股东并存的公司中不同性质的其他大股东所带来的差异治理影响，参考刘志远等（2017）、郝阳和龚六堂（2017）的研究，本章对上市公司不同身份的股东加以界定。通过企查查软件对每年每家国有上市公司前十大股东的性质进行逐一界定，由于企查查软件可以追溯到该股东所属的终极控制人，因此可以较为准确地将不同股东性质筛选出来。本章把国有上市公司前十大股东根据性质不同划分为五大类，分别是"国有股东""民营股东""金融股东""外资股东""未知"。由于金融股东所代表的金融类企业在经营目的与经营模式上与传统意义上的国有、民营股东有显著的差别，因此将"金融股东"从"国有股东"和"民营股东"中划分出来单独成类。具体定义见表4.1。

①　一致行动人可以是产权关联股东、亲缘关联股东、经任职而存在关联的股东以及通过签署一致行动人协议而形成的关联股东，通过关联而形成实质上的股东利益共同体。

表 4.1   股东身份的具体界定

分组	定义
国有股东	实际控制人为政府,包括政府部门(财政部、国资委等)、国有企业法人、四大资产管理公司等。剔除"金融类"股东
民营股东	实际控制人为非国有企业法人或境内自然人。剔除"金融类"股东
外资股东	实际控制人为境外法人和境外自然人
金融股东	包括保险机构投资者、社保基金、QDII、QFII、私募股权基金等
其他	除上述定义之外的股东和无法判断性质的股东

资料来源:作者自制。

4.3.2 变量界定与实证模型

1. 变量界定

(1)多个大股东。学者们对大股东的界定存在一定的差异。我国笼统地将前十大股东或者前五大股东视为大股东,但由于我国上市公司股权高度集中(经本书全样本数据计算得出,第四大股东的平均持股比例仅为1.81%,第十大股东平均持股仅为0.51%),这种定义下的大股东由于持股较少,对控股股东的监督作用可能十分有限。因而我们认为,能够对控股股东的利益攫取行为进行约束进而改善公司治理的大股东应该是具有一定持股量的股东。埃德曼斯等(Edmans et al.,2013)将持股比例在5%以上的股东作为大股东。而拉波尔塔等(La Porta et al.,1999)认为持股比例超过10%的股东可以被认定为公司大股东,同样使用此界定标准的研究还有莫里和帕尤斯特(Maury and Pajuste,2005)、莱文和列文(Laeven and Levine,2008)、阿提格等(Attig et al.,2008)等。

结合我国的资本市场环境和制度环境,学者们大多数采用了将10%以上的持股比例作为大股东的界定标准(李学伟和马忠,2007;郝云宏等,2016;姜付秀等,2017;朱冰等,2018)。这是因为,根据我国的相关法律制度,持有10%以上股份的大股东拥有派驻董事和高管、召开临时股东大会、申请公司解散等权力,这使得持股10%以上的股东对公司经营和治理有相当的影响力。

基于此，本书将10%的持股比例作为大股东的判断标准（姜付秀等，2017）。经过合并一致行动人持股后，如果上市公司拥有两个或两个以上的大股东，本书界定该公司为多个大股东（multiple large shareholders，MLS）。

（2）企业风险承担。已有文献度量企业风险承担的指标主要有盈余波动性（John et al.，2008；Boubakri et al.，2013）、股票收益率波动性（Benmelech et al.，2015）、研发投入（Li et al.，2013）等。由于我国股票市场仍不完善，股价同步性较高，使股票收益率往往不能准确反映企业真实的经营情况。企业研发投入衡量受会计准则变更的影响很大，而且实践中企业对研发投入的披露往往不规范，缺失值较多，因而用研发投入度量企业风险承担会有一定局限性。由于企业承担更高的风险项目意味着未来现金流入存在大的不确定性，企业盈余会或大或小的波动，因此采用盈余波动性来衡量企业风险承担是最为广泛的，也是在中国资本市场环境下最能够准确反映的。因此，本书采用企业盈余波动性来衡量风险承担水平，这里的企业盈余（ROA）的具体衡量为企业当年度的息税前利润（EBIT）与年末资产总额的比值。具体地，参考约翰等（John et al.，2008）、布巴克里等（Boubakri et al.，2013）、余明桂等（2013）的研究，首先为了消除经济周期和行业不同差异性的影响，得到一个更具有可比性的能够体现公司风险决策水平的干净值，本书将每个公司的ROA（息税前利润/期末总资产）分年度分行业减去同年同行业ROA均值进行调整。而后，使用连续3年（t~t+2年）ROA的数据，计算标准差，用以衡量企业在该观测时段的风险承担水平。计算公式如下所示。

$$\text{RiskTaking}_{it} = \sqrt{\frac{1}{T-1}\sum_{t=1}^{T}\left(\text{AdjROA}_{ijt} - \frac{1}{T}\sum_{n=1}^{T}\text{AdjROA}_{in}\right)^2}\Bigg| N = 3$$

此外，在稳健性检验中，本章还采用以下两种方法计量企业风险承担水平：①以极差代替标准差作为风险承担的衡量，即计算企业3年的观测时段内ROA的最大值和最小值之差作为风险承担的替代变量，在后文中用变量RiskT2来表示；②调整风险承担水平的观测时段，计算企业4年观测时段内ROA的波动情况（t+1~t+4年）和顺延一期ROA的波动情况（t~t+3年），更长的时段可以更准确地反映企业进行承担风险行为后的波动效果。

（3）控制变量。借鉴现有关于多个大股东治理与企业风险承担的相关文献的做法，本章在模型中主要控制了以下影响企业风险承担的因素。Age 为企业的经营年限，经营年限越长的公司可能在经营上越会求稳，风险承担可能会更低，预期其估计系数为负。Size 表示企业规模，用期末总资产的对数来衡量，规模越大的企业可能越不容易进行风险调整，因此表现出的风险水平更低，预计其估计系数显著为负。Lever 为企业杠杆率，用期末总负债与总资产之比来衡量，负债水平高的公司更有动力投资于高风险高收益的项目来弥补负债利息的支出，因此高负债的公司更倾向于选择风险性项目，预计其估计系数显著为正。Growth 表示企业的成长能力，用销售收入增长率衡量，企业的成长机会越多，风险承担意愿越强，预计系数为正。Top1 表示第一大股东持股比例，股权集中度越高，低的财富分散化程度使得股东承担风险的意愿降低（Cole et al.，2011），预计估计系数为负。本书选取董事会独立性（Indp）和两职合一（Dual）指标来控制公司治理因素的影响：董事会独立性是指独立董事人数占董事会总人数的比例，独立董事是我国公司内部治理机制的重要安排，对管理层偏离公司价值最大化的私利行为能起到监督作用，降低代理成本，因此预计独立董事比例与风险承担是正相关关系，估计系数为正；两职合一是指上市公司总经理是否还兼任董事长，如果兼任则取 1，否则取 0。总经理本身已经被赋予了公司经营决策很大权力，如果其同时还兼任董事长，权力的极度膨胀会使经理人更有可能做出有损公司价值的私利行为，降低风险承担，因此预计系数为负。

此外，企业经营所处的宏观经济环境的变化波动也会影响微观企业风险承担行为，因此，本章在回归检验中通过设置年度虚拟变量控制了年度影响。为了剥离出行业特征的影响，本章根据 2012 年证监会发布的《上市公司行业分类指引》的分类方法设置了行业虚拟变量加以控制，将制造业企业细分到行业次类，非制造业企业按照行业门类编码。

本章检验所涉及的各变量及相应含义和计算如表4.2所示。

表 4.2　　　　　　　　　　　　　　　主要变量定义

变量类型	变量名称	变量含义	变量描述
被解释变量	Risktaking	风险承担	年度行业均值调整的公司 ROA 的三年滚动标准差
	R&D	研发支出	公司研发支出与期末总资产之比
	M&A	公司并购	公司年度并购金额总和的对数
	Focus	经营集中度	公司前五大部门营业收入的平方和与总营业收入之比
主要解释变量	AMLS	多个大股东	合并一致行动人后，公司当年存在两个或两个以上持股比例超过 10% 的大股东
	Dpower	股东力量	计算出经行业、年度调整后的次大股东持股份额均值，如果持股份额高于样本均值则取 1，否则取 0
	Dturn	股票流动性	计算出经行业、年度调整后的年换手率均值，如果换手率高于样本均值，则取 1；否则取 0
控制变量	Age	公司年龄	公司上市年限
	Lever	资产负债率	公司期末负债与总资产之比
	Size	公司规模	公司期末总资产的自然对数
	ROA	总资产收益率	公司息税前利润（EBIT）与期末总资产之比
	Top1	控股股东持股比例	公司控股股东的持股份额
	CapExp	资本支出	公司资本支出占期末总资产比例
	AT	关联交易	公司关联交易占总资产的比例
	AC	管理费用率	公司管理费用占营业收入的比例
	Ind	董事会独立性	公司独立董事人数占董事会总人数比例
	Dual	两职合一	公司总经理是否兼任董事长
	Growth	公司成长性	公司营业收入增长率
	Cash	公司现金流	公司经营活动现金流与期末总资产之比
	CEOshare	CEO 持股	公司 CEO 的持股比例

资料来源：作者整理。

4.3.3 实证模型

根据前面的理论分析与假设，本章想要探讨国有上市公司多个大股东的并存在风险承担方向上的治理作用，即多个大股东并存对公司风险承担的影响，为验证假设 1，本书构建如下回归模型进行检验：

$$Risktaking_{it} = \alpha_0 + \alpha_1\,AMLS_{it} + \alpha_2\,Age_{it} + \alpha_3\,Size_{it} + \alpha_3\,Lever_{it}$$
$$+ \alpha_4\,ROA_{it} + \alpha_5\,Top1_{it} + \alpha_6\,CapExp_{it} + \alpha_7\,Cash_{it}$$
$$+ \alpha_8\,Ind_{it} + \alpha_9\,Dual_{it} + \alpha_{10}\,CEOshare_{it}$$
$$+ \alpha_{11}\sum Year + \alpha_{12}\sum Industry + \varepsilon \qquad (4.1)$$

4.4 实证检验结果与分析

4.4.1 描述性统计结果与分析

1. 国有上市公司多个大股东概况与分析

为了解国有性质上市公司与非国有性质上市公司多个大股东的情况差异，本部分首先统计了国有、非国有上市公司 2008~2017 年间逐年的多个大股东公司占比情况，各年度占比均值如表 4.3 和图 4.2 所示。

表 4.3　　　　　　　　　多个大股东占比的变化趋势

样本	2008 年	2009 年	2010 年	2011 年	2012 年	2013 年	2014 年	2015 年	2016 年	2017 年
All	0.3528	0.3509	0.3874	0.4050	0.4026	0.3920	0.3860	0.4023	0.4290	0.4428
SOE	0.2897	0.2740	0.2847	0.2837	0.2934	0.2965	0.2950	0.3115	0.3523	0.3596
Non – SOE	0.4870	0.4855	0.5119	0.5253	0.5028	0.4765	0.4597	0.4668	0.4748	0.4842

资料来源：作者经 Stata 软件分析整理所得。

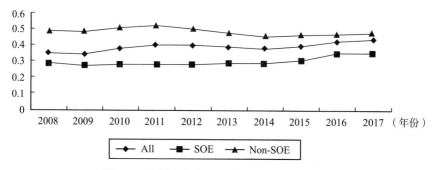

图4.2　全样本多个大股东公司占比变化趋势

资料来源：作者用 Excel 软件绘制。

　　表 4.3 反映了总样本和国有、非国有分样本公司的逐年的变化趋势。可以看出，非国有上市公司多个大股东并存状态的占比最高，其次是总样本，最后是国有上市公司比例。国有性质上市公司的变化趋势是缓慢地上升；非国有性质上市公司和总样本的变化趋势相仿，2008～2011 年的阶段缓慢上升，2011～2013 年的阶段有所下降（特别是非国有性质公司），在 2013 年以后又开始回升。在 2011～2013 年的阶段有所下降的原因可能是随着我国控制权市场的发展，民营企业对控制权转移的压力逐渐增加，这使得控股股东有增加控制权的冲动，更多地避免引入其他大股东而造成控制权的争夺，因而多个大股东结构占比有所下降。而随着我国法律制度和产权制度的逐步完善，多个大股东公司又更多地被控股股东所接受。

　　值得一提的是，由图 4.2 中 SOE 曲线的变化趋势可见，国有上市公司中多个大股东公司占比在 2013 年后有一个翘尾式的提高。这可能意味着，党的十八届三中全会以后混合所有制改革的加快进行促使国有企业开始更多地加快地吸收民营资本的加入，这使上市公司大股东持股份额发生变化，在有着"一股独大"股权结构特征的国有企业中会尤其明显，控制型股权结构更多地变为了多个大股东并存的结构。这也就是说，混合所有制改革推进这一外部制度因素极大地推动了我国国有上市公司股权结构的变更。

　　相对于世界其他国家，国有股权和其他不同性质股权的同时存在和差异冲突是我国上市公司在特殊国情下的重要特征，因而国内外文献对多个大股东的描述统计仅限于全样本分析是不全面的，本书在这一部分将进行分样本的多个大股东公司比例分析，着重区分国有上市公司不同身份的非控股大股东占比情况。

特别地，本书关注的是国企混合所有制改革背景下，在鼓励国有企业在不断引入非国有资本的过程中，民营投资者是否会谋求成为公司大股东，从而形成存在民营非控股大股东的多个大股东股权结构。我们重点关注民营非控股大股东的原因是，以往探讨混合所有制改革的文献中所定义的简单的"股权多元化"并非"混合所有制"改革，"混合所有制"改革的关键是引入持股量较高和负责任的民营资本（郝阳和龚六堂，2017），而非控股的民营大股东因达到了一定的持股量而成为能够积极参与国有企业治理的股东，这符合国企混改引入非国有资本的要义。为了具体考察国有企业中非控股大股东的存在差异性情况和治理作用，由上文所述，本章将多个大股东公司中其他大股东的身份区分为国有、民营、外资和金融性质四类，进行细分样本的总体情况和变化趋势的描述性统计分析，统计结果如表4.4、表4.5和图4.3所示[1]。

表4.4 国有上市公司多个大股东占比情况

分组	Obs	Mean	Std_Dev	Min	Max
国企全样本	8741	0.2886	0.4532	0	1
民营	8741	0.0635	0.2393	0	1
国有	8741	0.1297	0.336	0	1
外资	8741	0.0311	0.1736	0	1
金融	8741	0.0643	0.2082	0	1

资料来源：作者经 Stata 软件分析整理所得。

---

[1] 由于手工收集非控股大股东的性质的过程中存在一些无法判断性质的样本，并且在统计过程中删除了前面所述股东性质判定中"其他"类型的国有上市公司样本，导致在后面统计中国有上市公司全样本的多个大股东公司占比数据略有差异，但总体趋势与前面并无差异。

表4.5　　　　　　　　　国有上市公司多个大股东占比变化趋势

Mean	2008 年	2009 年	2010 年	2011 年	2012 年	2013 年	2014 年	2015 年
民营	0.0483	0.0482	0.0509	0.0529	0.0584	0.0648	0.0711	0.0931
国有	0.1071	0.1096	0.1153	0.1202	0.1282	0.1394	0.1467	0.1703
外资	0.0279	0.0293	0.0309	0.0305	0.0318	0.032	0.0324	0.0339
金融	0.0347	0.0321	0.0409	0.0413	0.0424	0.0435	0.0504	0.0781

资料来源：作者经 Stata 软件分析整理所得。

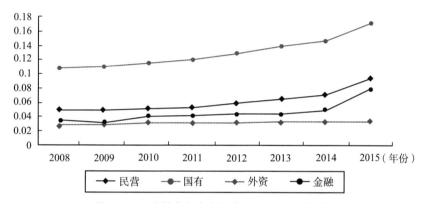

图4.3　细分样本多个大股东公司占比变化趋势

资料来源：作者经 Excel 软件整理绘制。

表4.4、表4.5 和图4.3 反映了国有上市公司中多个大股东公司的总体均值情况和细分样本的逐年变化趋势，可以看出，多个大股东公司中有接近一半的非控股大股东是国有性质的，民营非控股大股东的比例略高于金融非控股大股东的比例，但远低于国有非控股大股东。可见，对于国有控股上市公司来说，民营资本的参与度还并不算高。经过本章统计，国有上市公司前十大股东中，有77%的公司有民营资本的参与，但前十大股东中民营股东平均持股比例仅有3.72%，这一平均持股水平低于我国一般意义上的重要股东判断线——5%[①]。中共十八届三中

---

① 在我国，5%的持股份额对上市公司来讲是一个很重要的比例。之所以"重要"，体现在以下几个方面的认定：①关联方认定线，持有5%以上的法人或自然人及其一致行动人认定为上市公司的关联法人或自然人；②内幕知情人认定线；③股东披露线，持有5%以上股份的股东应当预先披露减持计划；④短线交易认定线等。

全会后国家鼓励和支持将非国有资本引入国有企业，国有资本投资项目允许非国有资本参股，以期发挥不同所有制资本的优势，弥补国有企业市场化不足、治理机制僵化的劣势。而从描述性统计中可以看出，非国有资本（剔除金融类）的参与度似乎并不高，达到大股东标准的民营股东仅占不到10%，前十大股东中民营股东的平均持股水平仅有3%左右，这一水平可以说对公司治理的影响力会非常有限。

前面对于国有控股上市公司中民营非控股大股东情况的描述性统计结果与郝阳和龚六堂（2017）的研究结论相符，该文认为在国有上市公司中，仅有12%~13%的公司引入了持股量较高的民营股东，这意味着虽然国有企业上市后不再是完全的国家所有，但也并非符合"混合所有"，而仍然是国有"一股独大"的股权结构。本章将其他大股东细分为国有股东、民营股东、外资股东和金融股东后，发现虽然国有控股上市公司的多个大股东结构比例可以达到30%左右，但民营非控股大股东的比例在2008年仅占5%左右，到2015年才上升到接近10%。由此可见，民营非控股大股东在国有控股上市公司的存在度并不高，多个大股东公司的非控股大股东主要由国有大股东构成。

这种现象引起了本书研究的兴趣。党的十九大提出要"深化国有企业改革，发展混合所有制经济，培育具有全球竞争力的世界一流企业"，意味着发展混合所有制经济，不断地引入高质量民营资本进入国有企业，仍然是深化国企改革的重要环节。而国有控股上市公司中民营非控股大股东仅占比10%左右，一定程度上说明国有企业仍然"混"的程度不足。非控股大股东的存在一方面由于持股量较高而足够激励参与公司治理，同时也没有足够的控制权像控股股东那样掏空公司，因而学者们认为非控股大股东的存在可以制衡和监督控股股东，限制控股股东的利益攫取行为。特别地，学者们认为当控股股东与非控股股东的性质不同时，他们之间更可能是监督而不是合谋关系（李学伟和马忠，2007）。因此，民营性质的非控股大股东可能会更好地监督国有控股股东和代表国家控股股东意志的国有企业经理人，改善国有企业的治理；另一方面，由于民营资本的逐利本性，我们预期民营性质非控股大股东的引入会促使国有企业做出更多有利于企业长远发展的冒风险的决策，减少保守的投资决策。然而，现实情况是持股量较高的负责任的民营资本的引入所占比例还较少，2/3的国有控股上市公司仍然是"一股独大"的状态，多个大股东股权结构的国有上市公司有接近一半都是国有控股股东加国有非控股大股东的"组合"。

2. 我国上市公司风险承担概况与分析

风险承担体现了企业对风险性投资项目的偏好，高风险往往伴随着高收益，承担风险意味着企业愿意冒较高的风险以追求较高的收益。企业一系列承担风险的决策或经营行为最终会体现在企业未来现金流的波动中，企业盈余也会因风险承担行为而发生更大的波动变化，因而本书以营利的波动性（ROA 标准差）来衡量企业的风险承担。接下来本部分对 2008～2015 年我国上市公司 17117 个观测值所体现的风险承担状况进行描述与分析。

图 4.4 是我国上市公司风险承担水平逐年变化的趋势图。由图 4.4 可以看出，与市场经验相符，2008 年全球金融危机后，上市公司风险承担出现了一个显著的下降；2010 年时这种下降出现拐点，在 2010 年有上升趋势，并保持平稳。近些年世界经济的疲态始于希腊债务危机，2013 年开始欧洲多国的主权信用评级不断被下调，世界经济持续低迷；与此同时，我国经济进入"稳速增长"阶段，以保持经济的健康发展。因此，世界经济环境的不确定性和我国经济政策的调整可能是导致 2013 年后我国企业风险承担下降的原因，与世界宏观经济"唇齿相依"的行业遭到巨大打击，对外投资策略有所缩减，民企投资更具脆弱性，这都使得企业降低了风险承担。

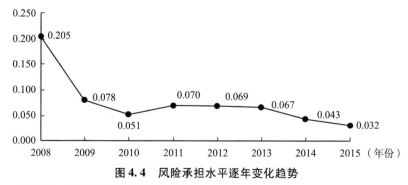

图 4.4 风险承担水平逐年变化趋势

资料来源：作者经 Excel 软件整理绘制。

已有研究表明，国有企业和非国有企业在承担风险的意愿和能力上均有显著区别，国有企业由于经营目标多元化并不完全以营利为最终目的，并且存在严重的内部人控制问题倾向于规避风险，因此国有企业的风险承担水平要低于非国有企业（李文贵和余明桂，2012）。接下来，为了观察不同产权性质下企业风险承担的不同情况和不同变化趋势，本部分将样本细分为国有上市公司和非国有上市公司进行比较分析。

表4.6反映了我国国有性质和非国有性质上市公司风险承担（年均值）的逐年趋势，图4.5反映的是相应的趋势图。由表4.6和图4.5可以看出，国有和非国有企业的风险承担水平变化趋势与总样本趋势类似，在2008年后有所下降，在2010年后开始回升，但在2013年后有一个较大幅度的回落。可见，2008年的金融危机以及2012年全球性的经济低迷环境无论对国有企业还是非国有企业的风险承担决策都产生了一定影响。值得注意的是，在2013年以前，非国有企业的风险承担要显著高于国有企业；而在2013年以后，国有企业和非国有企业风险承担水平的差距逐渐减少，甚至在2015年，国有企业的风险承担水平要显著高于非国有企业，这与以往认为国有企业的风险承担水平较非国有企业低的结论有所不同。由此可以初步看出，产权性质并不是导致公司风险承担水平差异的关键，如何改善各自承担风险能力和意愿上的劣势才是更值得探讨的话题。

表4.6　　　　　　　不同产权性质企业风险承担逐年变化趋势

样本		2008 年	2009 年	2010 年	2011 年	2012 年	2013 年	2014 年	2015 年
SOE	Obs	1036	1058	1101	1115	1132	1127	1112	1064
	Risk	0.1897	0.0619	0.0464	0.0662	0.0688	0.0676	0.0489	0.0344
Non - SOE	Obs	469	590	892	1103	1212	1256	1358	1492
	Risk	0.2377	0.1066	0.0569	0.0733	0.0693	0.0667	0.0385	0.0294

资料来源：作者经 Stata 软件分析整理所得。

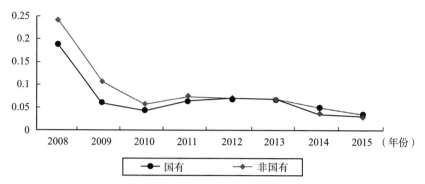

图 4.5　不同产权性质企业风险承担变化趋势

资料来源：作者经 Excel 软件整理绘制。

　　为此，本章对国有（SOE）、非国有（Non‑SOE）企业风险承担水平进行了分组均值差异性检验，检验结果如表4.7所示。由表4.7可见，2013年以前非国有企业的风险承担水平高于国有企业，但仅在2009年存在显著性差异；2013年以后，国有企业的风险承担开始高于非国有企业，并且在2014年、2015年差异性检验显著，即国有企业风险承担水平显著高于非国有企业，这与以往结论有所不同。究其原因，可能是因为以往文献多关注于风险承担的意愿：基于政治观（political view），国有企业受到政治家和政府政治目标的干预，以保持稳定为主要目标而不是追求利润最大化，因此倾向于稳健的风险决策，不愿意承担风险。基于经理人观（managerial view），国有企业缺乏对经理人的有效监督和激励，使经理人更倾向于规避风险获取私人收益或维持职位稳定，承担风险的意愿低；而非国有企业具有天生的逐利性，承担风险以追求更高的利润可以使其更快的发展，因而更有想要承担风险的意愿。而基于张敏等（2015）的研究，学者们越来越重视风险承担能力的问题。由于企业风险承担决策具有短期成本高、资金需求量大、投资回收期长、成功不确定性高等特点（田高良等，2019），说明在风险承担行为实施前需要大量的相应资源支持，而万一承担风险失败，会给企业带来极大的资源压力，即具有极强的资源依赖性（张敏等，2015）。

表 4.7　　　　　　　　企业风险承担分组均值差异性检验

变量	年份	G1（0）非国有	Mean1	G2（1）国有	Mean2	MeanDiff
Risk taking	2008	469	0.2377	1036	0.1897	1.0575
	2009	590	0.1066	1058	0.0619	3.1654 ***
	2010	892	0.0570	1101	0.0464	1.0724
	2011	1103	0.0733	1115	0.0663	0.7198
	2012	1212	0.0694	1132	0.0688	0.0637
	2013	1256	0.0667	1127	0.0676	− 0.1133
	2014	1358	0.0385	1112	0.0489	− 1.6792 *
	2015	1492	0.0294	1064	0.0344	− 2.5456 **

注：***、**、*分别表示在1%、5%、10%的水平上显著。
资料来源：作者经 Stata 软件分析整理所得。

　　由前面分析，我国国有企业承担风险的意愿相对于非国有企业较低，但其拥有较高的资源优势，在生产经营的各方面享受着非国有企业无法企及的政策优惠、融资便利、政府救助等条件，因而承担风险和承担冒风险失败后果的能力要远大于非国有企业。企业风险承担水平是承担意愿和承担能力的综合表现，在全球宏观经济环境低迷和我国经济增长趋稳的环境下，非国有企业经营面临极大的不确定性而更具有脆弱性，进行冒风险决策的资源支持降低，对风险决策失败的承受能力也降低，客观上限制了非国有企业承担风险；而国有企业资源实力雄厚，在国家"培育具有国际竞争力的世界一流企业"的要求下，保持着较高的风险承担意愿和能力。

3. 主要变量的描述性统计分析

　　表 4.8 列示了书中主要变量的描述性统计。为了消除极端值的影响，本章首先对极端样本进了 1% 分位数上的缩尾（Winsorize）处理。从表 4.8 的描述性统计数据来看，尽管已对风险承担（Risktaking）进行了极端值处理，企业间风险承担水平仍有较大差异，最小值仅为 0.0021，均值为 0.0723。多个大股东（AMLS）均值为 0.289，表明我国国有性质上市公司中多个大股东股权结构公司的比例多于 1/4，根据

前面对多个大股东情况的详细描述，这一比例少于非国有上市公司。

表 4.8　　　　　　　　　　主要变量的描述性统计

变量	平均值	标准差	最小值	中位数	最大值
Risktaking	0.072	0.337	0.002	0.026	5.039
R&D	0.016	0.015	0	0.013	0.073
M&A	5.861	8.661	0	0	25.19
Focus	0.375	0.412	0	0.191	1.433
AMLS	0.289	0.453	0	0	1
NMLS	0.335	0.565	0	0	3
Rpower	0.484	0.451	0.000	0.425	3.371
Age	14.38	5.139	3	14	26
Size	21.943	1.309	13.076	21.779	28.509
Cash	0.044	0.069	−0.159	0.042	0.246
ROA	0.048	0.5235	−2.134	0.035	11.006
Lever	0.427	0.205	0.0497	0.423	0.898
CapExp	0.0589	0.0508	0.001	0.0445	0.246
Growth	0.175	0.407	−0.495	0.113	2.665
Top1	0.349	0.145	0.0858	0.333	0.737
Dual	0.248	0.432	0	0	1
Ind	0.369	0.053	0.091	0.346	0.556
CEOshare	0.039	0.099	0.000	0.000	0.465

资料来源：作者经 Stata 软件分析整理所得。

其余变量的统计表现大多与以往研究相符合。由于计算风险承担的滚动时段为 3 年，因此本书只保留了连续经营 3 年以上的公司以计算盈余波动率，因此公司年龄（Age）的最小值为 3，样本均值略高于以往文献的结果。公司成长性（Growth）的均值为 0.175，这低于以往多数上市公司全样本的统计结果（苏坤，2015；姜付秀等，2017），成长性的不足反映了我国国有企业经营的疲态，经营活力严重不足，因而我国新一轮混合所有制改革将引入非国有资本增强国有企业活力作为重要突破口。有意思的是，企业控股股东持股比例（Top1）的均值为 0.349，略低于以往上市公司全样本研究的统计结果，这表明近年来国有企业"一股独大"的问题正在逐步改变，并且控股股东高份额持股并不是国有企业的"专利"，非国有企业特别是家族企业"一股独大"的问题也很严重。其他变量方面，都与以往文献的指标情况相符，资产负债率 Lever 均值为 0.427，企业规模 Size 的均值为 21.943，成长机会 Growth 的均值为 0.175（苏坤，2015；陈骏和徐捍军，2019）。对于公司治理特征的变量统计，董事会独立性（Ind）的均值为 0.3699，略高于以往上市公司全样本的统计结论（何瑛等，2019），这表明国有上市公司普遍重视限制内部人控制问题，设置了更多的独立董事以完善治理机制，然而现实中的情况是，独立董事并没有起到预期的监督经理人的作用，甚至成为上市公司建立政治关联的手段之一。国有上市公司两职合一（Dual）的情况与以往研究相符，均值为 0.248（见表 4.8）。

接下来，在本章检验了多个大股东与单一控制性大股东两种股权结构下，公司特征与治理表现是否存在差异性，表 4.9 为国有企业全样本不同股权结构下主要变量的差异性检验结果。由表 4.9 检验结果可见，多个大股东与单一大股东股权结构的企业在公司经营特征上存在显著的差异，而公司治理表现上差异并不显著（独立董事比例与两职合一比例并没有通过差异性检验）。多个大股东结构的国有上市公司有显著更大的公司规模、更多的现金持有和更高的资本投资，说明多个大股东公司实力更加雄厚，这可能与国有企业改革初始阶段"靓女先嫁"的现象有关，其规模更大也更有能力做出大规模的投资。多个大股东公司盈利能力也好于单一控股股东的公司，有显著更高的成长性。两类股权结构公司的资产负债率（Lever）不存在显著差异，这与朱冰等（2018）的研究结论相符。值得注意的是，多个大股东结构公司控股股东的持股比例（Top1）显著低于单一控股股东公司，这说明形成多个大股东结构的原因之一可能是这类公司控股股东的控制力没有那么强，使其他投资者有激励增持股票进入公司，以获得更多的话语权来增加其收益（汪茜，2016）。

表 4. 9 　　　　　　　不同股权结构下主要变量的差异

变量	G1 (0)	Mean1	G2 (1)	Mean2	MeanDiff
Size	6218	22. 12	2522	22. 42	− 0. 307 ***
Cash	6218	20. 03	2522	20. 31	− 0. 278 ***
Lever	6218	0. 509	2522	0. 505	0. 004
Growth	6218	0. 133	2522	0. 175	− 0. 042 ***
CapExp	6218	0. 0530	2522	0. 0560	− 0. 003 *
ROA	6218	0. 0280	2522	0. 0310	− 0. 003
R&D	3117	0. 0120	1248	0. 0130	− 0. 002 ***
Top1	6218	0. 389	2522	0. 323	0. 066 ***
PPE	6218	0. 259	2523	0. 293	− 0. 033 ***
Ind	6218	0. 367	2523	0. 366	0. 000
Dual	6218	0. 120	2523	0. 115	0. 004

注：*** 、** 、* 分别表示在 1%、5%、10% 的水平上显著。
资料来源：作者经 Stata 软件分析整理所得。

4. 4. 2　回归检验结果与分析

为了检验多个大股东并存对企业风险承担的影响，本章首先进行了模型（4.1）的面板数据多元回归，检验结果如表 4. 10 所示。

表 4. 10 　　　　　　　多个大股东与企业风险承担：主检验

变量	(1)	(2)	(3)
	Risktaking	Risktaking	Risktaking
AMLS	0. 0227 ** (2. 18)	0. 0052 * (1. 83)	0. 0055 * (1. 95)
Age		0. 0006 (1. 27)	0. 0006 (1. 33)
Lever		0. 1054 *** (14. 91)	0. 1053 *** (14. 91)
Size		− 0. 0127 *** (− 6. 36)	− 0. 0124 *** (− 6. 25)

变量	（1）	（2）	（3）
	Risktaking	Risktaking	Risktaking
Cash		−0.0019 （−1.28）	−0.0019 （−1.29）
CapExp		−0.1123 *** （−5.34）	−0.1116 *** （−5.31）
ROA		−0.0047 （−0.5）	−0.0047 （−0.5）
Top1		−0.0187 * （−1.77）	−0.172 * （−1.86）
Ind			0.0369 * （1.72））
Dual			0.0159 *** （4.6）
CEOshare			−0.0201 （−0.34）
Year & Industry	Control	Control	Control
Obs	6854	6854	6854
Adj_R	0.0370	0.2029	0.2113

注：（1）括号内为 T 检验值；（2）***、**、* 分别表示在 1%、5%、10% 的水平上显著。

资料来源：作者经 Stata 统计软件分析整理所得。

在表 4.10 的列（1）中仅放入了多个大股东变量（AMLS），列（2）在列（1）基础上加入了表示公司特征的变量加以控制，列（3）又进一步加入了公司治理特征变量加以控制。由检验结果可见，在 3 个步骤模型中，多个大股东变量（AMLS）的系数均显著为正，这说明对于国有上市公司全样本，多个大股东股权结构比单一控股股东的股权结构公司有显著更高的风险承担水平，这符合促进竞争效应占主导的假设，假设 1a 得到了验证。在国有企业中引入非控股大股东形成多个大股东的分权控制结构，建立了主要股东之间的竞争关系，能够对控股股东选择次优的、保守的投资决策以攫取控制权私利的选择进行限制；同时对经理人进行更有效的监督，降低了国有企业股东—经理人间的代理成本，使企业投资决策更多地向价值增加的、冒风险的项目上转变，最终提高了企业的风险承担水平。

从控制变量来看，公司规模（Size）与风险承担（Risktaking）显著负相关，越大规模的公司经营越稳健，越不愿意冒风险；公司资产负债率（Lever）与风险承担显著正相关，这与郭瑾等（2017）的研究相符，股东与债权人风险收益不对称使股东更愿意拿债权人的钱去冒险，因此提高了风险承担；控股股东持股比例（Top1）与风险承担显著负相关，这说明控股股东在企业中所集中的财富越多，越不愿意承担风险而选择更保守的投资决策。对于公司治理特征的控制变量，公司董事会独立性（Ind）与风险承担显著正相关，这说明了独立董事机制作为公司内部治理的重要机制发挥了一定作用，降低了公司代理成本，进而提高了企业风险承担；两职合一变量（Dual）与风险承担显著正相关，这与我们的预期不符；CEO 持股数（CEOshare）与风险承担相关性不显著，这与刘志远和刘倩茹（2015）的研究相符，由于我国股权激励制度受到各方面条件限制并不具有有效的激励性，可能因此没有促进风险承担的提高。

85

4.4.3 内生性控制——PSM – DID 检验与 Heckman 两阶段检验

多个大股东股权结构与企业风险承担之间的关系可能会受到变量内生性的影响。其一，多个大股东股权结构与企业风险承担之间可能存在自选择问题，比如国有企业改革的初始过程中常出现"靓女先嫁"的现象，即将效益好、竞争力强的国有企业先通过并购重组、整合上市等方式引入其他大股东，这类公司很可能是风险承担水平相对较高的公司，即多个大股东提高风险承担的作用存在自选择偏差的可能性；其二，可能存在一些不可观测的遗漏变量是影响二者关系的关键因素，比如，多个大股东并存的公司可能本身是自有资源更充裕的公司，因而有较高的承担风险的能力，这就意味着多个大股东与公司风险承担间的关系可能是由于某些遗漏变量导致的。基于此，本书采用倾向匹配得分法下的双重差分模型（PSM – DID）和 Heckman 两阶段模型来进行内生性问题的控制。

1. PSM – DID 检验

本章采用 PSM – DID 模型来检验公司股权结构变更前后风险承担的变化情况，通过观察具有可比性特征的公司（匹配后的公司）从仅有单一控股股东的公司变为多个大股东公司后风险承担的差异（或从多个大股东公司变为仅有单一控股股东的公司差异），可以得出更加准确的、干净的结果。根据本章的检验需求，将股权结构发生过改变的公司作为处理组样本，将股权结构始终不变的公司作为控制组样本。

由于样本的处理组和控制组之间可能存在公司特征上的差异而带来实验的选择性偏差，本书首先采用倾向评分匹配法对样本进行配对，以此减少偏差和混杂变量带来的影响，使处理组和控制组的差异性结果更具有可比性。参考本 – 纳赛尔等（Ben – Nasr et al. , 2015）的方法，按照临近匹配法以 1∶1 的比率进行样本配对，在第一阶段概率计算中样本配对的参考变量是以往研究中认为对形成多个大股东结构存在影响的主要变量，包括公司年龄、公司规模、公司杠杆率、经营现金流、公司有形资产比率、成长机会以及控制年度和所处行业（Demsetz and Lehn，1985；Faccio et al. , 2011），以公司存在多个大股东股权结构为因变量，匹配后样本包括多个大股东股权结构的公司以及与之一一匹配的单一控制型股权结构的样本，进行 PSM 匹配后两种股权结构下样本在公司特征方面不再存在显著差异。在计算概率并配对的基础上，本章利用以下模型进行双重差分检验：

$$\text{Risktaking}_{it} = \beta_0 + \beta_1 \times \text{Change}_{it} \times \text{Treated}_{it} + \beta_2 \times \text{Change}_{it}$$
$$+ \beta_3 \times \text{Treated}_{it} + \gamma \times \text{Controls} + \varepsilon \qquad (4.2)$$

其中，Risktaking 为公司风险承担水平，其衡量如前面模型（4.1）中方法。本部分关注的是 Change × Treated 交互项的估计系数的显著性和方向。Change 变量表示公司股权结构变更年份前后的哑变量，若处于股权结构变更前年份变量取 0；若处于股权结构变更后的年份该变量取 1。Treated 变量表示股权结构是否发生变更，若股权结构发生过变更则取 1，若公司股权结构始终未发生过变更则该变量取 0。总样本中股权结构的变更有两种不同类型：一是由单一控制性股权结构变为存在多个大股东的股权结构，为股权结构的"一变多"；二是由多个大股东股权结构变为了单一控股股东的控制性股权结构，为股权结构的"多变一"，本书将这两种情况都考虑了进来。对于股权结构的

"一变多"，样本处理组为从单一控制性股权结构变为多个大股东结构的公司（Treated = 1），始终为单一控股性股权结构的公司为控制组样本（Treated = 0）；而对于股权结构的"多变一"，样本处理组为从多个大股东股权结构变为单一控制性股东股权结构的公司（Treated = 1），始终为多个大股东股权结构的公司为控制组样本（Treated = 0）。Controls 为相关控制变量，与主检验模型的控制变量基本保持一致。

根据双重差分模型检验的原理，本部分所关注的是交互项的系数 β_1，其代表了多个大股东股权结构影响公司风险承担的净效应。在股权结构的"一变多"和"多变一"两种情况下，若交互项系数为正，则说明股权结构的变更会促进公司风险承担的提高；若交互项系数为负，则说明"一变多"或"多变一"的股权结构变更降低了公司的风险承担。对于在样本期间存在多次股权结构变更的情况，本章在此部分对这些样本予以排除，以防止频繁变更股权结构对检验结果的噪音影响。PSM – DID 模型的检验结果如表 4.11 所示。

表 4.11　　　多个大股东影响企业风险承担的 PSM – DID 检验

变量	(1)	(2)
	一变多	多变一
	Risktaking	Risktaking
Treated × After	0. 014 *** (2. 757)	− 0. 010 ** (− 2. 005)
Age	− 0. 009 (− 1. 409)	− 0. 006 (− 0. 751)
Lever	0. 029 ** (2. 198)	0. 028 ** (2. 569)
CapExp	0. 001 (0. 014)	− 0. 048 (− 1. 050)
PPE	− 0. 016 (− 0. 888)	0. 018 (1. 379)
Top1	− 0. 021 (− 1. 278)	− 0. 033 ** (− 2. 380)
CEOshare	− 0. 000 (− 0. 839)	− 0. 000 (− 0. 577)

续表

变量	（1）	（2）
	一变多	多变一
	Risktaking	Risktaking
Year & Industry	Control	Control
Obs	738	374
Adj_R	0.015	0.021

注：（1）括号内为 T 检验值；（2）***、**、* 分别表示在 1%、5%、10% 的水平上显著。

资料来源：作者经 Stata 统计软件分析整理所得。

表 4.11 中列（1）表示样本期间内由单个控股股东结构变为多个大股东结构的国有企业样本股权结构的变更对公司风险承担的影响。由列（1）结果可知，当国有企业股权结构由单一控制性股权结构变为多个大股东结构时，股权结构变更（Treated × After）对公司风险承担的净效应在 10% 的水平上显著为正。这意味着股权结构由"一变多"会提高公司的风险承担水平，这与本书主检验的结论相一致，即其他非控股大股东的引入会起到促进竞争效应，改变了国有控股股东及其利益代言人（公司内部人）的"一言堂"，在竞争决策风险偏好的过程中会使保守的、价值减损的投资决策更少地被通过，提高国有上市公司的风险承担水平。列（2）表示样本期间内由多个大股东结构变为单一控制性股权结构的国有企业样本股权结构的变更对公司风险承担的影响。由列（2）结果可见，当国有企业股权结构由多个大股东结构变为单一控制性股权结构时，股权结构变更（Treated × After）对公司风险承担的净效应在 10% 的水平上显著为负。这意味着股权结构的"多变一"对公司风险承担有负向的影响，即对国有上市公司来说，在公司风险承担的方向上，多个大股东股权结构有更高的效率。由此，本书认为经过倾向匹配的双重差分模型检验强化了主检验的结果，即存在多个大股东的股权结构安排会提高国有上市公司的风险承担水平。

2. Heckman 两阶段检验

为了样本自选择问题，本章进一步用 Heckman 两阶段检验方法来排除潜在的样本选择偏差的影响。由于多个大股东股权结构对风险承担的提高作用也可能是因为其他大股东增持公司股票时本身就选择了风险承担水平较高的公司带来的，即存在样本自选择问题的可能性，需要在检验时予以排除。参考本—纳赛尔等（Ben – Nasr et al.，2005）的研究，本书在第一阶段回归中构造的工具变量是，公司所在行业上一年度除该公司外其他公司平均股权结构的数据。工具变量选择的合理性在于，一般来说，同行业的公司面临相似的行业环境和经营环境，其股权结构状况就可能存在相似性，因此工具变量与自变量具有相关性；而同行业其他公司的股权结构对本公司风险承担水平基本不会有影响，因此符合工具变量与因变量的外生性要求。Heckman 两阶段检验的回归结果如表 4.12 所示。

表 4.12　多个大股东影响企业风险承担的 Heckman 两阶段检验

变量	（1）第一阶段 AMLS	（2）第二阶段 Risktaking
AMLS		0.061 *** (3.548)
Age	− 0.822 *** （− 9.247）	0.001 （0.159）
Lever	0.220 （1.642）	0.026 *** （2.885）
CapExp	1.461 *** （2.878）	− 0.031 （− 0.937）
PPE	0.095 （0.558）	− 0.011 （− 0.879）
Top1	− 2.515 *** （− 12.877）	0.008 （0.438）
CEOshare	0.015 ** （2.152）	− 0.000 （− 1.164）

变量	（1）	（2）
	第一阶段	第二阶段
	AMLS	Risktaking
IV	0. 891 *** （3. 384）	
Lambda		－ 0. 360 ** （－ 2. 554）
Year & Industry	Control	Control
Obs	3321	3321

注：（1）括号内为 T 检验值；（2） *** 、** 、* 分别表示在 1%、5%、10% 的水平上显著。

资料来源：作者经 Stata 统计软件分析整理所得。

由表 4. 12 的检验结果可知，基于列（1）的检验结果，在第一阶段 Probit 回归中，工具变量（IV）与内生解释变量（AMLS）在 1% 的水平上显著相关，说明工具变量的选择较为合理，不存在"弱工具变量"的问题。在第二阶段的回归中，若 Lambda（逆米尔斯比率）的估计系数不显著，表明样本不存在显著的自选择偏差；若逆米尔斯比率显著的话，则说明进行 Heckman 两阶段进行检验时有必要的，需要在回归时加入逆米尔斯比率以控制样本的选择性偏差问题。由列（2）的回归结果可见，Lambda 变量（逆米尔斯比率）的回归系数是显著的，本书样本存在一定程度上的自选择偏差问题，因此，进行 Heckman 两阶段检验方法进行稳健性检验是有必要的。由列（2）的回归结果可见，在控制了逆米尔斯比率后，多个大股东股权结构变量（AMLS）与公司风险承担的相关性在 10% 的显著性水平上呈现正相关，这与主检验的假设一致，即排除了潜在的样本选择性偏差影响后，主检验的研究结论仍然成立，多个大股东对公司风险承担水平呈正向的影响。并且由多个大股东结构变量（AMLS）的回归系数可见，回归系数要高于主检验中的回归系数，在克服选择性偏差后结论仍然成立。

综上所述，在利用倾向匹配下的双重差分模型检验影响的净效应和 Heckman 两阶段检验控制了自选择偏差后，多个大股东并存仍然正向影响公司风险承担水平，表明主检验的研究结论具有较高的可信性。

4.4.4 稳健性检验

为增强研究结论的稳健性，本章还采用风险承担变量度量时间窗口的改变、解释变量滞后一期、改变多个大股东结构界定标准等多种方式进行稳健性检验。

首先，由于企业风险承担行为是有关于企业长远发展的长期的企业投资活动，因此当下风险承担行为产生的波动性后果未必会在同期表现出来，为了缓解风险承担结果的滞后性，本部分将解释变量滞后一期进行检验。表4.13中列（1）为解释变量滞后一期的回归检验结果，检验结果与前文结果基本保持一致，说明风险承担水平波动的滞后反应是存在的，然而由于本章的风险承担度量本身就包括了以后多年度的盈利变化情况，因此解释变量滞后与否结论都是稳健的。

表 4. 13　　　　　　　　　稳健性检验结果

因变量：风险承担	（1）L. dependentV	（2）（t＋1，t＋3）	（3）（t，t＋3）	（4）5% MLS
AMLS	0. 0147 * （1. 93）	0. 0149 * （1. 66）	0. 0143 * （1. 84）	0. 0069 *** （2. 73）
Age	－ 0. 00008 （0. 899）	0. 0009 （0. 92）	0. 0009 （1. 39）	0. 0006 （1. 36）
Lever	0. 0982 （8. 62）	0. 0884 *** （6. 23）	0. 1073 *** （7. 51）	0. 1053 *** （14. 94）
Size	－ 0. 0089 *** （ － 3. 00）	－ 0. 0085 ** （ － 2. 29）	－ 0. 0092 *** （ － 2. 91）	－ 0. 0124 *** （ － 6. 25）
Cash	－ 0. 0045 * （ － 1. 99）	－ 0. 0022 （ － 0. 84）	－ 0. 0034 （ － 1. 41）	－ 0. 0019 （ － 1. 41）
CapExp	－ 0. 0411 （ － 1. 22）	－ 0. 0451 （ － 1. 25）	－ 0. 0624 * （ － 1. 83）	－ 0. 1124 *** （ － 5. 34）
ROA	－ 0. 0011 （ － 0. 76）	－ 0. 0505 *** （ － 3. 48）	0. 0075 （0. 5）	－ 0. 0051 （ － 0. 54）
Top1	0. 0011 ** （2. 28）	0. 0011 * （1. 78）	0. 001 ** （1. 98）	－ 0. 0142 （ － 1. 34）

续表

因变量： 风险承担	（1） L. dependentV	（2） （t+1，t+3）	（3） （t，t+3）	（4） 5% MLS
Ind	0.0375 （1.04）	−0.0263 （−0.63）	0.0557 （1.54）	0.0381 * （1.78）
Dual	0.0039 （0.67）	0.0051 （0.75）	0.0063 （1.07）	0.0158 *** （4.60）
CEOshare	0.0938 （0.88）	0.992 （0.78）	0.0952 （0.9）	−0.0224 （−0.38）
Year & Industry	Control	Control	Control	Control
Obs	6854	6854	6854	6854
Adj_R	0.0833	0.0721	0.1276	0.2131

注：（1）括号内为 T 检验值；（2） ***、**、* 分别表示在 1%、5%、10% 的水平上显著。

资料来源：作者经 Stata 统计软件分析整理所得。

其次，风险承担度量的时间窗口稳健性的检验。风险承担度量的时间窗口反映的是企业风险承担水平在该时间窗口内的波动情况，因此时间窗口的起、终点和时间段的长短可能会呈现出不同的风险承担波动水平。为了考察上文检验结果对不同的时间窗口期是否敏感，本章将衡量风险承担水平的窗口期起点向后推一期，用（t+1，t+3）时间段内经年度行业调整后的企业 ROA 的波动水平作为风险承担的替代变量进行回归检验；同时，将风险承担度量的时间窗口期延长，用（t，t+3）时间段内企业 ROA 的波动进行回归检验。表 4.13 中第（2）列和第（3）列分别为调整风险承担窗口期（t+1，t+3）和（t，t+3）的检验结果，从结果中可以看出，多个大股东变量（AMLS）的回归系数均在 5% 的水平上显著为正，表明本章的检验结论在风险承担度量窗口期上是保持稳健的。

最后，大股东界定标准稳健性的检验。对于大股东的界定国内外文献有不同的界定标准，根据我国相关的法律法规，5% 的持股比例也是重要的股东判断线。持有 5% 以上股份可以被认定为关联方和内幕知情人；在《上市公司大股东、董监高减持股份的若干规定》中，持有 5% 以上股东的股东减持时需预先披露减持计划。因此，为考察本章结论对于大股东界定标准是否稳健，分别以 5% 和 15% 的持股比例作为多个大股东结构的界定标准进行检验。从表 4.13 列（4）的检验结果来看，5% 的大股东界定标准下多个大股东结构的风险承担水平在 5% 的水平上显著高于单一控股股东结构，与前述的检验结果一致；而 15% 的持股比例作为界定标准时，回归系数为正但不显著。由此可见，本章的研究结论对大股东的界定标准一定程度上敏感。

4.5　进一步研究：影响机制的检验

4.5.1　多个大股东的促进竞争效应：发声机制的检验

前面的研究结果支持了多个大股东的促进竞争假设，即其他非控股大股东会与控股股东竞争决策的导向权，使公司决策向符合自身利益的方向倾斜，这能够限制控股股东保守地利于利益侵占的决策，进而提高了企业承担风险的意愿和能力。那么，进一步的问题就是，这种影响的具体机制是什么？股东积极主义理论认为，投资者买一家公司相当份额的股份成为战略股东，当其对公司经营和管理的现状有所不满时，会通过积极参与公司经营迫使内部人做出各种调整，从而提高公司价值以符合自身利益。基于股东积极主义，股东通过直接干预公司经营来发挥治理作用，这种机制被称为"发声（Voice）"。

股东参与治理的行为包括能够提高公司价值的各项活动，但对股东来说这些行为也是有成本的，比如，提供战略选择的建议、阻止内部人减损公司利益的无效并购行为等。并且，股东干预经营的行为存在"搭便车"问题，即股东会承担干预的所有成本但仅能享有所获收益的一部分（Shleifer and Vishny，1986），这可能导致股东的消极治理态度。因此，大股东（blockholders）会在治理中扮演重要的角色。因为相对于小股东，大股东在公司中所占的相当大的股权份额使其有足够的激励参与公司决策的改善：大的股权份额使其可以从公司价值增值中分享足够多的利益来冲抵参与治理所付出的成本，这克服了"搭便车"问题。

　　公司控股股东由于个人财富风险和控制权风险而有较强的风险规避倾向（财富分散化的控股股东除外，但实际中绝大多数控股股东是财富集中于公司的），会利用次优的、保守的公司投资决策来更多地攫取控制权私利，这侵占了中小股东的权益。在"一控众散"的股权结构下，众多的小股东没有足够的激励和能力干预控股股东的决策行为。若公司除控股股东外，还存在其他持有一定股份的大股东，"搭便车"的问题就能在相当程度上被克服。诚然，其他大股东参与治理的行为是有成本的，但是同时其对公司经营决策的参与能够使公司价值增值，进而能够分享足够多的收益来冲抵参与治理所付出的成本。因此持股份额决定了大股东的"发声"动机（Edmans，2014），当对控股股东的经营决策不满意时，持有相当大股权份额的其他大股东会想要"发声"，即通过各种方式与控股股东竞争决策的导向权，使公司决策向符合自身的利益方向倾斜，限制控股股东保守地利于利益侵占的决策。

　　埃德曼斯和霍尔德内斯（Edmans and Holderness，2017）提出，大股东可以通过主要三种方式干预公司决策：第一，非控股大股东可以付出增持成本，使自身股权达到50%的持股比例以获得公司控制权，进而可以直接决定公司所要实施的战略与决策；第二，非控股大股东可以在与控股股东的控制权之争中更换代表自身利益的董事会成员，从而可以在董事会投票中占优势；第三，非控股大股东可以采用"说服"策略，即与公司管理层进行非正式的商讨，说服现有管理层接受符合自身利益的战略决策。由于非控股大股东往往持有资产组合因而财富相对分散，在冒风险项目获得成功时能够分享更高的利润，而在承担高风险导致失败时只需承担部分的现金流损失，这使得非控股大股东的风险容忍度较高，与控股股东有着不同的风险偏好。因此，非控股大股东的"发声"即对公司经营决策的干预会使公司承担更多冒风险项目，即非控股大股东通过直接干预决策的"发声"机制起到促进竞争效应，正向影响公司风险承担水平。

　　基于此，本章接下来检验"发声"机制即大股东干预是否为多个大股东可以发挥促进竞争效应的具体机制。由前述内容可知，持股份额决定了大股东的"发声"动机（Edmans，2014）。其原因在于，首先，非控股大股东持有股份越高，其干预公司决策提高公司价值所能分享的收益，越能够冲抵掉干预成本，享受更高的股东财富效应（shareholder wealth effects），这是大股东 "发声" 的本源激励。其次，非控股大股东持股份额越高，与控股股东的相对力量越接近，其通过增持股份获得控制权的成本就越低，就会越有想要 "说了算" 的话语权欲望，与控股股东竞争公司经营决策的方向和偏好。最后，其他非控股大股东持股份额越高，就越拥有所有权所赋予的各项权利，有更强的力量运用各种手段（股东大会的投票权、派驻董事直接参与董事会决策、提出议案权、竞争控制权）与控股股东竞争（Bennedsen and Wolfenzon，2000；Bloch and Hege，2003；Maury and Pajuste，2005；姜付秀等，2017），限制控股股东利益攫取行为，使公司决策更偏向于自身利益，提高风险承担。基于此，本部分以次大股东持股份额（与前述检验一致，此处为经合并一致行动人后的持股份额）来衡量非控股大股东的 "发声" 激励和能力，如果 "发声" 机制成立，那么多个大股东公司中，非控股大股东的持股份额越高，越能够有激励和能力直接干预公司经营（Direct Intervention），也就更能够发挥促进竞争的治理效应。回归模型如模型（4.3）所示，在该模型下，如果 "发声" 机制成立，那么模型中 AMLS × DPower 的回归系数应显著为正，意味着在多个大股东结构下，越高的持股份额使大股东能够越好地发挥在风险承担方向上的治理作用。此外，本部分还以经行业、年度调整的次大股东（经合并一致行动人后）持股份额均值对样本进行分组检验。

$$\begin{aligned}
Risktaking_{it} = {} & \alpha_0 + \alpha_1\,AMLS_{it} + \alpha_2\,DPower_{it} + \alpha_3\,AMLS_{it} \times DPower_{it} \\
& + \alpha_4\,Size_{it} + \alpha_5\,Lever_{it} + \alpha_6\,ROA_{it} + \alpha_7\,Top1_{it} \\
& + \alpha_8\,CapExp_{it} + \alpha_9\,Cash_{it} + \alpha_{10}\,Ind_{it} + \alpha_{11}\,Dual_{it} \\
& + \alpha_{12}\,CEOshare_{it} + \alpha_{13}\sum Year + \alpha_{14}\sum Industry + \varepsilon
\end{aligned}$$

$$(4.3)$$

其中：$DPower_{it}$ 代表持股份额的高低，计算出经行业、年度调整后的次大股东持股份额均值，如果持股份额高于样本均值，则 $DPower_{it}$ 变量赋值为 1；否则赋值为 0。本部分关注的是交乘项 AMLS × DPower 的估计系数，若 "发声" 机制成立，则在多个大股东结构下，其他大股东的持股份额越高越能够发挥其在风险承担方向上的治理作用，即持股份额（DPower）正向调节多个大股东与公司风险承担之间的关系，交乘项系数应显著为正。

回归检验结果如表 4.14 所示。

表 4.14   多个大股东的"发声"机制的检验

因变量: 风险承担	(1) 总样本	(2) 总样本	(3) 高持股组 (DPower = 1)	(4) 低持股组 (DPower = 0)
AMLS	− 0.0659 (− 0.54)	− 0.0125 (− 0.10)	0.0451 *** (4.28)	0.0327 (0.25)
DPower	− 0.0221 * (− 1.76)	− 0.0027 (− 0.27)		
AMLS × DPower	0.1004 (0.81)	0.0516 (0.42)		
Age		− 0.0005 (− 0.42)	− 0.0005 (− 0.34)	0.0047 (1.47)
Lever		0.1298 *** (5.94)	0.1510 *** (5.53)	0.1454 *** (3.26)
Size		0.0095 (1.59)	− 0.1589 ** (− 2.11)	0.0492 *** (4.07)
Cash		− 0.0381 *** (− 8.35)	− 0.0207 *** (− 3.65)	− 0.0679 *** (− 8.31)
CapExp		− 0.3611 *** (− 5.21)	− 0.3875 *** (− 4.72)	− 0.2667 ** (− 2.06)
ROA		0.1574 *** (5.23)	0.1154 *** (3.32)	0.2721 *** (4.78)
Top1		− 0.0452 (− 1.40)	0.0202 (0.46)	− 0.1183 * (− 1.80)
Ind		0.0193 (0.28)	− 0.0647 (− 0.76)	0.0763 (0.58)
Dual		0.0251 * (2.24)	0.0426 *** (3.15)	− 0.0073 (− 0.34)
CEOshare		0.0031 (0.02)	− 0.0896 (− 0.42)	0.3245 (0.62)
Year & Industry	Control	Control	Control	Control
Obs	7029	7029	4617	2412
Adj_R	0.0135	0.0846	0.1580	0.0889

注:(1)括号内为 T 检验值;(2) ***、**、* 分别表示在 1%、5%、10%的水平上显著。

资料来源:作者经 Stata 统计软件分析整理所得。

表 4.14 为多个大股东发挥促进竞争效应的发声机制的回归检验结果。表中第（1）、（2）列为模型（4.3）的回归检验结果，由回归结果可见，多个大股东结构变量（AMLS）与其他大股东持股份额变量（DPower）的交乘项系数为正，但不显著。表 4.14 的第（3）、（4）列为以经行业、年度调整的其他大股东持股份额均值对样本进行分组的回归检验。由回归结果可以看出，在高持股份额（意味着高干预动力和能力）的子样本中，多个大股东变量 AMLS 的回归系数显著为正；但在低持股份额子样本中［意味着低干预动力和能力，列（3）所示］，多个大股东变量的回归系数为正，但不再显著，这一回归检验结果符合上文所述的“发声”机制的预期。在发声理论中，持股份额意味着决策权的分配和从干预决策中所能获得的股东财富效应，即持股份额决定了股东“发声”（直接干预企业经营决策）的激励和能够“发声”的能力。这也就是说，基于发声机制，在较高持股份额的情境下，大股东干预所能分得的公司价值增值部分较高，才能覆盖大股东干预所付出的成本，有发声的激励，同时能够有较高的投票权也就是参与治理的能力。因此非控股大股东干预治理作用能够更有效地发挥，与控股股东竞争公司经营决策的导向，促使公司更多地选择有利于公司价值增值的风险项目，提高公司的风险承担，即在高持股份额的分组，多个大股东结构与公司风险承担的回归系数显著为正，而这种效应在低持股份额的分组不再显现（回归系数为正但并不显著）。综上所述，发声机制可以被认为是多个大股东能够发挥促进竞争的治理效应的具体机制之一，即非控股大股东通过直接干预公司经营及公司决策来发挥治理作用，与控股股东竞争公司决策的导向，促使公司更多地选择冒风险的、有利于价值增值的投资项目，进而提高公司风险承担水平。

4.5.2　多个大股东的促进竞争效应：退出机制的检验

早期的有关大股东治理的研究多关注于“发声”机制，而近期的研究模型提出了另一种大股东参与治理的“退出（exit）”机制，也就是大股东通过交易公司的股票来“用脚投票”。在公司内部人存在减损公司价值的决策行为时，大股东可以卖掉手中的股票，将股东私有信息反映在公司股价中，拉低股价从而惩罚内部人的行为；另外，即使大股东没有真的交易股票，在股票流动性足够的前提下，仍然可以通过可置信的"退出威胁"的形式制约内部人而迫使其修正减损公司价值的决策行为，从而发挥大股东的治理作用。

阿德马迪和佛莱特雷（Admati and Pfleiderer，2009）的研究证明了大股东即使不发声，仍然可以通过退出机制发挥治理作用。这为股东与资本市场的双向关系提供证明①，即来自资本市场的资本定价威慑会影响公司治理。那么，一个自然的问题是，相对于其他交易者，大股东的退出为何会有特殊的治理作用？原因在于大股东拥有关于公司经营的私有信息，在退出交易时可以将这种私有信息反映到股价中来惩罚内部人的自利行为。大股东的这种获得成本高昂的私有信息是通过监督公司经营得到的，大股东的持股越高，越可以在得到坏消息（这个消息来自大股东自己从公司内部收集的）时卖出股票，也因此大股东有动力去付出成本来收集公司内部信息（即获得私有信息）。

在发声理论中，单个控股股东比多个大股东有更强的干预激励，因而得到的结论是大股东持股比例越高带来的公司价值就会越高（Konijn et al.，2011）。而在退出理论下，埃德曼斯和曼索（Edmans and Manso，2011）的研究认为，在退出治理机制有效时，多个大股东结构是更有利于公司价值提升的。因为单个控股股东结构下，控股股东由于财富更加集中于公司，卖出部分股票而导致的股价下跌会减损其持有的剩余股票的价值，因此控股股东是不爱交易的，退出机制也就不容易发挥作用。而多个大股东结构下，相对于控股股东，非控股大股东会有更加积极的交易倾向。凯尔（Kyle，1985）认为，多个大股东股权结构下的交易行为类似于古诺寡头模型，非控股大股东的交易会把更多的信息引入股价，使股价能够更真实地反映公司的价值。如果公司内部人进行损害公司价值的投资决策，非控股大股东可以卖出其股份来释放自己拥有的关于公司经营状况的私有信息，使公司股价下跌，减损内部人的收益，因此其他大股东的这种退出会促使公司内部人更好地进行投资。戈顿等（Gorton et al.，2013）的研究证明了股东数目和股票价格有效性的关系，发现公司存在多个股东时

① 大股东治理的退出理论的提出展开了一个新的研究视野，即不光是公司治理（多为公司财务和股东治理话题）会影响资本市场（多为资产定价话题），资本市场上资产定价也会反向影响公司股东行为和公司财务决策（Bond et al.，2012）。

会有更高的交易量，而持续的交易使公司信息能够即时地反映到股价中，也就是提升了股价的信息含量。基于这种"可置信"的股价影响，控股股东会谨慎考虑其他大股东的退出威胁而进行更多符合其他大股东利益的决策。

在发声机制下，大股东的干预形式有很多是很难实施的，而在此情况下退出机制能够使大股东有效发挥治理作用。例如，当非控股大股东的初始持股较低时，一方面会降低其干预激励（即大股东可以分享的公司价值增值部分较低，因此当大股东干预所能得到的公司价值增值特别高时，才能覆盖大股东干预所付出的成本）而不愿意对公司经营"发声"；另一方面也会使大股东在控制权竞争中成功的可能性降低，导致前面所述的第一种干预公司决策的方法无法实施，同时第三种干预手段即与内部人"协商"的方法也不会成功①。尤其对于国有上市公司，即使非控股大股东的持股比例较高，有时也很难与强势的国有控股股东相竞争，非控股大股东的"发声"机制就难以有效发挥作用。而在此情况下，非控股大股东由于财富并不集中于公司而可能成为更积极的交易者，可以在对公司经营不满时通过卖出股票将私有信息反映到公司股价中，以此来威胁公司内部人提高决策质量，从而能够发挥治理效用。

基于此，本章接下来检验"退出"机制即大股东交易股票是否为多个大股东可以发挥促进竞争效应的机制。大股东退出机制的有效性主要取决于流动性。流动性会增强退出机制的原因在于：首先，流动性降低了大股东退出行为的交易成本，增加了大份额股权退出交易的可能性，使大股东"卖掉就跑"的退出行为能够实施；其次，流动性使持续地交易成为可能，这使非控股大股东的退出威胁变得可置信，即使大股东没有真的交易股票，在市场流动性足够的前提下，仍然可以通过可置信的"退出威胁"的形式制约内部人而迫使其修正减损公司价值的决策行为，从而发挥大股东的治理作用；最后，流动性会影响股东的初始持股选择，激励投资者收集股票成为大股东而发挥治理作用，即较高地流动性给投资者提供了低成本成为大股东的渠道。例如，凯尔和维拉（Kyle and Vila，1991）的研究认为股票流动性是有好处的，因为流动

---

① 既然与控股股东竞争控制权很可能不成功，对于控股股东来说的控制权转移风险威胁就不大，因此"说服（jawboning）"策略也很可能失效（Edmans，2014）。

性能够使股东更容易增持股份或者说以更低的成本增持股份，成为大股东后的投资者会基于股东积极主义而更加努力；莫格（Maug，1998）指出，具有流动性的市场可以缓解大股东付出成本干预经营而小股东"搭便车"的问题，因为较高的流动性使股东能够以更低的成本增持股票而获得更多的投票权，这种机制使大股东能够更有效地发挥治理效用。

流动性指的是市场能够以低成本快速交易资产的程度。亚米哈和门德尔森（Amihud and Mendelson，1986）的模型研究证明了股票流动性和持有期限的正相关性，而换手率衡量的是股票交投的活跃程度即投资者持有股票的期限状态，因此流动性研究中常用换手率作为流动性的一个代理指标。换手率是指一定时期内股票成交量占股票总数的比例，换手率越高说明股票交易越活跃，持有该股具有较强的变现能力，但同时也可能意味着该股是投机者的逐利炒作，会有较大的价格波动性风险。借鉴苏冬蔚和麦元勋（2004）的研究，本部分从换手率的角度衡量流动性，采用模型（4.4）进行检验。基于前述的理论分析，如果多个大股东能够发挥促进竞争效应是基于"退出"机制的作用，即其他大股东能够通过退出或退出威胁发挥治理作用，在公司控股股东存在减损公司价值的决策行为时，其他大股东可以卖掉手中的股票，进而可以将私有信息反映在公司股价中，拉低股价从而惩罚控股股东的行为，促使控股股东更多地进行有利于企业长远发展的、价值增值的风险决策。在退出理论中，流动性是退出机制有效发挥的约束项，流动性越高，其他大股东的退出治理就越可能实施。

因此，如果"退出"机制成立，那么模型（4.4）中 AMLS × DTurn 的回归系数应显著为正，意味着在多个大股东结构下，流动性越高就越能够发挥大股东在风险承担方向上的治理作用。此外，本部分还以经行业、年度调整的换手率均值对样本进行分组检验。多个大股东具体作用机制的分析框架如图4.6所示。

$$
\begin{aligned}
\text{Risktaking}_{it} = {} & \alpha_0 + \alpha_1\,\text{AMLS}_{it} + \alpha_2\,\text{AMLS}_{it} \times \text{DTurn}_{it} + \alpha_3\,\text{Size}_{it} \\
& + \alpha_4\,\text{Lever}_{it} + \alpha_5\,\text{ROA}_{it} + \alpha_6\,\text{Top1}_{it} + \alpha_7\,\text{CapExp}_{it} \\
& + \alpha_8\,\text{Cash}_{it} + \alpha_9\,\text{Ind}_{it} + \alpha_{10}\,\text{Dual}_{it} + \alpha_{11}\,\text{CEOshare}_{it} \\
& + \alpha_{12}\sum\text{Year} + \alpha_{13}\sum\text{Industry} + \varepsilon
\end{aligned} \tag{4.4}
$$

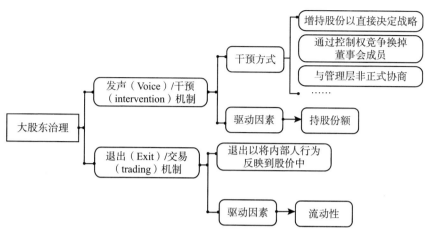

图 4.6　多个大股东具体作用机制的分析框架

资料来源：作者自制。

其中：$DTurn_{it}$ 代表换手率水平的高低，计算出经行业、年度调整后的年换手率均值，如果换手率高于样本均值，则 $DTurn_{it}$ 变量赋值为 1；否则赋值为 0。换手率的计算方法为，$TurnO_{it} = Volume_{it}/Outshare_{it} \times 100\%$，$TurnO$ 为流通股年换手率，$Volume$ 为股票 i 在 t 年的交易量，$Outshare$ 为股票 i 在 t 年的流通股总数。本部分关注的是交乘项 $AMLS \times DTurn$ 的估计系数，若"退出"机制成立，则流动性越高时其他大股东越更能够发挥其在风险承担方向上的治理作用，即流动性（$DTurn$）正向调节多个大股东与公司风险承担水平之间的关系，交乘项的系数应显著为正。

回归检验结果如表 4.15 所示。

表 4.15　　　　　　多个大股东的"退出"机制的检验

因变量：风险承担	（1）	（2）	（3）
	总样本	高流动性组	低流动性组
		（DTurn = 1）	（DTurn = 0）
AMLS	0.0308 *** (2.79)	0.0033 (0.48)	0.0409 *** (3.78)
AMLS × DTurn	− 0.0335 * （− 1.99）		

因变量： 风险承担	（1） 总样本	（2） 高流动性组 （DTurn = 1）	（3） 低流动性组 （DTurn = 0）
Age	− 0.0005 （ − 0.39）	− 0.0011 （ − 1.30）	− 0.0001 （ − 0.06）
Lever	0.1312 *** （6.01f）	0.1275 *** （7.95）	0.1263 *** （4.81）
Size	0.0089 （1.50）	− 0.0093 * （ − 2.13）	0.0121 * （1.69）
Cash	− 0.0381 *** （ − 8.38）	− 0.0123 ** （ − 3.43）	− 0.0439 *** （ − 8.07）
CapExp	− 0.3626 *** （ − 5.24）	− 0.0933 * （ − 1.75）	− 0.4141 *** （ − 4.93）
ROA	− 0.009 （ − 0.94）	0.3269 *** （14.39）	0.1524 *** （4.09）
Top1	− 0.0467 （ − 1.44）	− 0.0469 * （ − 1.99）	− 0.0286 （ − 0.73）
Ind	0.0352 （1.62）	0.0668 （1.20）	− 0.0019 （ − 0.02）
Dual	0.0164 *** （4.69）	0.0089 （1.04）	0.0304 * （2.24）
CEOshare	− 0.0252 （ − 0.37）	− 0.1014 （ − 0.95）	− 0.0042 （ − 0.01）
Year & Industry	Control	Control	Control
Obs	7029	1309	5720
Adj_R	0.2139	0.1239	0.0853

注：（1）括号内为 T 检验值；（2） ***、**、* 分别表示在 1%、5%、10% 的水平上显著。

资料来源：作者经 Stata 统计软件分析整理所得。

表 4.15 为多个大股东发挥促进竞争效应的退出机制的回归检验结果。表中第（1）列为模型（4.4）的回归检验结果，由回归结果可见，多个大股东变量（AMLS）的回归系数显著为正，而多个大股东与流动性的代理变量换手率的交乘项的回归系数显著为负。表 4.15 的第（2）、

（3）列为以经行业、年度调整的换手率均值对样本进行分组的回归检验。由回归结果可以看出，在高换手率（意味着高流动性）的子样本中，多个大股东变量 AMLS 的回归系数为正，但不显著；但在低换手率子样本中［意味着低流动性，列（3）所示］，多个大股东变量的回归系数显著为正，这意味着，低流动性更有利于多个大股东在风险承担方向上治理作用的发挥。根据退出理论，较高的流动性是大股东退出机制发挥作用的约束条件，因此，若退出机制成立，则流动性应该能够正向调节多个大股东对企业风险承担的影响作用，即交乘项 AMLS × DTurn 的回归系数为正；并且，在较高流动性的情境下，多个大股东治理作用能够更有效的发挥，促使公司更多地选择有利于公司价值增值的风险项目，提高公司的风险承担，即在高换手率（意味着高流动性）的分组，多个大股东并存与公司风险承担的回归系数显著为正。然而，由回归结果可以看出，退出机制似乎并不成立，也就是说，多个大股东存在下的促进竞争效应的发挥可能并不是通过其他大股东的退出给控股股东带来威胁来实现的。

　　这个看似偏离退出理论的实证结果，本书认为，是存在符合中国制度和资本市场环境特殊性的合理解释的。主要的原因有以下两点：

　　首先，多个大股东通过退出机制发挥治理作用的前提是，大股东有激励并且会选择通过退出威胁来改善公司内部人的次优行为，但在中国特殊制度背景下，即使市场上有足够的流动性使大股东能够实施退出策略，其仍可能选择不退出。因为，大股东的进入可能是政府的指令性行为，不会因为市场交易价格时机合适就进行交易而卖掉股票退出公司。在我国转型经济背景下，政府对企业往往有着强烈的干预冲动。如果投资者增持股票而成为非控股大股东是出于市场自发需求，那么这种情况下大股东很可能在对内部人决策不满时通过退出公司的方式施加影响；而现实中特别是对于国有上市公司来说，其他大股东的引入很多时候是政府的强行干预"配对"。一方面政府在绩效考核压力下可能急于把企业做大做强，兼并重组就成了迅速扩大规模的简易途径；另一方面政府会将业绩表现较好与较差的企业"配对"重组来摆脱政府的直接救助责任，这两个方面都会使其他大股东的引入是出于"行政指令"而不是市场需求。因此其他大股东在退出时不会单纯以自身利益受损为退出时机，而是更多地会考虑政府的授意，在"该退出的时候不退出"，也就无法通过退出将内部人行为反映到股价中威胁这一机制来进行治理。

其次，在我国不完善的资本市场环境下，市场上的资产定价效率很低，这导致市场上的资产定价威慑对公司治理特别是股东治理的影响有限。中国的资本市场上存在大量的噪音信息，投资者的非理性情绪较强，并且投机性的意愿较强，这使市场上的资产定价效率很低，资产价格（即股价）中所包含的信息量也很低，突出表现为我国资本市场的高股价同步性现象（刘志远和刘倩茹，2015）。股价同步性是指股价更多的是反映整个市场层面因素的影响，不能充分反映公司基本面信息，而出现"同涨同跌"的现象。由于股价不能较准确地反映出公司异质信息，因此大股东含有私有信息的股票交易所能引起的投资者反映可能较弱，这使得退出威胁失效，也就是通过退出机制能够发挥的治理作用有限。在中国资本市场情境下，流动性的作用更符合"发声"理论，即流动性会阻碍"发声"，阻碍大股东通过直接干预来发挥治理作用，而低流动性时大股东会因为不容易交易股票反而更乐于直接参与治理。总而言之，由于我国资本市场的不完善，市场上的资产定价威慑对控股股东决策行为的影响有限，退出机制所能发挥的作用效果不佳。

4.6 进一步研究：多个大股东影响风险承担的公司决策路径检验

主效应的检验结果及分析表明，单一控制型股权结构的国有上市公司引入其他非控制性大股东可以产生正向效应，提高风险承担水平，而这种影响效应是通过具体的风险性公司政策的选择来实现的（王栋和吴德胜，2016）。本章接下来要讨论的是，多个大股东的引入通过何种具体的公司政策路径影响了企业风险承担水平。

主检验验证了多个大股东并存对企业风险承担的正向影响，但只能是通过企业承担风险的最终结果（盈余的波动性）来观察，仍然不能打开企业具体经营决策的黑箱。公司治理结构对公司经营业绩的影响是通过公司行为来实现的。基于SCP模型的思路，在本章的研究框架下，将其细化为"股权结构—公司政策—风险承担"的路径选择，即企业具体的经营决策和行为是多个大股东股权结构影响风险承担水平的具体路径，其中影响公司风险承担的主要公司决策包括并购活动、研发投入和经营多元化。

以往国内外文献的研究结论表明，企业 R&D 投资决策、并购决策和企业高集中度经营是更加冒风险的、价值增加的经营决策。相较于资本性投资（capital expenditures），企业的 R&D 投资是高风险、高收益的战略行为，具有典型的长期性、高风险性和不可预测性（Holmstrom，1989）。当企业有承担风险的意愿时，会减少资本性支出转而提高企业的 R&D 投入。此外，R&D 投资也是有高自由裁量权的决策，因此 R&D 投资的提高意味着企业风险承担意愿的提高（Han & Lu，2011）。企业的并购行为也被看作是高风险的经营活动（Acharya，2012），需要大量的现金投入并且未来收益有很大的不确定性。从企业经营集中度的角度，高经营集中度是风险较高的经营模式，多元化经营被认为是分散风险的经营模式。采取多元化战略能够一定程度上分散企业的投资风险，但是企业可能单纯地为了多元化而投资于低收益率的产业领域，这会延缓企业的资本积累，不利于企业长期的价值增加；而高集中度经营模式相对更冒风险但集中主业使企业能够增加价值的积累，有利于企业的长远发展。单一控股股东结构下控股股东由于财富高度集中于公司而更可能倾向于多元化经营以分散投资风险；多个大股东结构下引入的非控股大股东由于财富已经分散化，会更倾向于公司提高经营集中度，从而提高核心竞争力，更有利于长远的价值积累。郝云宏和汪茜（2015）的研究结论表明，入驻上市公司的其他大股东浙江银泰更希望上市公司鄂武商将精力集中在主营业务上，而不是跟风投资于房地产、金融等行业。

基于以上分析，本章假设多个大股东公司更高的 R&D 投资、更多的并购活动和更低的多元化的公司经营决策最终导致企业风险承担水平的提高，并用模型（4.5）进行回归检验，回归检验结果如表 4.16 所示。

表 4.16　　　　　**多个大股东影响风险承担的具体决策路径**

变量	(1)	(2)	(3)
	R&D	M&A	Focus
AMLS	−0.002* (−1.74)	0.1178** (2.04)	0.02188** (2.14)

变量	（1）R&D	（2）M&A	（3）Focus
Age	−0.0009*** （−4.17）	0.0537 （0.45）	0.0898*** （2.73）
Lever	−0.0176*** （−4.9）	0.9311*** （6.66）	0.0432 （1.56）
Size	−0.0054*** （−5.33）	0.0291*** （2.87）	0.0505*** （5.88）
Cash	0.0021*** （2.9）	0.1668*** （5.31）	0.0104*** （2.62）
CapExp	0.003 （0.31）	1.3254*** （3.10）	−0.0594 （−0.82）
ROA	−0.0094* （−1.67）	0.0332 （1.25）	0.0079* （1.75）
Top1	−0.0067 （−1.27）	0.2173 （1.04）	−0.0881* （−1.89）
Ind	0.0093 （1.00）	−0.6918 （−1.57）	0.2506*** （3.24）
Dual	0.0012 （0.82）	0.038 （0.53）	0.0087 （0.7）
CEOshare	0.04 （1.53）	1.6681 （1.30）	−0.4411* （−1.81）
Year & Industry	Control	Control	Control
Obs	6357	6357	5903
Adj_R	0.1289	0.0343	0.046

注：（1）括号内为T检验值；（2）***、**、*分别表示在1%、5%、10%的水平上显著。

资料来源：作者经 Stata 统计软件分析整理所得。

$$R\&D/Focus/M\&A = \alpha_0 + \alpha_1 AMLS + \alpha_2 Age + \alpha_3 Size + \alpha_3 Lever$$
$$+ \alpha_4 ROA + \alpha_5 Top1 + \alpha_6 CapExp + \alpha_7 Cash$$
$$+ \alpha_8 Ind + \alpha_9 Dual + \alpha_{10} CEOshare$$
$$+ \alpha_{11} \sum Year + \alpha_{12} \sum Industry + \varepsilon \qquad (4.5)$$

其中，R&D 表示企业创新决策，以企业研发支出占期末总资产的比重来衡量，R&D 越高表示企业冒风险的创新活动越强。M&A 表示企业的并购决策，以企业年内并购的次数来衡量；M&A 越高表示企业并购的频率越高，进行了更多的较高风险的并购方向上的决策。Focus 表示企业经营集中度，参考赫芬达尔指数（HHI）的概念，计算方法为营业收入前五的公司部门的收入平方和比上总营业收入；Focus 越高表示企业经营集中度越高，即企业更敢于冒风险而将经营集中于主业上，而不是更多的多元化经营分散风险（Acemoglu，1997）。

表 4.16 为多个大股东与企业风险承担影响路径的回归检验结果，由检验结果可见，多个大股东股权结构下企业做出了更多的并购决策（M&A 变量的回归系数显著为正）、具有更高的经营集中度（Focus 变量的回归系数显著为正），但是有更少的企业创新决策（R&D 变量的回归系数显著为负）。列（1）结果显示 R&D 的估计系数显著为负，也就是说，多个大股东结构下比单一控股股东结构有更少的研发投入，这与我们的假设不相符，多个大股东的引入对企业风险承担的正向影响作用并不是通过增加企业研发投入的渠道来实现的。这可能是因为，企业创新活动是最具有长期性、高风险性和不可预测性的冒风险行为，在创新活动的决策时更可能引发股东间的不同意见，不同性质和身份的股东可能在研发投入的项目、方向和时间上持有不同的意见，更有可能激发多个大股东的折衷效应，即因为大股东间激烈的讨价还价而造成决策效率的降低，更难以达成创新决策上的一致意见。列（2）结果显示 M&A 的估计系数显著为正，也就是说，多个大股东结构下企业有更多的并购行为，这与我们的假设相符，多个大股东的引入增加了企业在并购方向上的冒风险行为。列（3）中企业经营集中度（focus）的估计系数显著为正，也就是说，多个大股东结构下企业的经营集中度更高，这与我们的假设相符，多个大股东的引入促使企业更少地进行多元化投资，将精力更集中于企业的主业经营，这种经营模式虽然更加冒风险但有利于企业核心竞争力的提高。综上，由表 4.16 的实证结果可以看出，更多的并购决策、更高的经营集中度是多个大股东影响企业风险承担水平的具体渠道。

107

4.7 委托代理成本的中介效应检验

4.7.1 控股股东代理成本的中介机制检验

公司控股股东由于个人财富风险和控制权风险而有较强的风险规避倾向，会利用次优的、保守的公司投资决策来更多地攫取控制权私利，这侵占了中小股东的权益。控股股东的财富高度集中于公司（财富分散化的控股股东除外，但实际中绝大多数控股股东是财富集中于公司的），资产的非分散化使其有较高的承担风险失败的损失，因而更倾向于选择现金流较低但平稳的次优风险决策，这可以使控股股东可以持续不断地从公司攫取私利（Faccio et al.，2011）。帕利戈罗娃（Paligorova，2010）的研究表明，控制性股东的风险选择是基于其对承担风险成本与收益的权衡。控制性股东在公司同时拥有极高的控制权和现金流权，其在承担高风险项目时只能分享现金流权收益，而在现金流权和控制权两个方面都要承担方面，这使得控制性大股东在承担风险的成本和收益上不对称，高风险项目伴随的高控制权风险使其出于自身利益诉求更多地倾向于规避风险。而多个大股东并存的股权结构下，非控股大股东往往持有资产组合因而财富相对分散，在冒风险项目获得成功时能够分享更高的利润，而在承担高风险导致失败时只需承担部分的现金流损失，这使得非控股大股东的风险容忍度较高，与控股股东有着不同的风险偏好。

基于前面的理论分析，非控股大股东的引入激发了股东间的竞争关系，由于与控股股东存在战略导向、利益关系、风险偏好等方面均有不同的诉求，非控股大股东会通过"用手投票"、"用脚投票"、控制权竞争等方式限制控股股东通过保守投资决策对其他股东利益的侵占，从而能够提高公司风险承担。此外，由于风险承担具有较高的资源依赖性（张敏等，2015），控股股东的关联交易、资金占用、超额派现等掏空行为侵占了大量公司经营活动所需的资金和资源，这降低了企业承担风险的能力。非控股大股东能够限制控股股东的掏空行为，从而提高了企业承担风险的能力，最终提高风险承担的水平。

综上所述，本书认为多个大股东并存的结构下非控股大股东出于对符合自身利益偏好决策的竞争而制约了控股股东的机会主义行为，进而提高了企业承担风险的意愿和能力，促进了企业风险承担。为了检验该影响机制，本书尝试从控股股东掏空的视角进行中介效应检验。参考温忠麟等（2004）关于中介效应的检验方法，本书建立了如下检验模型。

$$\text{Risktaking}_{i,t} = \alpha_0 + \alpha_1 \text{AMLS}_{i,t} + \alpha_j \text{Control}_{j,i,t} + \varepsilon_{i,t} \qquad (4.1)$$

$$\text{Tunnel}_{i,t} = \beta_0 + \beta_1 \text{AMLS}_{i,t} + \beta_j \text{Control}_{j,i,t} + \varepsilon_{i,t} \qquad (4.6)$$

$$\text{Risktaking}_{i,t} = \gamma_0 + \gamma_1 \text{AMLS}_{i,t} + \gamma_2 \text{Tunnel}_{i,t} + \alpha_j \text{Control}_{j,i,t} + \varepsilon_{i,t}$$

$$(4.7)$$

其中，Tunnel 表示控股股东的代理成本，即控股股东的掏空行为。参考以往文献，本文用大股东占款和关联交易两个方向衡量控股股东的侵占。大股东占款（otherR）以其他应收款占总资产的比例来衡量；关联交易（AT）以关联交易占总资产的比例来衡量。企业风险承担变量（risktaking）和多个大股东结构变量（AMLS）的衡量方式与前文一致，控制变量与主检验模型中的控制变量一致。参考温忠麟等（2004）研究中所使用的检验步骤，首先，对模型（4.1）进行回归检验，检验多个大股东股权结构对企业风险承担的影响，观察回归系数 α_1 是否显著，如果 α_1 显著，再对模型（4.6）和模型（4.7）进行检验。关注的是 β_1 和 γ_2 是否都显著，若均显著，说明多个大股东并存的结构对企业风险承担的影响部分（或完全）通过限制控股股东掏空的中介作用实现的。此时，若 γ_1（不）显著，则说明控股股东代理成本部分（完全）中介了多个大股东的影响。但是，当 β_1 和 γ_2 中有一个不显著时，需要运用 SobelZ 统计量来进一步判断中介效应是否存在。

中介效应的检验的回归结果如表 4.17 所示。表 4.17 的列（1）、（3）为模型（4.6）的回归检验结果，从结果中可以看出，多个大股东结构与代表控股股东代理成本的变量 OtherR 回归的估计系数显著为负，即回归系数 β_1 显著，说明多个大股东结构相较于单一控股股东结构有显著更低的第二类代理成本，控股股东的掏空行为更少。同时，列（2）和列（4）为模型（4.7）的回归检验结果，从结果可以看出，代表控股股东掏空的变量 OtherR 的回归系数显著为负，即回归系数 γ_2 显著，这意味着控股股东掏空确实起到了多个大股东影响企业风险承担的中介作用。此时，变量 AMLS 的回归系数显著为正，即 γ_1 显著，由上述内容的模型说明可知，这表明控股股东代理成本起到了部分中介的作用，多个大股东并存结构的公司至少有部分是通过非控股大股东对控股股东侵占的机会主义行为的限制，提高了公司风险承担水平。对于控股股东掏空的另一衡量变量关联交易（AT），多个大股东与关联交易（AT）的回归系数显著为正，即多个大股东并存下公司有更多的关联交易，这与本书的预期不符，说明关联交易的中介效应不成立。其中可能的原因是，其他非控股大股东的加入带来了其背后的利益集团，可能增加了上市公司与其他股东利益集团的关联交易，导致公司的关联交易整体有所增多。

表4.17　　　　　　　　控股股东掏空的中介机制检验

变量	(1)	(2)	(3)	(4)
	OtherR	Risktaking	AT	Risktaking
AMLS	− 0. 0022 * (− 2. 51)	0. 0048 * (1. 72)	0. 0339 * (1. 82)	0. 0053 * (1. 92)
OtherR		− 0. 2733 *** (5. 13)		
AT				0. 0011 (0. 42)
Cash	− 0. 0054 *** (− 5. 33)	− 0. 0048 (− 0. 34)	0. 0593 (0. 66)	− 0. 011 (− 0. 78)
CapExp	− 0. 0210 ** (− 3. 19)	− 0. 068 ** (− 3. 22)	0. 1167 (0. 86)	− 0. 0733 ** (− 3. 48)
Lever	0. 0214 *** (8. 89)	0. 0031 (0. 4)	0. 4898 *** (9. 54)	0. 008 (1. 05)
ROA	0. 0171 ** (2. 66)	− 0. 0701 ** (− 3. 39)	0. 5921 *** (4. 46)	− 0. 0648 ** (− 3. 14)
Top1	− 0. 0211 *** (− 6. 06)	− 0. 0213 * (− 1. 98)	0. 5279 *** (6. 95)	− 0. 027 * (− 2. 52)
Ind	− 0. 0020 (− 0. 30)	0. 0259 (1. 18)	− 0. 2752 * (− 1. 93)	0. 0247 (1. 14)
Dual	0. 0009 (0. 93)	0. 0069 * (2. 07)	− 0. 0352 (− 1. 61)	0. 0073 * (2. 17)

变量	（1）	（2）	（3）	（4）
	OtherR	Risktaking	AT	Risktaking
CEOshare	0.0123 （0.67）	− 0.1323 * （ − 2.28）	1.0067 * （2.57）	− 0.1301 * （ − 2.24）
Year & Industry	Control	Control	Control	Control
Obs	4338	4338	3624	3624
Adj_R	0.1011	0.1298	0.0988	0.1239

注：（1）括号内为 T 检验值；（2） *** 、 ** 、 * 分别表示在 1%、5%、10% 的水平上显著。

资料来源：作者经 Stata 统计软件分析整理所得。

4.7.2 经理人代理成本的中介机制检验

国有上市公司由于国家股东"缺位"和委托代理链条过长，容易形成以董事长为核心的内部人控制格局，存在严重的经理人代理问题。以往文献研究表明，公司经理人由于个人财富和人力资本都高度集中于公司，在公司投资于冒风险项目获得成功时不持有股份的经理人并不能分享收益增值的部分，而在公司冒风险失败后可能会面临被更换和接管的威胁，因此，出于个人财富和雇佣风险的担忧使经理人相对股东而言更加注重风险规避，在投资决策中更有可能放弃那些高风险、但净现值为正的投资项目。同时，经理人往往有建立"经理人帝国"的冲动，这使其经常进行大量低风险的且无价值创造能力的投资，来建立上市公司产业帝国，并可以从低风险项目中平稳地攫取私利，对于国有上市公司的经理人来说这种现象尤为严重（崔胜凯等，2014）。因此经理人往往会进行多元化投资等低风险的投资决策，也就是说，存在风险承担方向上的代理成本。

多个大股东结构下其他非控股大股东的引入可能更好地限制经理人的机会主义行为，并且股东间的竞争压力会传导到经理层，促使经理人做出更加符合公司利益的价值增值的投资决策。公司非控股大股东可以在较高程度上分享控制权和收益权，与公司利润增加协同度高，并且较高程度的资产财富多元化，因此相对于经理人，其他非控股大股东有更高的风险偏好。其他大股东入驻公司后，与经理人不同的风险偏好使其有激励和能力监督经理人的经营决策，通过自身在董事会的力量对经理人次优的、保守的投资决策进行限制。此外，其他非控股大股东对控股股东间的利益竞争或者是直接的控制权竞争会影响到经理人决策，股东间竞争的压力增加了经理层的更换和接管风险，因此经理人有激励向非控股大股东的决策偏好上倾斜以降低自身的雇佣风险，这可以提高企业的风险承担水平。

综上所述，本书认为多个大股东并存的结构下非控股大股东出于对符合自身利益偏好决策的竞争而制约了公司经理人的机会主义行为，经理人代理成本的降低使公司更有意愿和能力承担风险，这促进了企业风险承担水平的提高。为了检验该影响机制，本书接下来从经理人代理成本的视角进行中介效应检验。参考温忠麟等（2004）关于中介效应的检验方法，本书建立了如下检验模型。

$$\text{Risktaking}_{i,t} = \alpha_0 + \alpha_1\,\text{AMLS}_{i,t} + \alpha_j\,\text{Control}_{j,i,t} + \varepsilon_{i,t} \qquad (4.1)$$

$$\text{AgencyCM}_{i,t} = \beta_0 + \beta_1\,\text{AMLS}_{i,t} + \beta_j\,\text{Control}_{j,i,t} + \varepsilon_{i,t} \qquad (4.8)$$

$$\text{Risktaking}_{i,t} = \gamma_0 + \gamma_1\,\text{AMLS}_{i,t} + \gamma_2\,\text{AgencyCM}_{i,t} + \alpha_j\,\text{Control}_{j,i,t} + \varepsilon_{i,t}$$
$$(4.9)$$

其中，AgencyCM 表示经理人的代理成本，即经理人的机会主义行为。参考以往文献，本书用管理费用率和总资产周转率两个方面衡量经理人的机会主义行为。管理费用率（AC）以管理费用占营业收入之比来衡量；总资产周转率（Turnover）以营业收入占总资产之比来衡量。控制变量与主检验模型中的控制变量一致。参考温忠麟等（2004）研究中所使用的检验步骤，首先，对模型（4.1）进行回归检验，检验多个大股东股权结构对企业风险承担的影响，观察回归系数 α_1 是否显著，如果 α_1 显著，再对模型（4.8）和模型（4.9）进行检验。关注的是 β_1 和 γ_2 是否都显著，若均显著，说明多个大股东并存的结构对企业风险承担的影响部分（或完全）通过限制经理人机会主义行为的中介作用实现的。此时，若 γ_1（不）显著，则说明经理人代理成本部分（完全）中介了多个大股东的影响。但是，当 β_1 和 γ_2 中有一个不显著时，需要运用 SobelZ 统计量来进一步判断中介效应是否存在。

中介效应的检验的回归结果如表 4.18 所示。表 4.18 的列（1）、（3）为模型（4.8）的回归检验结果，从结果中可以看出，多个大股东

结构与代表控股股东代理成本的变量 AgencyCM（AC 和 Turnover）回归
的估计系数显著为负，即回归系数 β_1 显著，说明多个大股东结构相较于
单一控股股东结构有显著更低的第一类代理成本，经理人的机会主义行
为更少。同时，列（2）和列（4）为模型（4.9）的回归检验结果，从
结果可以看出，代表经理人代理成本的变量管理费用率（AC）的回归
系数显著为负，即回归系数 γ_2 显著，这意味着经理人的代理成本确实起
到了多个大股东影响企业风险承担的中介作用。此时，变量 AMLS 的回
归系数显著为正，即 γ_1 显著，由上文的模型说明可知，这表明经理人代
理成本起到了部分中介的作用，多个大股东并存结构的公司通过非控股
大股东对经理人机会主义行为的限制，降低了经理人代理成本，提高了
公司风险承担水平。对于代理变量总资产周转率（Turnover）与多个大
股东结构（AMLS）回归系数不显著，资产周转率的中介效应不成立。

表 4.18　　　　　　　　　　经理人代理成本的中介机制检验

变量	(1) AC	(2) Risktaking	(3) Turnover	(4) Risktaking
AMLS	− 0.0059 ** (− 2.95)	0.0048 * (1.74)	− 0.0171 (− 1.32)	− 0.0054 * (− 1.93)
AC		− 0.2733 *** (5.13)		
Turnover				− 0.0036 (− 1.10)
Cash	− 0.0371 *** (− 4.03)	− 0.0055 (− 0.39)	0.3306 *** (5.66)	− 0.0094 (− 0.66)
CapExp	− 0.0175 (− 1.24)	− 0.0708 ** (− 3.38)	− 0.6026 *** (− 6.74)	− 0.0759 *** (− 3.58)
Lever	− 0.0303 *** (− 5.35)	0.0154 * (2.07)	0.1762 *** (4.8)	0.0095 (1.26)
ROA	− 0.1855 *** (− 13.48)	− 0.0429 * (− 2.05)	1.0272 *** (11.73)	− 0.0605 ** (− 2.90)
Top1	− 0.0518 *** (− 5.88)	− 0.0189 * (− 1.81)	0.1659 ** (2.9)	− 0.0252 * (− 2.36)
Ind	0.005 (0.33)	0.0249 (1.16)	− 0.1536 (− 1.60)	0.024 (1.11)

续表

变量	(1)	(2)	(3)	(4)
	AC	Risktaking	Turnover	Risktaking
Dual	0.0034 (1.50)	0.0066 * (1.98)	0.0092 (0.63)	0.0073 * (2.16)
CEOshare	− 0.243 *** (− 5.72)	− 0.1073 * (− 1.87)	0.2554 (0.93)	− 0.13 * (− 2.24)
Year & Industry	Control	Control	Control	Control
Obs	3624	3624	3624	3624
Adj_R	0.1011	0.1559	0.1519	0.1241

注：（1）括号内为 T 检验值；（2） *** 、 ** 、 * 分别表示在 1% 、 5% 、 10% 的水平上显著。

资料来源：作者经 Stata 统计软件分析整理所得。

4.8　本章小结

基于前面的理论分析与假设检验，本章发现对于国有上市公司全样本，多个大股东股权结构公司比单一控股股东的股权结构公司有显著更高的风险承担水平，这符合本书所提出的促进竞争效应（procompetitive effects）占主导的假设。该检验结果经过倾向匹配得分法下的双重差分检验、Heckman 两阶段检验和其他稳健性检验后依然成立。在国有企业中引入非控股大股东形成多个大股东的分权控制结构，建立了主要股东之间的竞争关系，能够改变国有企业控股股东及其内部人"一言堂"的决策表现。由于股东间在战略导向、利益诉求、风险偏好等方面存在差异和冲突，非控股大股东有意愿和能力与控股股东竞争控制权和决策偏好，对控股股东选择次优的、保守的投资决策以攫取控制权私利的选择进行限制，同时对国有企业内部人进行更有效的监督，使企业投资决策更多地向价值增加的、冒风险的项目上转变，最终提高了企业的风险承担水平。本章的研究结果表明，多个大股东并存对于国有企业来说是有效率的，引入其他非控股大股东可以提高国有上市公司的风险承担水平，这很大程度上意味着企业经营活力的提高，能够有助于改变国有企业以往"暮气沉沉"的经营状态，符合当前国有企业改革中"提高国有企业经营活力"的关键要求。本书所强调的多个大股东带来的促进竞争效应与以往多提到的股东制衡效应存在一定的区别。本书所期待的竞争关系是动态的、有活力的，因为竞争关系的存在而让公司有内生的、进步的、冒险的动力，从而公司风险承担的水平能够提高。同时，制衡取"相互制约、使不偏离"之意，其能够带来的"进步"之意有限；而在促进公司风险承担的方向上，"竞争"不仅可以带来相互制约，更可以带来在竞争过程中的相互学习，从而引入其他大股东可以起到"鲶鱼效应"。

进一步地，本章检验了多个大股东影响企业风险承担的具体作用机制："发声（voice）"机制和"退出（exit）"机制。检验结果发现，其他大股东在风险承担方向上的治理作用主要是通过"发声"机制来实现的，而"退出"机制在中国特殊的制度背景和资本市场环境下并不能有效地发挥作用。退出机制不能有效发挥作用的原因可能在于，一方面，即使市场上有足够的流动性使大股东能够实施退出策略，其仍可能选择不退出，因为其他大股东的进入可能是政府的指令性行为，不会因为市场交易价格时机合适就进行交易而卖掉股票退出公司；另一方面，在我国不完善的资本市场环境下，市场上的资产定价效率很低，这导致市场上的资产定价威慑对公司治理特别是股东治理的影响有限。

然后，本章基于"股权结构—公司政策—风险承担"的逻辑路径探讨了多个大股东的引入通过何种具体的公司政策路径影响了企业风险承担水平。检验结果发现，更多的并购决策、更高的经营集中度是多个大股东股权结构影响企业风险承担水平的具体渠道。而多个大股东的引入对企业风险承担的正向影响作用并不是通过增加企业研发投入的渠道来实现的，这与陈冰等（2018）的研究结论相一致。这可能是因为，企业创新活动是最具有长期性、高风险性和不可预测性的冒风险行为，在创新活动的决策时更可能引发股东间的不同意见，不同性质和身份的股东可能在研发投入的项目、方向和时间上持有不同的意见，更有可能激发多个大股东的折衷效应，即因为大股东间激烈的讨价还价而造成的决策效率的降低，更难以达成创新决策上的一致意见。

本章的研究结论证明国有上市公司引入其他非控股大股东形成多个大股东结构具有公司风险承担方向上的效率性，对于转型时期我国内部和外部多种治理机制都不甚有效的场景下，引入多个大股东治理是值得鼓励的。而接下来的问题就是，不同性质的非控股大股东（民营股东、国有股东、外资股东和金融股东）会与国有控股股东形成怎样的股东关系，表现出来的多个大股东结构的治理效应会不会有所不同。承袭高佳旭和刘志远（2019）、汪茜（2016）的研究展望，本书接下来试图探讨多种不同身份的大股东并存时，他们的风险偏好、利益诉求和参与公司治理的意愿能力都不相同，互相之间的博弈如何影响最终治理效应和风险承担水平？特别地，在新一轮混合所有制改革大力推进的制度背景下，引入民营背景的战略投资者是国有企业改革的关键一环，民营非控股大股东的引入会发挥怎样的治理效应，对公司风险承担行为有何影响，是本书重点关注的问题。

第5章 多个大股东、大股东身份 与企业风险承担

　　股东间关系表现为竞争、联盟还是冲突，很大程度上会受到股东身份的影响（Bloch and Hege，2003）。埃德曼斯（Edmans，2014）认为多数关于多个大股东的研究仅考虑了控股股东与同质的其他大股东的关系，然而在实际中，大股东身份（identity of blockholders）是多元的，不同身份的大股东参与治理的形式不同并会导致不同影响，考虑股东身份的异质性可以在细分维度上得到更加"有趣的关系"。马连福和杜博（2019）的文章中强调了对不同身份及偏好的多元股东行为讨论的重要性，而多个大股东结构下很可能会有多个不同身份大股东并存的情境，因而考虑不同身份大股东存在下相互作用的影响差异就变得十分重要。

　　当多个大股东身份不同时，不同股东身份带来了目标偏好和利益诉求的本质差异，这使得大股东间更多地表现为相互竞争和相互制约，限制对方大股东做出资金偏离的决策（李学伟和马忠，2007）。特别是在中国特殊的制度背景下，国有企业引入非国有股东时会形成股东间差异较大的风险选择偏好，民营股东更倾向于集中发展主业（汪茜，2016），选择更为冒风险而价值增加的经营模式以获取最大的经济利益；而国有股东在融资渠道和规模上具有先天优势，并且会追求非经济目标以实现社会价值，这使国有股东更倾向于采取多元化的经营方式。不同身份大股东①之间存在战略导向、利益诉求和风险承担等方面的差异和冲突时可能会带来两种效果：一方面，由于各自的利益诉求和风险偏好不同，大股东间会相互竞争和制约使投资决策向自身的利益平衡，这种讨价还价使有利于控股股东私利侵占的投资决策被更少地通过；另一方

---

　　① 这里排除控股股东与非控股大股东存在明显亲密关系的情况，如双方虽身份不同但签订了一致行动人协议。

面，身份不同的股东间存在的反差甚至冲突（尤其是国有上市公司中引入民营战略投资者时双方存在着天然属性差异），可能使非控股大股东与控股股东间的讨价还价升级，导致公司无法形成有效的集中决策，甚至激发双方的控制权争夺行为，这可能会降低公司决策效率，对于冒风险决策更是很难达成一致的意见，这是目前文献较少关注并且鲜有形成实证结论的方向。

而当大股东身份相同时，由于股东间拥有共同的利益诉求，形成控制权联盟成为股东关系的首选，更倾向于通过隐蔽的手段转移公司资源来共享控制权私利。在此情境下，文献多关注家族企业中其他大股东与控股股东之间的合谋现象（Maury and Pajuste，2005；刘星和刘伟，2007），家族企业为了保持家族控制权经常会引入具有关联关系的其他大股东，如果引入的大股东仍为家族性质的股东则很可能与家族控股股东合谋，加剧了对中小股东的侵害能力，导致公司价值的下降；如果引入的其他大股东不是家族股东，其他大股东的竞争和制衡动机增强，会更多地限制控股股东对公司的侵占行为。基于此，本书认为不同股东身份带来的股东间关系不同会导致多个大股东不同的治理效应，因此具体区分每一个大股东是国有股东、民营股东、金融股东或外资股东以及判断大股东之间是否具有不同的性质对于考察分析多个大股东的治理效应有重要意义。

结合混合所有制改革的大背景来看，考察多个大股东的治理作用和大股东具体身份的区分在国有企业中具有更为重要的价值。新一轮混合所有制改革的关键特征就是引入其他资本，即引入其他大股东。因此，引入非控股大股东形成多个大股东的治理效应与当前国有企业的混合所有制改革有着密不可分的关系。现有文献围绕着混合所有制改革背景下参与混合的股东治理作用进行了一定程度的研究。马连福等（2015）的研究发现外部制度环境的有效性是参与混合股东改善绩效的约束条件；并且，外资股东相对于民营股东来说能够发挥更好的制衡作用，参与混合的股东存在优序选择问题。郝阳和龚六堂（2017）的研究不再关注于引入参股股东的制衡作用，而是侧重于关注国有控股股东和非国有参股股东之间的"互补效应"；研究发现民营股东的参股补充了国有企业缺乏的有效的经营和管理机制，能够提高国企绩效，而国有股东之间的多元化不能起到互补效应，从而没有对公司绩效起到促进作用。总结当前主要文献，学者们对参与混合的非控股股东的作用进行了一定研究，但并未系统全面考察控股股东与非控股大股东间的互动关系。因此，多个大股东结构的形成是否对国有企业来说更有效率，细分不同身份的非控股大股东在风险承担方向上所表现出来的治理效应有何不同，这些问题的讨论在国企混改的场景下兼具理论和现实上的双重意义，不仅能够加深对股东间互动关系所能起到的治理效应的理解，还能够为混合所有制改革提供风险承担方向上的实施效果检验，为逐步深入的国有企业混合所有制改革提供相关的制度和政策设计意见。

5.1　理论分析与假设提出

新一轮国企改革以引入民资背景的战略投资者实现所有制的混合为典型特征（郑志刚，2020）。民营非控股大股东的进入能否限制内部人通过保守的、次优的投资决策攫取控制权私利，使公司资源更多地配置到冒风险的、价值增值的投资项目上？国有企业进行混合所有制改革之后，一个非常重要的难题，就是国有资本和民营资本间的战略目标之争。国有企业引入民营大股东后企业中既有民营资本的成分，又有国有资本的成分，这就导致其在具体决策过程中，会产生企业战略性目标分歧。如果这些目标是兼容的，那么尚且有可能设计出来一套相对完善的体系兼顾多重目标。而从现实来看，这些目标往往有诸多冲突，这种目标冲突可能导致国有资本和民营资本的激烈竞争，严重时甚至可能导致公司决策瘫痪。基于此，本部分首先基于民营非控股大股东的细分样本，深入分析民营非控股大股东的引入会发挥怎样的治理效应。

民营非控股大股东的引入改变了国有企业内部人"一言堂"的决策状态，形成了分权控制格局，建立了主要股东之间的竞争关系，可以有效地避免国有控股股东投资决策的偏离；同时，民营股东带来了国有企业所有者"复位"，更有意愿和能力直接有效地监督和制约内部人的机会主义行为；民营股东通常会推动引入更有效的经理人激励机制，激励国有企业内部人更多地选择冒风险同时价值增值的投资项目。此外，民营股东与国有股东间可能的控制权竞争增加了内部人的雇佣风险和接管风险，这种竞争压力会使内部人更加注重投资决策所能带来的股东回报，这些表现为民营非控股大股东存在下多个大股东的促进竞争效应，促进企业风险承担水平的提升。本书认为，国有企业混合所有制改革中引入民资背景的大股东的题中之义就是建立股东间的竞争关系，股东间在决策偏好和决策主导权上的竞争使得任何资金使用偏离的决策都不容易被通过，从而使企业资金和资源朝着价值增值的方向投入。民营股东与国有股东存在着不同的风险偏好，天然的逐利动机使民营股东更偏好冒风险的投资项目以获得更高的盈利回报；而国有企业由于内部人代理成本问题和多元化的企业目标更倾向于风险规避，因为更平稳的盈利回报有利于国有股东的"维稳"任务和国有企业内部人的政治晋升和利益抽取。在此情况下，加入国有企业的民营大股东有意愿也有能力通过各种方式"发声"（用手投票、"用脚投票"或发起控制权争夺），使投资决策向自身的利益偏好和风险偏好上平衡，这种竞争限制了有利于内部人保守的投资决策，使国有企业经营更加有活力。也就是说，民营非控股大股东的引入会带来股东间的促进竞争效应，促使国有企业提高风险承担水平。

基于上文，由于国有股东和民营股东之间存在着战略导向、利益诉求、风险偏好等方面的根本差别，民营非控股大股东的引入更可能表现为促进竞争效应，然而在某些特定场景下，国有控股股东与民营参股大股东之间仍可能表现为相互合谋。如果国有股东与民营股东之间力量对比太悬殊，民营股东与国有控股股东之间合谋能够分享到的控制权收益，要大于与国有股东竞争决策偏好所能带来的公司利润增值部分的分享，此时民营股东会更倾向于与国有股东合谋来共享控制权收益。非控股大股东对控股股东的制衡需要承担一定的制衡成本，当民营非控股股东与国有控股股东之间力量差距悬殊时，民营股东由于在公司的控制力有限而需要付出更大的制衡成本来限制控股股东的利益侵占决策，或者民营股东根本没有能力牵制控股股东，此时与国有控股股东相竞争或相制约的成本高而能够分享到的收益低，使民营大股东也产生了"免费搭便车"的态度，就会与控股股东形成股权合谋联盟。此时，国有控股股东与民营大股东形成的联盟更可能也更有能力通过次优的、保守的投资决策来平稳地攫取控制权私利，这可能表现为公司风险承担水平的降低。

值得注意的是，股东间的竞争一方面会因为竞争效应而带来决策质量的提升；另一方面股东间过度的"话语权"的竞争也可能会带来决策效率的下降，冒风险的投资决策更加地难以通过，甚至使小股东的利益受损（Gomes and Novaes，2005），表现出多个大股东的折衷效应。多个大股东并存的格局会带来一类新的代理冲突，即大股东之间的冲突。投资者不断增持公司股份而成为大股东意味着其想要在公司中表达自身的偏好、掌握一定的话语权，而这与控股股东的利益表达可能存在冲突。尤其是对于国有控股股东和民营大股东来说，价值诉求上的根本性差异使双方在公司战略认知和经营机制上存在巨大冲突，双方都想"说了算"的情绪可能使原本在股东大会和董事会上的"讨价还价"升级成为控制权的争夺。在讨价还价过程中，投资决策可能会向非控股大股东的利益方向倾斜，提高决策的质量；而在控制权争夺过程中，双方都会不惜一切代价掌握投资决策的完全主导权，而不是重点在于"商讨"，这可能导致企业决策过程中多个大股东间冲突激烈，甚至可能为了自身利益而放弃决策，出现 2000 年伊煤 B 那样股东大会上仅有一个股东出席的局面，进而降低公司决策的效率。国有、民营大股东由于战略目标、利益诉求及风险偏好等存在本质上的差异，国有控股股东会追求掌控董事会的话语权，这使得民营参股大股东难以获得与其持股比例相当的董事会席位和实际影响力，而这种情况又会反过来激发其争夺控制权的行为（郝云宏和汪茜，2015）。这会导致上市公司的决策效率降低，股东间达成一致决策的难度增加，甚至可能出现决策时机的延误，对于冒风险的投资决策由于高风险性、高投资性和收益无法预期性更是无法达成一致意见而不容易被通过，导致公司风险承担水平的下降。

采取多元化还是专业化战略导向是国有控股股东和民营非控股大股东的风险偏好冲突引发控制权纷争的焦点。民营股东更倾向于提高经营集中度，做强主业以提高核心竞争力，采取专业化战略导向；而国有股东在融资渠道和规模上具有先天的优势，更为倾向于采取多元化的方式经营，实施多元化战略可以保持公司业务链的收入平稳，这使得公司能够成为控股股东和内部人攫取控制权私利的稳定"现金池"。本章以一个简短的案例具体说明。在武商联引入民营非控股大股东浙江银泰后，在上市公司发展战略上双方发生了多次冲突，并由此产生了多轮持久的控制权之争。民营大股东浙江银泰认为国有控股股东过于偏好多元化投资，喜欢跟风发展时下流行的业务领域，但往往自身没有发展此业务的基础，并且通常该业务领域在国有企业想进入时的市场先机已过，国有企业的进入没有任何竞争优势，实施多元化战略仅可能是大量无价值创造能力的投资，而控股股东可以借此机会进行资金转移和资金侵占。2013年武商联国有股东打算进军电商行业，而浙江银泰方面根据对电商行业的行研报告认为传统零售业很难做好电商，与电商巨头合作是更好的方式而不是自己做电商，但国有股东方面不顾反对仍然强调多元化投资的实施。2014年武商联国有股东又打算进入民营金融领域，受到代表民营大股东的董事们的再次反对：民营股东方面认为金融类业务不在公司主业范围内，公司能够推出的金融产品与市场上的金融产品相比没有任何竞争力，并认为股东跟金融机构的过度往来有很强的资金侵占风险。与国有控股股东的战略认知冲突和在股东大会、董事会层面"讨价还价"的失败，使民营股东浙江银泰开始与控股股东争夺控制权，以获得自身话语权的表达。而多轮竞争的结果是双方都无法实现符合自身利益的选择，决策最终被折衷为次优决策，即导致折衷效应（compromise effects）的显现。股东间引入竞争的目的是为"合作"，在竞争中的合作，在合作中的竞争，不是"你死我活"的相互制衡，造成公司经营决策上的一再"折衷"。综上，本章认为多个大股东间的过度竞争可能会造成决策效率的下降，由于国有控股股东和民营大股东之间存在战略导向、风险偏好和利益关系上的根本冲突，在没有良好的机制化解冲突前提下，很可能导致风险承担决策和行为上的折衷，进而使企业风险承担水平下降。

综上所述，本部分提出如下对立假说。

假设1a：在促进竞争效应下，存在民营非控股大股东的多个大股东公司有更高的风险承担水平；

假设1b：在联盟效应和折衷效应下，存在民营非控股大股东的多个大股东公司有更低的风险承担水平。

在新一轮混改中，国企与国企之间的参股也被认为是国企混改实现的重要形式之一。由前文对国有上市公司多个大股东结构的描述性统计可知，一半以上的多个大股东公司存在国有非控股大股东。混合所有制改革的原意是通过引入民资背景的战略投资者实现不同所有制的混合，而在实践中，越来越多的国有企业引入了其他国有非控股大股东形成了多个国有大股东并存的结构，这是否有利于国有企业风险承担方向上的效率增加是一个值得探讨的问题。

由第 4 章的理论分析可知，控股股东之所以能够通过次优的、保守的投资决策攫取控制权私利，源于一股独大的结构形成了控股股东的"一言堂"，企业决策过程中没有其他的与控股股东相竞争的"声音"。考虑如果在企业中引入新的大股东，由于股东间在战略导向、利益关系、风险偏好、治理能力等方面均存在差异，他们之间会形成竞争关系（郑志刚，2020），在决策过程中积极为使最终决策结果偏向自身利益而"发声"，从而使控股股东的保守的、价值减损的决策更少地被通过，企业资金朝着更正确的方向上投入（Bennedsen and Wolfenzon，2002），这种效率的提高为多个大股东的促进竞争效应（procompetitive effects）。那么，与控股股东属于同一性质的国有非控股大股东的引入是否也能与国有控股股东形成竞争效应，从而限制控股股东的保守的、次优的投资决策呢，答案可能是否定的。本书更倾向于认为，国有性质大股东存在的多个大股东结构下，国有大股东间更可能表现出联盟关系。

以往文献研究多认为性质相同的股东由于更可能存在密切关系或有共同利益而结成控制联盟，加强的股东力量使有利于控制权攫取的次优决策更容易被通过，这侵害了小股东的利益（Maury and Pajuste，2005；徐莉萍等，2006；李学伟和马忠，2007）。魏明海等（2011）在对股东关系的研究中指出，公司可能引入与内部人存在密切联系的外部股东，他们与内部人并没有利益冲突，同时会与内部人分享公司经营信息，因而双方不是制约关系而是利益共同体。国有上市公司引入的国有非控股股东很可能与原国有控股股东之间存在裙带关系或其他非显性的关联，并且国有企业内部人与新引入国有大股东之间关系密切甚至有高管联结，国有非控股大股东可能并不处于信息劣势，反而与国有控股股东及其代言人（国有上市公司经理层即国企内部人）是利益共同体，他们之间存在一致的利益并且并不以上市公司利润最大化为唯一目标。

此时，国有非控股大股东参与决策给内部人侵占小股东利益提供了更强烈的动机和更大的实施可能性，利益联盟很可能希望上市公司持有保守的不冒风险的投资决策，来保证自身持续地获取控制权收益，或者避免由于公司陷入困境而威胁到自身职位红利。多个国有大股东间这种利益联盟效应会导致公司风险承担的下降。

当然国有大股东之间也并非全然不存在竞争关系，国有控股股东和

123

其他大股东都有国家所有的天然属性，但由于其隶属的集团公司不同，而每个集团公司都有自身的战略布局、主营业务导向和关键利润点，因此国有股东间也存在经营计划和投资方案上的冲突。然而，由于国有非控股大股东的引入很多是出于政府发展相关业务领域的授意和统筹（例如，马钢和韶钢引入宝钢的重组），或者说集团公司投资国有上市公司成为大股东的本意一般不会是想为了与原国有控股股东进行"你死我活"的控制权竞争，这使国有非控股大股东与控股股东竞争话语权的意图往往并不明显，在此情况下，多个大股东的联盟效应仍然是主导效应。

综上所述，本章认为国有性质非控股大股东的引入更多地会呈现出股东间联盟效应，股东间的利益联盟使其更有动机和能力通过保守的、次优的决策更多地侵占公司资源，这降低了公司的风险承担水平，并据此提出以下假设。

假设2：相对于仅有单一控股股东的公司，存在国有非控股大股东的多个大股东公司有更低的风险承担水平。

以往文献研究认为，外资股东的引入往往伴随着更先进的管理经验、透明度更高的公司治理机制和充裕的资金支持（徐莉萍等，2006）。阿加沃尔等（Aggarwal et al.，2011）的研究认为外资股东有更高的积极性监督和制约经理人的机会主义行为，在改善本地企业公司治理机制方面扮演着重要角色。外资性质的非控股大股东的引入既有意愿、又有能力在投票权和控制权上与国有控股股东相竞争，使内部人次优的、保守的投资决策更少地被通过，从而提升企业的风险承担水平。甚至相较于民营大股东，外资大股东由于更高的独立性和受到国外更严格的制度法规影响，会更加积极和严格地监督国有企业内部人，在经营和投资决策上更加积极地与内部人相竞争而使投资的风险选择更加偏向于自身的偏好，更有效地限制经理人的机会主义行为，这最终会促进国有企业风险承担水平的提升。内部人对公司资源侵占的减少会使公司有更多的资源用于承担风险的行为，也提升了公司承担风险的能力。

同时，吉莉安（Gillian，2000）基于中外传统文化差异的研究认为，外资背景的股东很少受到中国社会中错综复杂的人际关系的束缚，相对于其他性质的股东，外资股东在企业经营管理实践中表现出更加高的独立地位。国外更加严苛的制度法规会使外资股东往往具有更高的自我约束能力，其行为要兼顾国外市场规则及制度的影响，并且其更不容易受到与国有企业内部人私人关系的约束。基于此，本书认为，外资性质的非控股大股东的引入与国有控股股东结成控制联盟的可能性较小，股东间关系更不可能表现为合谋关系。

此外，外资股东入驻国有企业成为大股东后要面临一系列跨国合作的协调难题。虽然拥有先进的经营机制和管理经验，但如何与投资企业、本土市场和本书文化相协调，对于外资股东来说的难度要大于民营股东，甚至会出现协调失败而退出中国市场的情形，例如标致汽车、新飞冰箱和家乐福超市都因为不适应中国市场情况和管理受困而"败走麦城"、退出了中国市场。在这种场景下，国有上市公司中很少会出现外资非控股大股东因为与国有股东竞争话语权而引发控制权竞争的情形。并且由于国有股东的"超级股东"地位，外资非控股大股东很难在激烈的讨价还价过程中压制国有股东，因此可以说，外资非控股大股东与国有股东间的竞争关系不会过度激烈，很难出现因为股东间意见无法达成一致而导致决策无法进行的现象，股东间过度的讨价还价导致的折衷效应不会成为主导效应。

综上所述，本章认为外资性质非控股大股东的引入更多地会发挥促进竞争效应，盈利动机明确、更加具有独立性和监管动机的外资所有者的"到位"，能够促使企业更多地、也更有能力进行冒风险的、有利于企业价值增加的投资项目，提高企业风险承担水平，并据此提出以下假设。

假设 3：相对于仅有单一控股股东的公司，存在外资非控股大股东的多个大股东公司有更高的风险承担水平。

通常认为，不同于其他性质的股东，金融性质股东通常会表现出不积极股东和不安定股东的特征。"不安定股东"体现在金融类股东本质上具有流动性和行为的短期性，他们大部分是采取分散投资形成投资组合的策略，一旦其认为公司前景堪忧或者价值降低，马上就会采取"用脚投票"脱离公司；"不积极股东"体现在金融类股东通常认为参与公司治理所能获得的收益要小于其改善公司治理所要付出的成本，"用脚投票"往往比"用手投票"更能快速获得收益；另一方面是金融股东持股往往比较分散，存在"无力而不参与"公司治理的现象（李维安

125

和李滨，2008）。尽管如此，近年来随着我国机构投资者队伍的不断壮大，基于其规模优势和长期投资的需求，金融股东开始越来越多地扮演积极股东的形象，更有激励和能力参与公司治理（Shleifer and Vishny，1986；姚颐、刘志远，2009）。姚颐和刘志远（2011）的研究表明，机构投资者能够通过行使其否决票权来制约大股东的行为，侵害中小投资者权益的议案（如关联交易、再融资等）会因为机构投资者的否决票而无法实施。本书所探讨的"大股东"的界定本身就意味着样本股东与上市公司利益有较高的协同度，并且有较高的能力参与公司治理，不同于分散持股的金融股东。因此金融非控股大股东的引入可能会积极竞争自身的话语权，利用赋予的投票权、否决票权和退股权使公司决策更多地向自身利益倾斜，这会使有利于控股股东攫取控制权私利的保守的风险选择决策被更少地通过，从而提高了公司的风险承担水平。

在我国资本市场环境下，金融股东的这两个特征更为突出。一方面，我国金融机构起步较晚，金融运行机制还不完善，金融股东在上市公司中持股比例平均来说还相对较低，较低的持股比例使金融股东利益与公司利益协同度较低，持股往往首先是为了获取资本回报，而不是进行战略性投资，参与改善公司治理所能分享的公司价值增值部分少于进行投资组合"买进卖出"所获得的收益，也就是说金融股东不愿意参与公司治理；而持股比例较低也使金融股东在公司的话语权和控制权十分有限，而没有足够的能力参与改善公司治理。另一方面，我国证券市场的股票价格存在很大的非理性表现并且有很高的股价同步性，金融股东参与改善公司治理的努力很难在股票价格中表现出来，这使其参与治理的激励又进一步降低。此外，在我国特殊的制度环境下，金融股东持有上市公司的股权很多时候是通过债转股而获得的，由于其主业仍然是金融业而不是实业产业，国家在政策上也倾向于不鼓励其过度地参与实业投资，并担心金融股东会利用对上市公司的信息优势进行股价操纵和股票买卖，干扰股票市场的正常运行。基于此，本章认为金融类非控股大股东的引入更可能倾向于与控股股东结成联盟分享控制权收益，寻求短期利益的特征使其不愿意投资长期性的冒风险项目，这可能导致企业更多地规避风险性项目，降低了企业风险承担水平。

综上所述，本部分提出如下两个对立假设。

假设4a：在促进竞争效应下，存在金融类非控股大股东的多个大股东公司有更高的风险承担水平；

假设4b：在联盟效应和折衷效应下，存在金融类非控股大股东的多个大股东公司有更低的风险承担水平。

5.2　研 究 设 计

5.2.1　样本选取与数据来源

本章以沪深A股2008~2017年国有上市公司为研究样本，并根据研究需要对样本做如下筛选：（1）剔除了金融保险类企业，因为金融保险类企业在经营和盈利模式上与非金融类企业存在较大差异，其风险承担行为所指也有很大的不同；（2）剔除各年度的ST、PT公司，因为异常经营公司可能会影响检验结果；（3）剔除资产报酬率（ROA）在4年内不连续的上市公司的观测值，因为本章以至少连续3年的企业盈余波动来衡量风险承担水平，不连续的观测值会造成风险承担样本值缺失；（4）剔除数据有缺失的样本。为了控制异常值对研究结果可能带来的偏误，本章对主要连续变量在1%的水平上进行了Winsorize缩尾处理。本书中所用公司财务数据主要来源于CSMAR数据库，其他数据来自Wind数据库、Choice金融数据库、金融网站（新浪财经、东方财富网）等。

为了研究多个大股东公司中不同身份非控股大股东所带来的差异治理影响，参考刘志远等（2017）、郝阳和龚六堂（2017）的研究，本章对上市公司不同身份的股东加以界定。国泰安数据库中"上市公司股东研究"数据所记录的股东性质不太准确，其中标准为"法人股"或"流通A股"性质的股东既可能是国有股东，也可能是非国有股东。因此，通过企查查软件对每年每家国有上市公司前十大股东的性质进行逐一界定，由于企查查软件可以追溯到该股东所属的终极控制人，通过终极控制人信息可以较为准确地将不同股东性质筛选出来。本章把国有上市公司大股东根据性质不同划分为五大类，分别是"国有股东""民营股东""金融类股东""外资股东""未知"。由于金融类股东所代表的金融类企业在经营目的与经营模式上与传统意义的国有、民营股东有显著的差别，本章将"金融股东"单独从"国有股东"和"民营股东"中划分出来单独成类。具体定义见表5.1。

表5.1   股东身份的具体界定

分组	定义
国有股东	实际控制人为政府，包括政府部门（财政部、国资委等）、国有企业法人、四大资产管理公司等。剔除"金融类"股东
民营股东	实际控制人为非国有企业法人或境内自然人。剔除"金融类"股东
外资股东	实际控制人为境外法人和境外自然人
金融股东	包括保险机构投资者、社保基金、QDII、QFII、私募股权基金等
其他	除上述定义之外的股东和无法判断性质的股东

资料来源：作者经相关文献整理自制。

5.2.2 变量界定与实证模型

1. 变量界定

（1）多个大股东。沿用前文的界定，根据我国的相关法律制度，持有10%以上股份的大股东可以在很多方面对公司经营和治理有相当的影响力。在我国，持股比例10%以上的股东一般能够向上市公司派出至少一名董事，甚至直接派驻高管；同时其有权请求董事会召开临时股东大会，甚至在特有情况下可以自行召开临时股东大会。此外，根据《公司法》的相关规定，持股比例超过10%的股东拥有申请公司解散权，在公司经营出现严重的困难，继续经营被认为会给股东带来重大损失时，持有10%以上股份的股东有权力向法院申请解散公司。基于此，在合并一致行动人持股之后，当上市公司具有两个及两个以上持股超过10%的大股东时，界定公司的股权结构为多个大股东股权结构（MLS）。本章删除第一大股东持股低于10%的样本企业，即不存在符合定义中"大股东"要求的样本。

根据前文所述，根据非控股大股东的不同性质，本章将细分检验存在国有性质非控股大股东（SMLS）、民营性质非控股大股东（PMLS）、外资非控股大股东（FMLS）、金融性质非控股大股东（IMLS）的多个大股东公司在风险承担方向上有何不同的治理效应。

（2）企业风险承担。沿用前文的界定，本章采用企业盈余波动性来衡量风险承担水平，这里的企业盈余（ROA）的具体衡量为企业当年度的息税前利润（EBIT）与年末资产总额的比值。具体地，参考约翰等（John et al., 2008）、布巴克里等（Boubakri et al., 2013）、余明桂等（2013）的研究，首先为了消除经济周期和行业不同差异性的影响，得到一个更具有可比性的能够体现公司风险决策水平的干净值，本章将每个公司的 ROA（息税前利润/期末总资产）分年度分行业减去同年同行业 ROA 均值进行调整。而后，使用连续 3 年（t 至 t + 2 年）ROA 的数据，计算标准差，用以衡量企业在该观测时段的风险承担水平。

（3）公司股东冲突。参考以往的文献（姜付秀等，2017；黄建欢等，2017），本章用持股近似度、持股关注度和股东间相对力量来衡量大股东间利益冲突的程度。具体来说，首先，用国有控股股东持股比例与民营大股东持股比例之差的倒数（$1/|(A-B)|$）来衡量持股近似度（Approx），国有控股股东与民营非控股大股东的持股越接近，民营大股东越有竞争话语权的诉求，越有可能争夺控制权。其次，大股东各自的持股比例越高，就会越关注公司经营，股东间在公司决策中产生意见分歧的可能就会越大，以国有控股股东与民营非控股大股东的持股比例之积的平方比双方持股之差（$\sqrt{AB}/|A-B|$）来衡量，为持股关注度（Atten）。最后，参考阿提格等（Attig et al., 2008）、姜付秀等（2017）的衡量方式，本章以国有控股股东持股与民营大股东持股之比（B/A）来衡量大股东的相对力量（Contest），大股东间相对力量越接近，非控股大股东越可能会想要竞争决策的话语权，更有能力和意愿与控股股东竞争控制权来主导公司决策。

此外，本章控制变量的选择基本与前文相一致，不再赘述，相关变量及其含义和计算方法见表5.2。与前文研究相一致，本章控制了年度和行业虚拟变量。

表 5.2   主要变量含义与计算

变量类型	变量名称	变量含义	变量描述
被解释变量	Risktaking	风险承担	年度行业均值调整的公司 ROA 的三年滚动标准差
	SA	融资约束指数	公司融资约束指数，计算方法为：$-0.737size + 0.043size^2 - 0.04age$
	Loan	银行贷款	公司年度银行贷款，计算方式为：（短期借款＋长期借款＋一年内到期长期负债）／总资产
主要解释变量	AMLS	多个大股东	合并一致行动人后，公司当年存在两个或两个以上持股比例超过 10% 的大股东
	PMLS	民营多个大股东	其他大股东为民营性质的多个大股东公司
	SMLS	国有多个大股东	其他大股东为国有性质的多个大股东公司
	FMLS	外资多个大股东	其他大股东为外资性质的多个大股东公司
	IMLS	金融多个大股东	其他大股东为机构投资者的多个大股东公司
	Contest	控制权竞争	公司国有控股股东与民营大股东持股比例之差比上持股比例之和
	Approx	持股近似度	公司国有控股股东持股比例与民营大股东持股比例之差的倒数
	Atten	持股关注度	公司国有控股股东与民营非控股大股东的持股比例之积的开放比上双方持股之差
控制变量	Lever	资产负债率	公司期末负债与总资产之比
	Size	公司规模	公司期末总资产的自然对数
	ROA	总资产收益率	公司息税前利润（EBIT）与期末总资产之比
	Top1	控股股东持股比例	公司控股股东的持股份额
	Cash	公司现金流	公司经营活动现金流与期末总资产之比
	Growth	公司成长性	公司销售收入增长率
	CapExp	资本支出	公司资本支出占期末总资产比例
	Dual	两职合一	公司总经理是否兼任董事长

资料来源：作者整理。

2. 实证模型

根据上文的理论分析与假设，本章想要探讨的是，在国有企业混合所有制改革逐步深入的背景下，多个大股东公司中存在的不同身份的非控股大股东所产生的治理效果差异，对上市公司风险承担水平是否有不同的影响。为验证本章上文中所提出的 4 个假设（包括其对立假设），本章将多个大股东样本根据身份性质不同分为民营、国有、外资、金融四个子样本，并分别建立回归模型进行检验：模型（5.1）、模型（5.2）、模型（5.3）和模型（5.4）。

$$Risktaking_{i,t} = \alpha_0 + \alpha_1\,PMLS_{i,t} + \alpha_2\,Age_{i,t} + \alpha_3\,Size_{i,t} + \alpha_3\,Lever_{i,t}$$
$$+ \alpha_4\,ROA_{i,t} + \alpha_5\,Top1_{i,t} + \alpha_6\,CapExp_{i,t} + \alpha_7\,Cash_{i,t}$$
$$+ \alpha_8\,Ind_{i,t} + \alpha_9\,Dual_{i,t} + \alpha_{10}\,CEOshare_{i,t}$$
$$+ \alpha_{11}\sum Year + \alpha_{12}\sum Industry + \varepsilon \qquad (5.1)$$

$$Risktaking_{i,t} = \beta_0 + \beta_1\,SMLS_{i,t} + \beta_i\,Controls_{i,t} + \varepsilon_{i,t} \qquad (5.2)$$

$$Risktaking_{i,t} = \beta_0 + \beta_1\,FMLS_{i,t} + \beta_i\,Controls_{i,t} + \varepsilon_{i,t} \qquad (5.3)$$

$$Risktaking_{i,t} = \beta_0 + \beta_1\,IMLS_{i,t} + \beta_i\,Controls_{i,t} + \varepsilon_{i,t} \qquad (5.4)$$

5.3 实证检验结果与分析

5.3.1 描述性统计结果与分析

1. 主要变量的描述性统计分析

表 5.3 是对本章涉及的主要变量进行描述性统计分析的结果。由表 5.3 的结果可见，多个大股东（AMLS）均值为 0.289，表明我国国有性质上市公司中多个大股东股权结构公司的比例多于 1/4，根据前文对多个大股东情况的详细描述，这一比例少于非国有上市公司。其中，一半以上的多个大股东公司中存在的非控股大股东为国有性质（SMLS 的均值为 0.156）；存在民营非控股大股东的国有上市公司仅占 6% 左右（PMLS 的均值为 0.061），引入外资背景非控股大股东的国有上市公司仅略多于 3%（FMLS 的均值为 0.0311），进入金融类非控股大股东的国有上市公司比例为 6% 左右（IMLS 的均值为 0.064）。这表明我国

大多数上市国企还没有达到真正的"混合所有"结构，还仅仅是国有股"一股独大"的股权结构，这与郝阳和龚六堂（2017）的研究结论相符。

表 5.3　　　　　　　　　　主要变量的描述性统计

变量	平均值	标准差	最小值	中位数	最大值
Risktaking	0.072	0.337	0.002	0.026	5.039
Loan	0.175	0.342	0.000	0.135	25.698
SA	3.588	0.231	2.905	3.582	4.198
AMLS	0.289	0.453	0	0	1
PMLS	0.063	0.239	0	0	1
SMLS	0.129	0.362	0	0	1
IMLS	0.064	0.242	0	0	1
FMLS	0.031	0.129	0	0	1
Atten	5.951	9.474	0.493	2.231	39.622
Approx	0.282	0.499	0.017	0.108	2.326
Size	21.943	1.309	13.076	21.779	28.509
Cash	0.044	0.069	− 0.159	0.042	0.246
Dual	0.248	0.432	0	0	1
Lever	0.427	0.205	0.0497	0.423	0.898
CapExp	0.0589	0.0508	0.001	0.0445	0.246
Growth	0.175	0.407	− 0.495	0.113	2.665
Top1	0.349	0.145	0.0858	0.333	0.737
ROA	0.048	0.5235	− 2.134	0.035	11.006

资料来源：作者经 Stata 统计软件分析整理所得。

　　银行贷款水平（Loan）的均值为 0.175，这一平均值小于郭瑾等（2017）对上市公司全样本银行贷款进行统计的结果；最小值接近 0，最大值为 25.698，说明即使对于信贷政策比较宽松的国有上市公司来说，银行贷款水平仍有很大差异。公司的融资约束指数 SA 的平均值为 3.588，这与吴秋生和黄贤环（2017）的统计结果相一致，这说明国有上市公司仍然面临一定程度上的融资约束问题。大股东间持股近似度（Approx）均值为0.282，持股关注度（Atten）的均值为5.951，均高于黄建欢等（2017）研究中的统计结果。其原因是，本书基于多个大股东的情境下，统计的是国有控股股东与民营大股东的持股比例情况，因而持股的近似度更高，持股的关注度也更高，这与本书中大股东由于具有相当程度的持股量而对公司经营的关注度更高的含义相一致，同时也说明了这两个变量的选取具有一定的科学性①。根据统计变量的定义，Approx变量越大，说明国有控股股东与民营大股东持股比例越接近，由统计结果可见，Approx变量的最小值0.017，最大值为2.326，说明在多个大股东公司中，公司间控股股东与非控股大股东的持股比例差异仍然较大。Atten变量的最小值为0.493，最大值为39.622，说明控股股东与非控股大股东对公司经营的关注度在公司间有很大的差异；有的公司双方都很关注公司经营，而有的公司控股股东和其他大股东双方对公司经营的关注度不同。本章的控制变量选取基本与前文一致，因此统计结果描述也保持一致。

2. 细分非控股大股东身份下的主要变量差异性检验

本章检验了不同性质非控股大股东存在下的多个大股东与单一控制性大股东两种股权结构下，公司风险承担表现和主要公司特征、公司治理表现、内外治理机制之间是否存在差异性，表5.4为多个大股东公司中不同身份的其他大股东存在以下主要变量的差异性检验结果。由表5.4检验结果可见，尽管非控股大股东身份有所不同，但多个大股东与单一大股东股权结构的企业在公司经营特征上均存在显著的差异。多个大股东结构的国有上市公司有显著更大的公司规模（Size）、更多的现金持有（Cash），说明多个大股东股权结构的公司实力更加雄厚，这可能与国有企业改革初始阶段"靓女先嫁"的现象有关，其规模更大也更有能力做出大规模的投资。多个大股东结构公司控股股东的持股比例（Top1）均显著低于单一控股股东公司，这可能说明形成多个大股东公司的原因之一可能是这类公司控股股东的控制力没有那么强，使其他投资者有激励增持股票进入公司，以获得更

①　若以控股股东和次大股东的持股比例统计，则大股东间持股近似度（Approx）均值为1.756，持股关注度（Atten）的均值为0.105，与黄建欢等（2017）研究中的统计结果一致。该结果没有在描述性统计表5.3中列示。

多的话语权来增加其收益（汪茜，2016）。存在不同身份非控股大股东公司的其他特征性变量不再有共性差异，因此接下来本章会区分不同股东身份进行分析。

表 5.4　　　　　　　　细分股东身份下主要变量的差异检验

变量	PMLS			SMLS		
	G1 (0) Mean1	G2 (1) Mean2	MeanDiff	G1 (0) Mean1	G2 (1) Mean2	MeanDiff
Risktaking	0.058	0.039	0.019*	0.058	0.057	0.0004
Riskt1t3	0.064	0.043	0.021*	0.064	0.063	0.0007
Risktt4	0.069	0.058	0.012	0.069	0.073	-0.0003
size	22.12	22.82	-0.701***	22.12	22.67	-0.559***
cash	20.03	20.73	-0.278***	20.03	20.51	-0.479***
Lever	0.509	0.479	0.03**	0.509	0.511	-0.002
Growth	0.134	0.197	-0.063***	0.134	0.179	-0.046**
CapExp	0.053	0.055	-0.002	0.053	0.049	0.004*
ROA	0.028	0.046	-0.018***	0.028	0.030	-0.002
Top1	0.389	0.30	0.089***	0.389	0.341	0.048***
TobinQ	1.873	1.917	-0.044	1.873	1.716	0.157
Dual	0.118	0.156	-0.038*	0.118	0.137	-0.019
R&D	0.012	0.011	0.0007	0.012	0.013	-0.002***
M&A	0.615	0.785	-0.169**	0.615	0.682	-0.067
Focus	0.370	0.430	-0.060***	0.370	0.435	-0.065***
AC	0.085	0.088	-0.003	0.085	0.0925	-0.008***
OtherR	0.015	0.012	0.003*	0.015	0.014	0.001
Big8	0.193	0.337	-0.144***	0.193	0.324	-0.131***
LegalE	5.882	6.198	-0.317	5.882	5.817	0.065

续表

变量	FMLS			IMLS		
	G1 (0) Mean1	G2 (1) Mean2	MeanDiff	G1 (0) Mean1	G2 (1) Mean2	MeanDiff
Risktaking	0.058	0.034	0.024 *	0.058	0.049	0.0008
Riskt1t3	0.064	0.039	0.025	0.064	0.055	0.009
Risktt4	0.069	0.052	0.021	0.069	0.059	0.012
size	22.17	23.25	−1.084 ***	22.17	22.14	0.082
cash	20.08	21.11	−1.037 ***	20.08	20.06	0.066
Lever	0.508	0.509	−0.001	0.508	0.519	−0.011
Growth	0.147	0.108	0.039	0.147	0.167	−0.026
CapExp	0.054	0.055	−0.0008	0.054	0.074	−0.021 ***
ROA	0.028	0.040	−0.012 **	0.028	0.021	0.008 **
Top1	0.372	0.310	0.062 ***	0.372	0.343	0.0297 ***
TobinQ	1.876	1.168	0.708 ***	1.876	1.984	−0.175
Dual	0.124	0.101	0.023	0.124	0.0762	0.048 **
R&D	0.012	0.012	−0.0006	0.012	0.014	−0.002 **
M&A	0.620	0.574	0.045	0.620	0.624	−0.025
Focus	0.370	0.425	0.075 **	0.370	0.422	−0.043 **
AC	0.086	0.086	0.0002	0.086	0.091	−0.005
OtherR	0.015	0.011	0.004 *	0.015	0.014	0.0005
Big8	0.206	0.337	−0.144 ***	0.206	0.168	0.046 *
LegalE	5.850	7.078	−1.228 ***	5.850	5.99	−0.096

注：*** 、** 、* 分别表示在 1%、5%、10% 的水平上显著。
资料来源：作者经 Stata 统计软件分析整理所得。

在公司特征方面，存在民营非控股大股东（PMLS）的国有企业有显著更低的负债率（Lever）、显著更高的成长性（Growth）和营利性（ROA）；在公司经营特征方面，存在民营非控股大股东的国有企业有更多的并购行为（M&A）和集中度更高的经营模式（Focus）；同时，有更高的前八大事务所审计（Big8）比率和更少的控股股东侵占（其他应收款 OtherR 更低），这些都说明引入民营性质大股东的国有企业有着更良好的经营状况和经营模式。而从公司风险承担变量上看，存在民营大股东的多个大股东公司有更低的风险承担，这与政策设计中引入民间资本提高国企经营活力的初衷有所不同，这其中的原因值得进一步讨论。从引入国有性质非控股大股东的多个大股东公司（SMLS）的差异性检验结果可以看出，引入其他国有大股东的国有企业同样也有较好的经营表现和经营模式（更高的成长性、更高的 R&D 投资、更高的经营集中度、更高的八大事务所审计比率）。从引入外资性质非控股大股东的多个大股东公司（FLMS）的差异性检验结果可以看到，存在显著性差异的变量相对较少，这可能意味着外资大股东进入国有企业后对其公司治理的改善作用有限。值得注意的是，存在外资大股东的多个大股东公司有显著更高的法律环境（LegalE），这是在其他性质大股东存在下都不显著的，这说明国外投资者在选择增持公司股份时是十分看重该地区的法律环境的，在我国整体较弱的投资者保护环境下，投资者保护环境相对更好的地区会更加吸引外商深度投资。最后，存在金融非控股大股东的国有企业两职合一（Dual）的比率更低、前八大事务所审计（Big8）的比率更低，这可能意味着机构投资者比较关注国企内部人的过高的权力可能对公司经营不利，并且不偏好审计更加严格的公司。

5.3.2　回归检验结果与分析

为了检验多个大股东公司中不同身份的非控股大股东的存在下所表现出的风险承担方向上的影响，本章对模型（5.1）、模型（5.2）、模型（5.3）和模型（5.4）分别进行了多元回归检验，检验结果如表 5.5所示。

表 5.5　　　　　多个大股东、大股东身份与风险承担：主检验

变量	(1)	(2)	(3)	(4)
	Risktaking	Risktaking	Risktaking	Risktaking
PLMS	-0.0156^{*} (-1.91)			

续表

变量	(1) Risktaking	(2) Risktaking	(3) Risktaking	(4) Risktaking
SMLS		0.0167 ** (2.17)		
FMLS			−0.0056 (−0.44)	
IMLS				0.0016 (0.17)
Lever	0.1113 *** (9.11)	0.1071 *** (8.94)	0.0951 *** (10.80)	0.0966 *** (11.04)
Size	−0.0059 * (−1.71)	−0.0043 (−1.27)	−0.0029 (−1.14)	−0.0028 (−1.10)
Cash	−0.0041 (−1.55)	−0.0056 ** (−2.06)	−0.0077 *** (−4.27)	−0.0074 *** (−4.03)
CapExp	−0.1841 *** (−4.92)	−0.2118 *** (−5.04)	−0.1312 *** (−5.12)	−0.1393 *** (−5.50)
ROA	0.398 *** (45.35)	0.3996 *** (44.17)	0.4151 *** (82.57)	0.4157 *** (83.03)
Top1	0.0054 * (1.73)	0.0002 (0.49)	0.0002 (0.33)	0.0002 (0.52)
Growth	−0.02 *** (−5.45)	−0.0207 *** (−4.69)	−0.0185 *** (−7.28)	−0.018 *** (−7.10)
Dual	0.0197 *** (3.56)	0.0141 ** (2.33)	0.0007 (0.19)	0.0005 (0.12)
Year & Industry	Control	Control	Control	Control
Obs	4864	5465	4546	4728
Adj_R	0.5133	0.6197	0.6461	0.5126

注：（1）括号内为 T 检验值；（2）***、**、* 分别表示在1%、5%、10%的水平上显著。

资料来源：作者经 Stata 统计软件分析整理所得。

137

表5.5 中列（1）、（2）、（3）、（4）分别是存在民营性质的非控股大股东（PMLS）、国有性质的非控股大股东（SMLS）、外资性质的非控股大股东（FMLS）和金融性质的非控股大股东（IMLS）的多个大股东

与风险承担的回归结果，并控制了相关影响变量和年度行业的固定效应。

首先，令人感到意外的是，PMLS 变量的回归系数显著为负，即存在民营非控股大股东的多个大股东公司有更低的风险承担水平，这似乎与混合所有制改革背景下，想要通过引入负责任的民资背景的战略投资者进而提高国有企业治理效率和活力的最初目的并不相符。新一轮国有企业混合所有制改革的最关键的特征就是引入盈利动机明确的民资战略投资者以形成分权控制的格局，建立主要股东之间的竞争关系（郑志刚，2020），形成新的产权安排和公司治理架构，改善由于国有控股股东一股独大和内部人控制带来的决策失误。因此我们在理论分析与假设提出中预期引入民营性质的大股东后股东间的主导效应会表现为促进竞争效应，通过股东间对决策权和话语权的竞争，发挥民营资本的"鲶鱼效应"，来限制国有控股股东以及其授意下的内部控制人的次优的、保守的利益攫取决策，使国有企业投资决策更多地向小股东的风险和利益偏好上平衡，提高国有企业风险承担方向上的决策质量，改变国有企业以往"暮气沉沉"的经营模型。

而从回归检验结果可见，存在民营非控股大股东的多个大股东国有上市公司反而风险承担水平更低，说明民营非控股大股东入驻在实践中可能没能较好地激发国有企业的经营活力，或者说两个对立的假说效应存在一个哪种效应更"占优"的问题。在股东间作用关系会呈现出多种可能效应的情况下，表现出来的风险承担水平可能是几个效应的总体表现，最后的结果体现了在总体影响中哪种效应更具有相对重要性。也就是说，民营大股东的引入发挥了一定的促进竞争效应，然而由于受到某些因素或是负向效应的影响，这样的正向效应没有在总体结果中体现出来。表 5.5 中检验结果显示存在民营性质非控股大股东的多个大股东并存对风险承担有负向影响，这可能是理论分析中股东间联盟效应带来的结果，也可能是股东间过度的讨价还价从而导致的折衷效应带来的结果，或是公司治理中的其他因素影响了正向效应的发挥带来的。在本章的 5.4 节中，将会重点讨论是什么原因导致民营大股东的治理效应没有正向影响企业的风险承担，对其中原因的深入探讨可以为当前如何有效推进国有企业的混合所有制改革提出相应的政策建议。

其次，表5.5列（2）中 SMLS 变量的回归系数显著为正，说明即存在国有非控股大股东的多个大股东公司有更高的风险承担水平，这个结果与我们所提出的假设相反。这意味着，在国有企业中引入国有性质的其他大股东时，大股东间的作用关系可能并不是结成联盟而共同合谋侵占公司利益，也可能不会形成过度的讨价还价而导致折衷效应，而是呈现出正向的相互竞争和制约的作用，使国有企业投资决策更多地向价值增加的、冒风险的项目上转变，提高了风险承担水平。而这与以往研究中，股东间性质相同时更倾向于结成联盟来合谋侵占公司利益的固有印象并不相同。以往文献多认为，当股东性质相同时，由于股东间存在共同的利益，因此更倾向于建立控制联盟，加强的股东力量使有利于其控制权攫取的次优决策更容易被通过，这侵害了小股东的利益，最终会减损公司价值（Maury and Pajuste，2005；徐莉萍等，2006；李学伟和马忠，2007）。国有上市公司引入的国有非控股股东很可能与原国有控股股东之间存在裙带关系或其他非显性的关联，并且国有企业内部人与新引入国有大股东之间关系密切甚至有高管联结，国有非控股大股东可能并不处于信息劣势，反而与国有控股股东及其代言人是利益共同体，他们之间存在一致的利益并且并不以上市公司利润最大化为唯一目标。此时，国有非控股大股东参与决策给内部人侵占小股东利益提供了更强烈的动机和更大的实施可能性，利益联盟很可能希望上市公司持有保守的不冒风险的投资决策，来保证自身持续地获取控制权收益。

而从表5.5中列（2）的回归结果可见，存在国有非控股大股东的多个大股东公司有着更高的风险承担水平，意味着实践中国有性质其他大股东的引入可以提高国有企业的决策质量。这可能是由于，以往研究认为相同性质的股东往往会形成"合谋"关系多出现在家族企业（刘星和刘伟，2007），少有关注"国国混合"这种情况的具体影响表现，或是没有细分到这种具体情形。对于国有企业中引入其他国有性质大股东来说，首先，双方虽然都属于天然国有性质，但由于其隶属的集团公司不同，而每个集团公司都有自身的战略布局、主营业务导向和关键利润点，因此国有股东间也存在经营计划和投资方案上的冲突，不具有完全一致的利益关系。这使得大股东间仍然会因为不同的利益诉求而形成竞争关系，话语权的竞争使损害公司利益的保守投资决策更不容易通过。同时，由于国有非控股大股东的引入很多是出于政府发展相关业务领域的授意和统筹（例如，马钢和韶钢引入宝钢的重组），或者说集团公司投资国有上市公司成为大股东的本意一般不会是想为了与原国有控股股东进行"你死我活"的控制权竞争，这使国有非控股大股东与控股股东竞争话语权的意图往往并不明显，不容易出现由于竞争"过度"导致的折衷效应。

再次，表5.5列（3）中FMLS变量的估计系数为负但不显著，这意味着引入存在外资性质非控股大股东的多个大股东并存公司对风险承担行为没有显著的影响，这与前文的假设并不相符。前文假设提出中本书认为，外资性质非控股大股东的引入更多地会发挥促进竞争效应，盈利动机明确、更加具有独立性和监管动机的外资所有者的"到位"，能够促使企业更多地、也更有能力进行冒风险的、有利于企业价值增加的投资项目，提高企业风险承担水平，而检验结果显示回归结果为不显著的负相关关系。参考以往的研究，这一检验结果的可能原因是，跨国经营各个方面的协调难度和国有控股股东的强势地位使得外资性质的非控股大股东想要发挥治理作用并不容易，因此在实践中并没有显现出风险承担方向上的治理效用。虽然拥有先进的经营机制和管理经验，但外资股东入驻国有企业成为大股东后要面临一系列跨国合作的协调难题，如何与投资企业、本土市场和本书文化相协调，对于外资股东来说难度要大于民营股东，甚至会出现协调失败而退出中国市场的情形。并且基于国有股东的"超级股东"地位和中国特殊的制度环境，外资非控股大股东很难在激烈的讨价还价过程中压制国有股东。因此，外资大股东在国有企业中想要起到有效的治理作用并不容易。

最后，表5.5列（4）中IMLS变量的估计系数为正但不显著，这意味着存在金融性质非控股大股东的多个大股东结构对公司风险承担行为没有显著的影响，这与前文的假设预期有所差异。金融性质股东通常所具有"不积极"股东和"不安定"股东的特征，并且基于我国特殊的制度环境和资本市场环境，在前文假设提出中本书认为金融非控股大股东可能更在意短期利益，无意于企业整体的战略布局，因此并不倾向于风险承担这种长期性的、战略性的、冒风险的投资行为，反而更可能掏空公司，因此金融非控股大股东的引入可能会降低风险承担。而回归检验结果显示估计系数为正但不显著，本书认为这其中的原因可能是：一方面，由于金融股东持股最重要的还是为了资本回报而不是战略性投资，并且我国资本市场中股票价格往往呈现出非理性和同步性，因此金融股东参与公司治理的意愿有限；另一方面，在我国特殊的制度环境下，金融股东持有上市公司的股权很多时候是通过债转股而获得的，由于其主业仍然是金融业而不是实业产业，国家在政策上也倾向于不鼓励其过度地参与实业投资，并担心金融股东会利用对上市公司的信息优势进行股价操纵和股票买卖，干扰股票市场的正常运行，因此金融性质的其他大股东在国有企业中能够发挥的治理作用有限，没有在风险承担方向上体现出显著的影响。

5.3.3　稳健性检验

为增强研究结论的稳健性，本章还采用风险承担变量度量时间窗口的改变、解释变量滞后一期的方式进行稳健性检验。

首先，由于企业风险承担行为是有关于企业长远发展的长期的企业投资活动，因此当下风险承担行为产生的波动性后果未必会在同期表现出来，为了缓解风险承担结果的滞后性，本章将解释变量滞后一期进行检验。表 5.6 中分别列示了民营、国有、外资和金融性质的不同身份其他大股东存在时，解释变量滞后一期的回归检验结果，检验结果与前文结果基本保持一致，说明风险承担水平波动的滞后反应是存在的，然而由于风险承担的度量本身就包括了窗口期多年度的盈利变化情况，因此解释变量滞后与否结论都是稳健的。

其次，参考法西奥（Faccio et al.，2011）、郭瑾等（2017）和何瑛等（2019）的研究，用公司三年的滚动观测区间内经调整的盈利能力的极差 [Max（Adj_ROA）－ Min（Adj_ROA）] 作为公司风险承担水平的替代变量，用上文的模型进行回归检验，检验结果如表 5.6 所示。由检验结果可见，经风险承担替代变量进行回归检验，检验结果与前文基本保持一致。

表5.6　　稳健性检验结果

变量	(1)	(2)	(3)	(4)	(5)	(6)	(7)	(8)
	L. dependent	L. dependent	L. dependent	L. dependent	Max－Min (roa)	Max－Min (roa)	Max－Min (roa)	Max－Min (roa)
PMLS	－0.0153* (－1.66)				－1.4676** (－2.43)			
SMLS		0.0174* (1.66)				1.2027* (1.65)		
FMLS			－0.0007 (－0.04)				－0.2536 (－0.30)	
IMLS				0.0013 (0.13)				0.3653 (0.33)
Lever	0.1109*** (9.30)	0.0816*** (5.27)	0.0698*** (4.59)	0.1141*** (9.34)	15.7572*** (17.66)	6.6772*** (6.65)	6.7759*** (6.89)	6.7238*** (6.69)
Size	－0.0078** (－2.23)	－0.0077* (－1.69)	－0.0013 (－0.35)	－0.0087** (－2.41)	－1.1910*** (－5.97)	－0.9667*** (－3.49)	－0.7650*** (－2.76)	－0.9510*** (－3.43)
Cash	－0.0035 (－1.28)	0.0019 (0.61)	－0.0019 (－0.72)	－0.0030 (－1.09)	－1.1010*** (－7.80)	－0.6303*** (－3.30)	－0.7726*** (－4.07)	－0.6339*** (－3.32)
CapExp	－0.1821*** (－4.39)	－0.1765*** (－4.25)	－0.1761*** (－4.73)	－0.2012*** (－4.73)	－9.5499*** (－4.57)	－10.9485*** (－4.23)	－7.8319*** (－3.06)	－11.0505*** (－4.26)
ROA	0.4007*** (44.14)	0.0096 (0.10)	0.0017 (0.17)	0.4021*** (44.00)	－1.8532** (2.11)	－2.6334 (－1.35)	－2.2599 (－1.15)	－2.6578 (－1.36)

续表

变量	(1)	(2)	(3)	(4)	(5)	(6)	(7)	(8)
	L dependent	L dependent	L dependent	L dependent	Max-Min (roa)	Max-Min (roa)	Max-Min (roa)	Max-Min (roa)
Top1	0.0006** (2.11)	-0.0001 (-0.10)	0.0002 (0.17)	0.0005 (1.57)	-5.8179*** (-5.39)	-0.0223 (-0.94)	-3.0117** (-2.20)	-0.0124 (-0.54)
Growth	-0.0192*** (-4.71)	-0.0056 (-1.36)	-0.0053 (-1.22)	-0.0198*** (-4.69)	0.0896 (1.16)	-0.2565 (-0.98)	-0.1087 (-0.42)	-0.2623 (-1.00)
Dual	0.1684*** (2.90)	0.0039 (0.59)	0.0002 (0.16)	0.0160*** (2.69)	0.0792 (0.23)	-0.3553 (-0.87)	-0.2859 (-0.70)	-0.3419 (-0.83)
Year&Industry	Control	Control	Control	Control	Control	Control	Control	Control
Obs	3760	3685	3726	3651	4864	5465	4546	4728
Adj_R	0.0771	0.0756	0.0743	0.0761	0.1503	0.0894	0.0846	0.0866

注：(1) 括号内为 T 检验值；(2) ***、**、* 分别表示在 1%、5%、10% 的水平上显著。
资料来源：作者经 Stata 统计软件分析整理所得。

5.4 民营大股东的影响效应：股东冲突机制与融资约束机制的检验

由 5.3 节主检验的结果发现，存在民营非控股大股东的多个大股东国有上市公司反而风险承担水平更低，这似乎与混合所有制改革背景下，想要通过引入负责任的民资背景的战略投资者进而提高国有企业治理效率和活力的最初目的并不相符，这使本章想要进一步、也有必要深入讨论出现这一现象的原因。引入民营非控股大股东的国有上市公司的风险承担水平更低，说明民营非控股大股东的入驻在实践中可能没能较好地激发国有企业的经营活力，或者是前文提出的两个对立的假说效应存在哪种效应更"占优"的问题。在股东间作用关系会呈现出多种可能效应的情况下，表现出来的风险承担水平可能是几个效应的总体表现，最后的结果体现了在总体影响中哪种效应更具有相对重要性。也就是说，民营大股东的引入可能发挥了一定的促进竞争效应，然而由于受到某些因素或是负向效应的影响，这样的正向效应没有在总体结果中体现出来。存在民营性质非控股大股东的多个大股东结构对风险承担有负向影响，这可能是理论分析中股东间联盟效应带来的结果，也可能是股东间过度的讨价还价从而导致的折衷效应带来的结果，或是公司治理中的其他因素影响了正向效应的发挥。基于此，在本节将会重点讨论是什么原因导致民营大股东的治理效应没有正向影响企业的风险承担，具体的影响机制是什么，是股东间"合谋"、过度竞争导致的"折衷"、还是其他公司治理因素的影响，对个中原因的深入讨论可以为当前如何有效推进国有企业的混合所有制改革提出相应的政策建议。

5.4.1 股东冲突机制的检验

以往的文献研究中已经关注到，股东间竞争及相互制衡并不必然带来公司治理效率的提高，反而可能由于股东间激烈的纷争导致治理效率的缺失，甚至可能导致公司绩效下降（朱红军和汪辉，2004；孙兆斌，2006；徐莉萍等，2006；黄建欢等，2017）。朱红军和汪辉（2004）以宏智科技股份有限公司的案例探讨我国法律制度环境下股权制衡结构的弊端，认为公司各个大股东间的不信任和控制权私利的诱惑可能使双方在股东大会、董事会等公司权力机构上展开激烈斗争，常常表现出意见不合而使决策失效，甚至上升为激烈的控制权竞争最终两败俱伤。孙兆斌（2006）的研究也认为，引入大股东间的竞争不必然带来经营效率的提升，反而有可能妨碍控股股东"支持效应"的发挥，给公司带来效率减损。特别地，黄建欢等（2017）的研究中提到了不同性质大股东之间的利益冲突，发现混合所有制企业中国有股东与非国有股东间的利益冲突负向影响公司绩效。在国有企业混合所有制改革中越来越多地引入民资背景的非控股大股东，形成国有大股东和民营大股东并存的多个大股东结构，其股权结构更加具有特殊性（黄建欢等，2017）。而由于国、民大股东双方在战略导向、利益关系、风险偏好、社会角色等方面都可能出现不相兼容的情况，在各自利益最大化的原则下选择对自己有利的经营和投资决策（如经理层选聘、股利分配政策、投融资决策等），在相互谈判的过程中就很容易站在对立面，竞争决策的主导权，较之单一性质的股东间关系，国资和民资股东间更可能产生利益冲突。特别是，在持股比例相近时，更激发了非控股大股东想"说了算"的情绪，这使原本的讨价还价升级成为控制权的争夺。在讨价还价的商讨过程中，投资决策可能会向符合非控股大股东的利益方向倾斜，更少地通过有利于控股股东利益攫取的、次优的投资决策；而在控制权争夺过程中，双方都会不惜一切代价掌握投资决策的完全主导权，而不是重点在于"商讨"，这可能导致公司决策过程中冲突激烈，甚至可能为了自身利益而放弃决策，从而影响公司的正常运营，出现伊煤 B 那样仅有一个股东出席股东大会的局面和宏智科技那样出现两个不同的"董事会"。这种股东间的"恶性"竞争可能最终导致上市公司的决策效率降低，决策无法达成一致而出现决策时机的延误，对于冒风险的投资决策由于高风险性和高投资性更是无法达成一致意见而不能通过，降低了公司的风险承担水平。

班纳森和沃尔芬森（Bennedsen and Wolfenzon，2000）、戈麦斯和诺瓦伊斯（Gomes and Novaes，2005）研究的理论分析表明，股东间的相互冲突很可能是由于相近的持股比带来的。黄建欢等（2017）的研究中指出，国有控股股东和民营其他大股东的冲突在双方持股比例接近时表现会最为明显，此时，双方由于力量相当而更可能互不相让，激烈的"讨价还价"会使有效率的集中决策难以形成。当公司前两大股东持股差距不大时，大股东之间的控制权差距较小，第二大股东争夺控制权的欲望和能力才越大（申尊焕和郑秋亚，2007），而控制权的纷争更可能使决策无法达成一致，尤其是高风险、高投资和盈利不确定的冒风险决策，这可能导致风险承担的下降。因此，本书检验存在民营非控股大股东的多个大股东结构有更低的风险承担水平是否是由于不同身份股东间激烈的控制权竞争带来的，即折衷效应假说是否为可能的解释。

参考以往的文献（姜付秀等，2017；黄建欢等，2017），本章用持股近似度、持股关注度和股东间相对力量来衡量大股东间利益冲突的程度和控制权竞争程度。具体来说，首先，用国有控股股东持股比例与民营大股东持股比例之差的倒数（$1/|(A-B)|$）来衡量持股近似度，国有控股股东与民营非控股大股东的持股越接近，民营大股东越有竞争话语权的诉求，越有可能争夺控制权。其次，大股东各自的持股比例越高，就会越关注公司经营，股东间在公司决策中产生意见分歧的可能就会越大，以国有控股股东与民营非控股大股东的持股比例之积的平方比双方持股之差（$\sqrt{AB}/|A-B|$）来衡量。最后，参考阿提格等（Attig et al.，2008）、姜付秀等（2017）的衡量方式，以国有控股股东持股与民营大股东持股之比（B/A）来衡量大股东间的相对力量，大股东间相对力量越接近，非控股大股东越可能会想要竞争决策的话语权，更有能力和意愿与控股股东竞争控制权来主导公司决策。

本部分采用模型（5.5）进行回归检验。由前文理论分析，国有控股股东与民营非控股大股东之间的持股近似度越高、持股关注度越高，越可能导致大股东之间的股东冲突，负向影响公司风险承担水平；大股东之间相对力量越接近，非控股大股东越有意愿和能力与控股股东竞争话语权甚至是竞争控制权，股东冲突就越剧烈，越可能负向影响公司风险承担。因此，预期 β_1 的估计系数显著为负，并且回归样本为存在民营性质非控股大股东的多个大股东结构公司（朱冰等，2018）。

$$\text{Risktaking}_{i,t} = \beta_0 + \beta_1 \text{Approx}_{i,t}/\text{Atten}_{i,t}/\text{Contest}_{i,t} + \beta_i \text{Controls}_{i,t} + \varepsilon_{i,t}$$

$$(5.5)$$

表5.7为股东冲突机制的回归检验。列（1）、列（2）和列（3）分别为以持股近似度（Approx）、持股关注度（Atten）和相对持股力量

（Contest）衡量的股东利益冲突变量对风险承担水平的回归结果。由回归结果可见，Approx 变量和 Contest 的估计系数显著为负，这与本书的预期一致，即持股近似度越高，大股东间的相对持股力量越接近，会激发民营非控股大股东想"说了算"的情绪。由于国、民大股东间存在战略导向、利益诉求、风险偏好等方面的巨大差异，股东间冲突可能由会议上的"商讨"上升为控制权竞争，降低了决策效率，使冒风险的决策更不容易被一致通过，降低了风险承担水平。持股关注度（Atten）变量的估计系数显著为负，这与前文的预期一致。持股关注度越高，意味着国有控股股东和民营大股东各自的持股比例越高，因而会越关注公司的经营，那么在公司经营决策中发生冲突的可能性越大，股东间冲突可能更激烈，使风险性投资更不易通过，风险承担水平更低。综上，导致民营多个大股东公司风险承担水平更低的股东冲突机制基本得到验证，股东冲突越剧烈，越可能导致更低的风险承担水平，多个大股东治理的折衷效应起主导作用。

表 5.7　　　　　　　　　　股东冲突机制的检验

变量	（1）	（2）	（3）
	Risktaking	Risktaking	Risktaking
Approx	−0.801 * （−1.74）		
Atten		−0.044 * （−1.83）	
Contest			−0.181 * （−1.74）
Lever	0.109 （0.10）	0.122 （0.11）	−0.026 （−0.30）
ROA	−6.188 *** （−3.87）	−6.176 *** （−3.87）	−0.101 （−0.69）
Top1	−5.618 ** （−2.38）	−5.483 ** （−2.36）	−0.163 （−0.80）
CapExp	8.357 ** （2.27）	8.604 ** （2.34）	−0.777 ** （−2.36）
Dual	0.353 （0.64）	0.317 （0.58）	0.078 （1.62）

变量	（1）	（2）	（3）
	Risktaking	Risktaking	Risktaking
Year & Industry	Control	Control	Control
Obs	459	459	459
Adj_R	0.1201	0.1182	0.1276

注：（1）括号内为 T 检验值；（2）***、**、* 分别表示在 1%、5%、10% 的水平上显著。

资料来源：作者经 Stata 统计软件分析整理所得。

5.4.2　融资约束机制的检验

在我国特殊的制度背景下，国有企业经营不仅具有盈利性目标，还承担一定的中央和地方政府的政治目标和经济目标。国有企业这种多元经营目标使政府通常会给予其融资便利、政府补贴与税收减免等方面的"优待"，这也使国有企业的预算存在"软约束"。国有企业的预算软约束一定程度上造成了国有企业的高负债经营和没有紧迫感的生产效率，但不可否认的是，在政府的"厚爱"下，国有企业享有优厚的资金和资源条件。而反观我国的民营企业，尽管民营企业在我国经济中有着越来越重要的地位，但现实中民营企业在经营上仍然会面临诸如信贷歧视、市场准入等方面的不平等待遇。由于我国的资本市场很大程度上仍由政府主导，民营企业很难得到金融体系充分的信贷支持（Brandt and Li，2007）。因此我国民营企业普遍面临着较为严重的融资约束。

在国有企业混合所有制改革的逐步推进过程中，国家高度鼓励国有企业中引入非国有资本，与此同时国有股权不断地退出上市公司，这使国有企业政策性负担减少（张辉等，2016）的同时也一定程度上会降低与国有股权相伴而生的资源效应，进而强化企业所面临的融资约束。李广子和刘力（2012）的研究发现，上市公司民营化后银行贷款在总负债中的占比显著降低，这很可能意味着上市公司民营化后面临着民营企业信贷歧视，国有股权的减少减弱了政企关联，上市公司获得银行贷款的难度增大。梅金森等（Megginson et al.，2014）的研究发现随着企业中国有股权比例的降低，国有企业预算软约束会减弱；基于现金持有的预防性动机或交易性动机，公司会提高自身的现金持有水平作为预防和交易需求，国有企业混合所有制改革后增持现金的需求变得更高、增持力度也会加大。从本书的研究视角来看，国有上市公司引入具有较高持股量的负责任的民营非控股大股东意味着较多的国有股权退出了上市公司，国有股权的不断退出可能会降低其相伴而生的资源效应，使上市公司原本拥有的融资便利、政府补贴和税收减免等资源优势一定程度上降低，公司可能面临更高的融资约束。

而公司风险承担行为具有较强的资源消耗性，是高度资源依赖的（Fazzari et al.，1988；陆瑶和胡江燕，2014；张敏等，2015）。如果公司在投资时没有足够的资源作为支持，其投资行为尤其是冒风险的投资行为就会受到资源约束，这会影响公司的投资效率，甚至于造成投资失败（连玉君和苏治，2009）。风险承担是重要的企业战略投资行为，在风险性项目投资的全过程始终需要包括资金、技术、土地、政策支持等各项资源的支撑，因此资源支持对企业风险投资战略的成功实施具有至关重要的作用。国有上市公司与政府的天然纽带关系使其拥有丰厚的承担风险所依赖的各项资源，在不断引入非国有资本过程中，可能导致原有的与国有股权相伴而生的各种资源一定程度的减少；民营非控股大股东能够带来明确的盈利动机和更加市场化的经营机制，但是能够带来经营资源有限，因此民营非控股大股东的引入可能会强化上市公司面临的融资约束，使公司承担风险所需资源减少，承担风险的能力降低，导致公司虽"愿意"但不"能够"承担风险，使风险承担的水平有所下降。

1. 投资—现金流敏感性的融资约束检验

为了检验民营非控股大股东存在下多个大股东影响风险承担的融资约束机制，本章借鉴法扎蒂等（Fazzati et al.，1988）的投资—现金流敏感性模型来检验引入民营非控股大股东的国有企业是否面临更高的融资约束。投资—现金流敏感性模型背后的逻辑是，信息不对称问题的存在使公司进行外部融资时需要向外部投资者支付风险溢价（Mayers and Majluf，1984），这使公司外部融资成本高于内部融资成本，内外部融资成本之间的差异就意味着公司融资约束，这可能使融资约束较高的上市公司投资时更多地依赖于内部资金，公司投资对其自有现金流的敏感性就会较高。依照该逻辑，持股量较大的民营大股东的引入意味着国有股权的较大程度退出，这可能使上市公司与政府之间的密切关系有所减弱。政府对上市公司更大程度放权的同时也会减少对其进行资源支持，这可能会使上市公司不再享有以往的融资便利，外部融资成本可能会提高，这强化了上市公司面临的融资约束，导致公司的投资—现金流敏感性有所增加。参考法扎蒂等（Fazzati et al.，1988）、杨兴全和尹兴强（2018）的研究，本章用以下模型进行融资约束机制的检验。

$$\text{Risktaking}_{i,t} = \beta_0 + \beta_1 \text{PMLS}_{i,t-1} + \beta_2 \text{CFO}_{i,t-1} + \beta_3 \text{PMLS}_{i,t-1} \times \text{CFO}_{i,t-1}$$
$$+ \beta_4 \text{TobinQ}_{i,t-1} + \beta_i \text{Controls}_{i,t-1} + \varepsilon_{i,t-1} \qquad (5.6)$$

其中，解释变量 CFO 为公司现金流，用公司经营活动现金流与期初总资产之比来衡量。此外，控制变量中，本部分控制了公司投资机会（TobinQ），用公司市值与负债账面价值之和比上资产账面价值来衡量；公司规模（Size），以公司总资产的对数衡量；公司杠杆比率（Lever），以公司总资产负债率衡量；公司资本支出（CapExp），以公司该年购建固定资产、无形资产与其他长期资产所支付的现金减去处置固定资产等长期资产收回的现金净额比上公司总资产来衡量；公司控股股东持股比率（Top1），用合并一致行动人后的公司第一大股东持股比例衡量；公司盈利能力（ROA），用公司息税前利润与公司总资产之比衡量。

由于公司风险承担水平（std_ROA）是公司冒风险的投资行为进行后在公司盈利波动中的体现，因此本章将模型细化为公司风险承担—现金流的敏感性考察。由上文理论分析可知，如果国有企业引入民营非控股大股东后强化了公司的融资约束，则预期公司的风险承担投资行为对公司内部现金流的敏感性会更高，模型中 β_3 的系数显著为正，即引入民营非控股大股东的多个大股东公司中，公司自有现金流显著正向调节了多个大股东与风险承担之间的负向关系，公司风险承担的提高显著正向依赖于公司现金流，意味着公司融资约束有所提高，并更加依赖于内部现金流进行冒风险投资。

从表 5.8 的检验结果可见，与前文检验一致，国有企业中引入民营非控股大股东会降低企业风险承担（PMLS 的回归系数为负）；而公司经营现金流（CFO）与民营多个大股东（PMLS）乘积的回归系数显著为正，这与上文的预期相符，说明公司自有现金流显著正向调节了多个大股东与风险承担之间的负向关系，公司风险承担的提高显著正向依赖于公司现金流，意味着公司融资约束有所提高，并更加依赖于内部现金流进行冒风险投资。以上的研究结果表明，与李广子和刘力（2012）、杨兴全和尹兴强（2018）的研究结果相一致，国有企业不断引入非国有资本的过程中，可能会一定程度上降低国企原有的信贷优势、政策优惠、政府补助等资源，而强化上市公司面临的融资约束。由于风险承担是具有较高资源依赖性的投资行为，在风险性投资的各个阶段始终需要各项资源的支持，民营非控股大股东的引入能够带来明确的盈利动机和更加市场化的经营机制，但是能够带来的附加资源比较有限。国有股权相伴随的资源优势的减弱可能使上市公司所面临的融资约束更强，这使公司承担风险所需资源减少，承担风险的能力降低，导致公司虽然"愿意"、但是"不能"承担风险，使公司风险承担的总体水平有所下降。

表 5.8　　　　　　　　　　　　　　融资约束机制的检验

变量	（1）	（2）	（3）
	Risktaking	Risktaking	Risktaking
PMLS	− 0.0156 * （− 1.91）	− 0.0246 * （− 1.75）	− 0.0139 ** （2.13）
CFO		− 0.1455 *** （− 4.74）	− 0.0882 *** （− 3.13）
PMLS × CFO		0.2183 * （1.83）	0.1731 * （1.72）
Lever			0.0382 *** （3.08）
Size			− 0.0024 （− 1.18）
TobinQ			0.0047 *** （8.11）
CapExp			− 0.1325 *** （− 3.35）
ROA			0.3639 *** （36.72）
Top1			− 0.0178 （− 1.17）
Year & Industry	Control	Control	Control
Obs	4864	4864	4864
Adj_R	0.0289	0.0418	0.3868

注：（1）括号内为 T 检验值；（2）***、**、* 分别表示在 1%、5%、10% 的水平上显著。

资料来源：作者经 Stata 统计软件分析整理所得。

151

2. 银行贷款的融资约束检验

在我国还不完善的资本市场条件下，企业进行直接融资（股权融资和企业债券融资）面临着较为严苛的实施条件，进行直接融资的可能性较小（白重恩等，2005）。而鉴于我国银行主导型的金融体系，以银行贷款为主的间接融资是现阶段企业负债融资的主要实现形式（郭瑾等，2017），银行贷款几乎是企业最重要的外部资金来源。因此，企业所能获得的银行贷款的减少意味着企业在债务融资上获取资金的困难，这会强化企业面临的融资约束，减少企业进行风险性投资项目时所需的资源。

以往文献认为，非国有企业面临着外部融资困难的原因是我国金融体系存在很大程度上的管制（卢峰和姚洋，2004），政府在银行贷款配置上有着绝对的支配权和控制权。由于我国银行体系存在国有银行垄断问题，在信贷配置上存在严重的歧视，非国有企业所能获得的正式贷款要远低于国有企业所能获得的。相关研究认为国有银行有强烈的将贷款向国有企业倾斜的偏好，甚至持续为国有"僵尸"企业"输血"。在国有企业不断引入非国有资本的过程中，民营非控股大股东的存在意味着较高的国有股权的退出，这可能会导致银行对其的信贷倾斜减弱，进而强化了企业的融资约束。借鉴郭瑾等（2017）的研究，本章利用银行贷款来考察存在民营非控股大股东的国有上市公司是否会获得更少的银行贷款额，银行贷款（Loan）的衡量为企业短期贷款、长期贷款与一年内到期的长期负债的和与期末总资产之比，回归模型如下：

$$Loan_{i,t} = \beta_0 + \beta_1 PMLS_{i,t} + \beta_2 Size_{i,t} + \beta_3 Top1_{i,t} + \beta_4 Growth_{i,t}$$
$$+ \beta_5 CapExp_{i,t} + \beta_6 Dual_{i,t} + \varepsilon_{i,t} \qquad (5.7)$$

表5.9列示了存在民营非控股大股东的多个大股东公司银行贷款的单变量差异性检验，从中可以初步地看出，民营多个大股东公司（PMLS = 1）所能获得的银行贷款要少于单一国有控股股东的公司（PMLS = 0）。进一步地，表5.10列示了民营多个大股东结构与银行贷款回归检验的结果，从结果中可见，无论是否加入控制性变量，民营多个大股东（PMLS）的估计系数均在10%的水平上显著为负，说明存在民营非控股大股东的国有上市公司相对于国有单一控股股东的上市公司有显著更低的银行贷款。这个结果与上文的预期相符，即国有股权不断退出的过程中可能降低了银行对其的信贷倾斜，导致其能够获得的银行贷款有所降低，强化了公司的融资约束。

表5.9　　　　　　　民营多个大股东的银行贷款差异性检验

变量	G1（0）PMLS = 0	Mean1	G2（1）PMLS = 1	Mean2	MeanDiff
Loan	7275	0.203	487	0.188	0.0151*

注：***、**、*分别表示在1%、5%、10%的水平上显著。
资料来源：作者经 Stata 统计软件分析整理所得。

表5.10　　　　　　民营多个大股东与银行贷款的回归检验

变量	（1）Loan	（2）Loan
PMLS	-0.0251* （-1.78）	-0.0236* （-1.82）
Size		0.0201*** （6.31）
Top1		-0.0009** （-2.21）
Growth		-0.0178*** （-4.71）
CapExp		0.2009*** （5.01）
Dual		-0.0098 （-1.56）
Year & Industry	Control	Control
Obs	7762	7762
Adj_R	0.0346	0.2012

注：（1）括号内为 T 检验值；（2）***、**、*分别表示在1%、5%、10%的水平上显著。
资料来源：作者经 Stata 统计软件分析整理所得。

3. 融资约束机制的稳健性检验

为了检验回归结果的稳健性，本章对民营性质非控股大股东存在下的多个大股东影响企业风险承担的融资约束机制进行了如下的稳健性检验：首先，本书参考法西奥等（Faccio et al., 2011）、郭瑾等（2017）的研究，用公司三年的滚动观测区间内（t，t + 2），ROA 最

153

大值与 ROA 最小值之间的差额作为公司风险承担水平衡量的替代变量，用上文的模型（5.7）进行回归检验，检验结果如表 5.11 所示。其次，本书参考鞠晓生等（2013）、吴秋生和黄贤环（2017）的研究，以计算出的 SA 指标作为融资约束的替代变量。具体计算方式为：$SA = |-0.737\,size + 0.043\,size^2 - 0.04\,age|$，计算出的 SA 值为负数，其绝对值越大，表示公司所面临的融资约束越强。其中，size 为企业资产总额的对数，age 为上市公司年限。回归结果如表 5.11 所示。

表 5.11   **融资约束机制的稳健性检验**

变量	(1)	(2)	(3)
	Max - Min（roa）	Max - Min（roa）	SA
PMLS	- 0. 024 *** (- 2. 95)	- 0. 0130 * (- 1. 73)	0. 0038 ** (2. 13)
CFO	- 0. 0379 * (- 2. 17)	- 0. 0011 (- 0. 06)	
PMLS × CFO	0. 1073 * (1. 71)	0. 1098 * (1. 71)	
Lever		0. 0352 *** (3. 64)	0. 016 *** (6. 78)
Size		- 0. 0115 *** (- 6. 43)	0. 0021 (0. 95)
TobinQ		0. 0012 * (2. 36)	- 0. 0003 * (- 2. 08)
CapExp		- 0. 0469 * (- 1. 84)	0. 0011 (0. 21)
ROA		0. 5459 *** (11. 40)	- 0. 0204 (- 1. 63)
Top1		- 0. 0214 * (- 1. 67)	0. 0067 * (1. 79)
Year & Industry	Control	Control	Control
Obs	4864	4864	4864
Adj_R	0. 0136	0. 3434	0. 2012

注：（1）括号内为 T 检验值；（2）***、**、* 分别表示在 1%、5%、10% 的水平上显著。

资料来源：作者经 Stata 统计软件分析整理所得。

由表 5.11 的稳健性检验结果可见，无论是以其他替代变量衡量公司风险承担水平还是以其他替代变量衡量公司融资约束情况，检验结果与上文保持一致，即存在民营性质非控股大股东的国有上市公司的风险性投资行为更加依赖于自有现金流，有更高的融资约束，这会导致公司投资于风险性项目的可用资源减少，公司承担风险的能力较低，因而风险承担水平相对较低。

5.4.3　联盟效应假说的排除

由上文所述，民营性质非控股大股东的引入并没有带来公司风险承担提高的原因可能是国、民大股东间的竞争冲突和国有股退出带来的融资约束。然而，对于非控股大股东的引入导致公司风险承担降低的原因，由前文理论分析可知还存在另外一种解释。当其他非控股大股东认为与控股股东结成控制联盟具有相对于控制权来说较小的现金流权，即控制联盟对公司资源的侵占只会对其所有权收益产生较小的影响时（Shleifer and Wolfenzon，2002），会倾向于与控股股东结成投票联盟来分享公司控制权攫取私利，而不是迎合小股东的利益以获得小股东的投票支持。在这种情况下，控股股东与非控股大股东的利益趋同，都倾向于选择保守的投资决策，致使风险承担反而会有所降低，即多个大股东的联盟效应（coalition effects）。本章接下来讨论，民营多个大股东对公司风险承担的负向影响是否是大股东间联盟效应（即股东合谋）带来的。

以往对多个大股东合谋问题的研究多讨论家族企业中关联非控股大股东的引入容易与控股股东形成控制权联盟，相互合谋攫取控制权私利，导致公司价值的降低（Maury and Pajuste，2005；Attig et al.，2008；吕怀立和李婉丽，2015）。另外有部分学者的研究发现，股东间相同的性质使其有更强的共同利益，更倾向于达成共谋而非相互制衡。刘星和刘伟（2007）的研究发现当控股股东和次大股东同属于非国有性质时，更可能结成控制权联盟损害公司价值。而本书的研究发现民营大股东的引入会对公司风险承担造成负向影响，这既非家族企业中的关联关系，也非相同股东性质的相同利益诉求。莫里和帕尤斯特（Maury and Pajuste，2005）的研究中认为控制性群体中黏结性和合作性的增强是产生联盟的关键因素，借鉴这一理论，在我国国有上市公司的检验场景下，大股东间的合谋可能是由长期合作的关联性带来的。陈信元和汪辉（2004）的研究中也指出，如果从初始上市起公司前两大股东始终不变，则可以认为双方是长期合作的联盟关系。因此，本章参考莫里和帕尤斯特（Maury and Pajuste，2005）、陈信元和汪辉（2004）的研究，构建了国有上市公司情境下的合谋关系变量（LongCoa），若公司在样本期间由始至终为多个大股东结构且非控股大股东不变，则该变量赋值为1，否则为0。本书沿用模型（5.1）检验民营多个大股东的负向影响是否符合"联盟效应"假说。回归检验的结果如表5.12所示。

表5.12   联盟效应的检验

变量	（1）	（2）
	Risktaking	Risktaking
LongCoa	−0. 0229 （−0. 64）	−0. 0051 （−1. 00）
Lever		0. 0018 （0. 23）
Size		−0. 0015 （−0. 72）
Cash		−0. 0015 （−1. 01）
CapExp		−0. 0653 ** （−3. 12）
ROA		0. 3486 *** （9. 04）
Top1		−0. 0126 （−1. 27）
Growth		−0. 0008 （−0. 39）
Dual		0. 0049 （1. 54）
Year & Industry	Control	Control
Obs	4864	4864
Adj_R	0. 0211	0. 1222

注：（1）括号内为 T 检验值；（2）*** 、** 、* 分别表示在 1%、5%、10% 的水平上显著。

资料来源：作者经 Stata 统计软件分析整理所得。

表 5.12 为民营多个大股东"联盟效应"假说的检验结果,由检验结果可见,大股东合谋关系变量(LongCoa)的回归系数为负但不显著,并且加入控制变量后,回归系数的负向衡量(-0.0051)远小于主检验中结果(-0.0156*)。由前文分析,如果大股东间"联盟效应"的假设成立,则大股东合谋关系变量应显著为负,而由表 5.12 的回归结果可见,回归系数为负但统计上并不显著,并且系数小于主检验中结果,这与"联盟效应"假设的预期结果并不相符。因此,检验结果表明联盟效应假说并不能解释民营性质非控股大股东的引入负向影响企业风险承担的结果,排除了民营大股东联盟效应的假说。

5.5 本 章 小 结

本章探讨了不同身份大股东间形成的具有差异性的股东关系会怎样影响多个大股东治理效应的发挥,这有助于进一步打开多个大股东决策的"黑箱",同时也是以往文献较少深入分析的方向。特别地,在国有企业深入推进混合所有制改革的大背景下,考察大股东具体身份(identity of blockholders)的区分在国有企业中具有更为重要的价值。因此本书在这一章细分讨论了不同身份的非控股大股东在风险承担方向上所表现出来的治理效应有何不同,并分析了不同治理效应产生的机制和原因,以期能够加深对股东间互动关系所能起到的治理效应的理解,还能够为混合所有制改革提供风险承担方向上实施效果的检验,为逐步深入的国有企业混合所有制改革提供相关的制度和政策设计意见。

经过理论分析和假设检验,本章发现引入民营性质非控股大股东的国有上市公司相比于单一国有控股股东结构的公司有更低的风险承担水平,这与预期的民营非控股大股东的引入能够起到促进竞争效应(procompetitive effects)从而提高国有企业的风险承担水平有所不同。一个自然而然的问题就是,是什么原因导致民营大股东的引入没有发挥预期的"鲶鱼效应"呢?经过作用机制检验本章排除了国有、民营大股东间联盟关系导致风险承担下降的情况,研究发现股东间冲突和融资约束是存在民营非控股大股东时多个大股东公司风险承担水平更低的可能原因。具体来说,股东间的竞争一方面会因为竞争效应而带来决策质量的提升；而另一方面过度的"话语权竞争"造成的股东间冲突也可能会带来决策效率的下降，使冒风险的投资决策更加地难以通过，造成了公司风险承担水平的降低。民资背景的投资者不断增持公司股份而成为大股东意味着其想要在公司决策表达自身的偏好、掌握一定的话语权，而这与控股股东的利益表达可能存在冲突。尤其对于国有控股股东和民营大股东来说，价值诉求上的根本性差异使双方在公司战略认知和经营机制上存在巨大冲突，双方都想"说了算"的情绪可能使原本在股东大会和董事会上的"商讨"升级成为控制权竞争，双方不惜一切代价想要掌握投资决策的完全主导权，导致股东间达成一致决策的难度增加，决策效率降低甚至于决策时机的延误，对于冒风险的投资决策由于高风险性、高投资性和预期收益波动性更是无法达成一致意见而不容易被通过。本章通过持股近似度、相对持股力量和股东关注度三个指标衡量股东间冲突情况，实证检验发现股东间冲突越剧烈，多个大股东结构下公司风险承担越可能下降。另一个影响民营非控股大股东存在下多个大股东治理效应发挥的原因是融资约束的强化。从公司承担风险的能力方向上来看，由于风险承担是具有较高资源依赖性的投资行为，在风险性投资的各个阶段始终需要各项资源的支持，民营非控股大股东的引入能够带来明确的盈利动机和更加市场化的经营机制，但是能够带来的附加资源比较有限。国有股权相伴随的资源优势的减弱可能使上市公司所面临的融资约束更强，这使公司承担风险的所需资源减少，承担风险的能力降低，导致公司虽然"愿意"、但是"不能"承担风险，使公司风险承担的总体水平有所下降。实证检验结果显示，民营非控股大股东存在下的多个大股东公司面临更强的融资约束，负向调节了多个大股东并存与风险承担的关系，这一结果在经过稳健性检验后依然成立。

以往文献多倾向于认为当股东性质相同时，由于股东间存在共同的利益，因此更倾向于建立控制联盟，加强的股东力量使有利于控制权私利攫取的次优决策更容易被通过（Maury and Pajuste，2005）。而与假设预期不同的是，国有性质非控股大股东的引入正向影响了国有上市公司的风险承担水平，多个大股东的促进竞争效应为占优势的主导效应。这意味着，国有企业混合所有制改革中，引入具有一定持股量的国有性质大股东进行"国国"混合是有效率的。国有性质其他大股东与原国控股股东虽然天然属性一致，但由于其很可能分属于不同集团公司，各集团公司都有自身不同的战略布局、主营业务导向和关键利润点，因此国有大股东间也存在竞争关系，这种竞争也可以带来一定程度上的"鲶鱼效应"，促使公司更多地通过有利于公司价值提升的风险性投资决策。

本章实证检验发现，外资性质、金融性质非控股大股东存在下的多个大股东对公司风险承担行为没有显著的影响。这可能说明，虽然拥有先进的经营机制和管理经验，但外资股东入驻国有企业成为大股东后要面临一系列跨国合作的协调难题，如何与投资企业、本土市场和本书文化相协调，对于外资股东来说的难度要大于民营股东，甚至会出现协调失败而退出中国市场的情形；并且基于国有股东的"超级股东"地位和中国特殊的制度环境，外资非控股大股东很难在激烈的讨价还价过程中压制国有股东，因此外资非控股大股东在实践中并没有显现出风险承担方向上的治理作用。而对于我国的金融性质股东来说，其最重要的持股意图还是为了资本回报而不是战略性投资，并且我国资本市场中股票价格往往呈现出非理性和同步性，因此金融股东参与公司治理的意愿有限，没有在风险承担方向上体现出显著的影响作用。

基于以上的研究结论，可以得到的政策启示，特别是国有企业混合所有制改革推进方面的政策启示主要有：其一，在新一轮混合所有制改革大力推进的制度背景下，引入民营背景的战略投资者是国有企业改革的关键一环，而从本章的实证结果来看，"国民"混合也并不是"一混就灵"，混改以后避免陷入战略目标之争是混合所有制改革中要注意的重要问题①。国、民大股东在利益诉求、战略导向和风险偏好等方面存在巨大差异甚至于冲突，当股东的行为偏好不相容时，他们在共同决策过程中的分歧可能会导致决策效率的降低。这就要求国有企业在引入民营战略投资者时谨慎地进行选择，更多地选择理念一致、发展目标趋同、有产业协同意识的合作者，来充分发挥民营大股东的盈利动机明确的经营动力优势，选择更多有利于企业价值增加的风险性投资决策，提高国有企业经营活力。其二，在混合所有制改革过程中国有股权的不断退出可能影响与国有股权相伴而来的各种资源、信贷和政策优势，使公司面临的融资约束有所增强，承担风险性投资的资源能力有所降低。因此，在充分鼓励非国有资本进入的同时，也需要考虑混合所有制企业面

159

---

① 参见郑志刚：《国企间的"混"为何没有达到混改的真正目的？》，FT 中文网，2019 年。

临的现实困难，给予一定的配套政策的支持。此外，技术资源和人才资源同样是企业承担风险所需的战略性资源，在选择民营战略投资者时，可优先考虑具有技术、人才等战略性资源的民资以对企业风险承担所需资源进行补充。其三，新一轮混合所有制改革推行以来，国企之间"同一性质"混合的形式不断地增加，而"国国"混合的效果受到很大的质疑。从本书的实证结果来看，引入国有性质的非控股大股东在公司风险承担方向上的影响是正向的，在引入国有股东形成多个大股东的情形下，能够形成大股东间的竞争关系，从而提高公司的决策质量。这可能是因为，"简单的"引入其他国有股权并不能改变原国有控股股东的"一言堂"状态，国企的固有弊端无法得到改善；而引入具有一定持股量的其他国有"大"股东后，大股东由于所属的利益集团不同仍然会产生竞争关系，使原控股股东有利于利益攫取的投资决策更不容易被通过。

第6章 多个大股东、风险承担与资本配置效率

在公司风险承担的经济后果方面，以往文献已进行了讨论，但尚未引起足够的重视。研究内容主要体现在对现金持有、资本结构及调整、公司股利分配和绩效等方面。刘和莫尔（Liu and Mauer, 2011）的研究认为公司进行风险承担需要较高的资金流动性相适应，这会激发公司持有现金的预防性动机，会有较高的现金持有水平。顾乃康和孙进军（2009）的研究也发现基于现金持有的预防性动机，公司风险承担对现金持有具有显著的正向影响。在资本结构方面，杰姆比西（Djembissi, 2011）的研究发现较高的风险承担会导致短的债务期限结构；盛名泉等（2016）发现较高的风险承担会提高公司现金流波动，这使公司加快资本结构调整的速度来与承担风险的需求相适应。祝继高和王春飞（2013）的研究认为较高的风险承担会带来高的盈余波动性，为了避免财务危机和股价下跌，公司可能会更少地发放现金股利。对于公司绩效方面，多数学者研究发现公司风险承担能够提高公司绩效和资本配置效率（Low, 2009；Nguyen, 2011；李文贵和余明桂, 2013；苏坤, 2015）；也有研究发现风险和收益存在负相关关系，并提出战略禀赋论的解释（Bowman, 1980）。

基于 SCP 模型的理论框架，本书将落脚点最终放在公司的业绩和效率表现上，讨论公司风险承担行为是否最终影响了公司效率表现以及影响的具体情况如何，完整了整个 SCP 框架中的 C–P 影响环节（见图 6.1）。结构—行为—绩效（structure-conduct-performance, SCP）模型的最初提出是产业分析框架，该模型框架下既有完整的系统逻辑体系，又能深入具体环节（conduct 为企业具体经营行为），最终落脚点在是否提高了企业在市场上的表现（performance）。这个模型的扩展被广

泛地运用于公司治理的研究，在本书的情境下，该模型可以细化为"股权结构—公司风险承担—资本配置效率"的逻辑体系，前文论述中，本书已经充分分析和检验了多个大股东对企业风险承担的影响及影响的机制和路径。因此，本章从风险承担的内涵出发，探讨公司风险承担对提高资本配置效率是否具有积极作用。企业的投资行为是创造股东财富并促进经济增长的重要一环，如何提高投资环节的资源配置效率一直是学术界和实务界共同关注的重要话题（潘越等，2020）。而风险承担选择是重要的企业投资战略决策，较高的风险承担水平意味着公司较少放弃高风险但净现值为正的投资项目，即表现出能够更好地把握投资机会，而对投资机会更好地运用则意味着公司资本配置效率的提升。进一步地，结合国有上市公司多个大股东结构的情况，本章将进一步检验公司风险承担对资本配置效率的作用在仅有单一控股股东的公司与多个大股东公司之间的差异。

图 6.1 SCP 分析模型

6.1 理论分析与研究假设

风险承担反映了企业在面临不同风险水平的投资项目时的选择，风险承担意愿高的公司更不会因为风险因素而放弃净现值为正的价值增值项目，这意味着公司能够更好地把握市场上的投资机会，将公司资本配置于更好的投资机会上。在完美资本市场下，经理人最优的投资决策应该是进行所有预期净现值为正的投资项目（在不考虑融资约束的条件下），而不因风险因素对项目加以区别（在计算净现值时已纳入了风险因素），使公司实现有效的资本配置。有效的资本配置是指资本被配置到好的投资机会上，并且从弱投资机会中撤出（Faccio et al.，2011）；同时也指配置资本于更高投资回报率的项目上，从低投资回报率的项目中撤出。高风险伴随着高收益，投资于更具风险并且净现值为正的项目，是公司对投资机会的有效运用，从而能够为公司带来更大的利润回报，加快公司的资本积累。而实际上，在两类代理问题下，公司内部人（控股股东或管理者）出于对自身私利的追求，会倾向于选择低风险的项目进行投资，放弃了那些高风险但净现值为正的项目，这导致了公司资本配置效率的降低，即资本没有被配置到最优的投资机会上。

随着公司风险承担水平的提高，意味着公司内部人愿意更多地选择冒风险的、有利于公司价值增值的投资项目，更少地放弃高风险的正净现值项目，因而优化了公司的资本配置效率，公司资本和资源流向了更加优良的投资项目。杜尔涅夫等（Durnev et al.，2004）的研究发现公司风险承担水平与更有利于价值增值的资本预算相关联，这也说明了风险承担与公司资本配置效率的相关关系。冒风险的投资项目可能给公司带来更大的收益，能够更好地运用投资机会，使资本流向更高回报率的项目，从而促进公司的长远发展。基于此，本章提出以下假设。

假设 1：风险承担的提高能够提高公司的资本配置效率。

企业风险承担水平提升对资本配置效率的优化作用可能会受到股东治理机制的影响（祁怀锦等，2019）。理论而言，企业风险承担的提高可以促使企业将资源更多地配置到有利于企业价值增值的风险性项目上，因而可以促进资本配置效率的提升；另外，风险承担行为的短期成本高、资金需求量大、成功概率低等特征使承担风险过程中难免出现代理冲突和财务困境（田高良等，2019）。当控股股东存在较为严重的代理问题时，高风险投资项目也可能会成为其攫取控制权私利的方式或是"建功立业"的跳板，出现"盲目冒风险"的问题（比如国有企业中屡屡发生的与企业资源能力不相匹配、且与市场需求相脱离的大规模海外并购行为）。而当企业存在一个或多个非控股大股东时，大股东间的竞争关系会使非控股大股东反对控股股东盲目冒险的非理性风险决策，仅支持符合自身利益的风险性投资项目，从而在风险承担过程中能够更加合理地配置资源，资本配置效率因而得以提高。因此，多个大股东的存在能够强化公司风险承担对资本配置效率的正向影响，本章据此提出以下假设。

假设 2：相对于单一控股股东公司，多个大股东公司中风险承担对资本配置效率的促进作用更为明显。

6.2 研 究 设 计

6.2.1 变量界定

首先，本章的风险承担变量的界定与之前研究一致。为了进一步区别不同风险承担水平下的差异影响，本章构建了 TDrisk 虚拟变量，若公司风险承担水平高于该年公司所处行业风险承担水平的均值，则 TDrisk 变量取 1，否则取 0。

其次，参考麦克莱恩等（Mclean et al.，2012）、余明桂等（2013）、苏坤（2015）的研究，本章用公司投资水平对投资机会的敏感性来衡量公司的资本配置效率。公司投资水平（Invest）的具体计算为：公司当年构建固定资产、无形资产和其他长期资本所支付的现金与处置上述资本所收到的现金之差与总资产之比。公司投资机会用托宾 Q 值界定，托宾 Q 值为公司市场价值与资产重置成本之比；公司市场价值即该公司的股票及债务资本的市值，资产重置成本即该公司的基本价值，指当下重购公司所有资产所需要的成本。当托宾 Q 值较高时，说明市场看好公司的发展前景，给予公司较高的估值，此时对上市公司来讲只需发行少量股票就可以购入更多的资产，追加投资对公司来说是更有利的；当托宾 Q 值小于 1 时，公司追加投资的边际收益小于边际成本，此时公司增加投资的是不利的，因此，以往文献多用托宾 Q 值来衡量企业投资机会。如上所说，公司托宾 Q 值较高时公司追加投资就意味着公司较好地运用了投资机会，也就是公司有效率地投入了资本，此时公司投资水平与投资机会是正相关的关系，公司资本配置效率较高；若公司投资与投资机会不相关，则意味着公司没有良好地利用投资机会窗口追加投资，公司资本配置的效率较低。

最后，本章拟在多个大股东场景下考察公司风险承担对资本配置效率的作用，多个大股东（国有上市公司全样本，AMLS）的界定与前文研究相同，为合并一致行动人后，若公司当年存在两个或两个以上持股比例超过 10% 的大股东，则为多个大股东股权结构。本章研究依然删除了没有控制性股东（最大股东持股比例低于 10%）的公司样本。其他控制变量定义如前两章所示，此处不再赘述。

本章主要变量定义和计算方法如表 6.1 所示。

表 6.1　　　　　　　　　　　　主要变量定义

变量类型	变量名称	变量含义	变量描述
被解释变量	Invest	公司投资水平	（购建固定资产、无形资产和其他长期资产所支付的现金 - 处置固定资产、无形资产和其他长期资产所收到的现金）/期末总资产
主要解释变量	Risktaking	风险承担	年度行业均值调整的公司 ROA 的三年滚动标准差（t，t+3）
	TDrisk	风险承担虚拟变量	若公司风险承担水平高于当年其所处行业风险承担水平的平均值，则取 1，否则取 0
	AMLS	多个大股东	合并一致行动人后，公司当年存在两个或两个以上持股比例超过 10% 的大股东
	Tobin_Q	公司投资机会	（总负债 + 流通股市值 + 每股净资产×非流通股股数）/总资产
控制变量	Size	公司规模	公司期末总资产的自然对数
	Lever	资产负债率	公司期末负债与总资产之比
	ROA	总资产收益率	公司息税前利润（EBIT）与期末总资产之比
	Top1	控股股东持股比例	公司控股股东的持股份额
	Growth	公司成长性	公司营业收入增长率
	Cash	公司现金流	公司经营活动现金流与期末总资产之比

资料来源：作者整理。

6.2.2　样本选取和数据来源

本章以沪深 A 股 2008 - 2017 年国有上市公司为研究样本，并根据研究需要对样本做如下筛选：（1）剔除了金融保险类企业，因为金融保险类企业在经营和盈利模式上与非金融类企业存在较大差异，其风险承担行为所指也有很大的不同；（2）剔除各年度的 ST、PT 公司，因为异常经营公司可能会影响检验结果；（3）剔除资产报酬率（ROA）在 4 年内不连续的上市公司的观测值，因为本书以至少连续 3 年的企业盈余波动来衡量风险承担水平，不连续的观测值会造成风险承担样本值缺失；（4）剔除数据有缺失的样本。为了控制异常值对研究结果可能带来的偏误，本章对主要连续变量在 1% 的水平上进行了 Winsorize 缩尾处理。本部分中所用公司财务数据主要来源于 CSMAR 数据库。

6.2.3 研究模型

参考麦克莱恩等（Mclean et al.，2012）、余明桂等（2013）、苏坤（2015）的研究，本章以公司投资（Invest）对投资机会（TobinQ）的敏感性来衡量公司资本配置效率，具体回归模型如下。

$$Invest_{i,t} = \beta_0 + \beta_1 TQ_{i,t-1} + \beta_2 Risktaking_{i,t}/TDrisk_{i,t} + \beta_3 TQ_{i,t}$$
$$\times Risktaking_{i,t}/TDrisk_{i,t} + \beta_4 Cash_{i,t} + \beta_j Controls_{i,t} + \varepsilon_{i,t}$$

$$(6.1)$$

其中，Invest 为公司投资水平；TDRisk 为公司风险承担水平的虚拟变量，如果公司当年风险承担水平高于当年其所处行业风险承担水平的平均值，则 TDRisk 变量取 1，否则取 0；公司的投资机会（TQ）用当年的托宾 Q 值衡量；Cash 为公司当年现金流量，用经营活动所产生的现金流量净额与总资产之比来衡量；Controls 为一系列控制变量，具体参见上文变量设计部分。根据上文的理论分析，β_1 的含义是公司投资水平对投资机会的敏感性。本章关注的是 β_3 的估计系数，如果 β_3 的估计系数显著为正，则说明公司风险承担正向调节了公司投资水平对投资机会的敏感度，即公司风险承担水平的提高能够提高公司的资本配置效率，假设 1 可以成立。基于多个大股东的研究情境，本章通过回归模型（6.1）进一步检验了该结果在多个大股东公司和单一控股股东公司之间的差异，以验证假设 2 是否成立。

与余明桂等（2013）、苏坤（2015）研究略有不同的是，本章以当期托宾 Q 值与当期投资回归表达企业投资水平对投资机会的敏感性。这样做的原因在于，公司托宾 Q 值（公司价值）体现了市场上投资者对公司的认可程度，当公司的托宾 Q 值较高时，说明公司受到市场上投资者的认可和追捧，投资者认为公司的市场前景良好，这推高了公司的市场价值；此时市场价值相对于重置成本来说更高，也就意味着购买新生产的资本产品更有利，公司应该借此机会追加投资，充分利用市场上的机会窗口，因此，能否在托宾 Q 值较高时增加企业投资是衡量公司是否充分运用投资机会的指标，也就是说公司有更好的资本配置效率。而在经济新常态下资本市场瞬息万变，这可能使上市公司对投资者态度和国家政策等迅速做出反应，因此使公司当期的投资增加量更可能与当期的托宾 Q 值更为相关，降低了公司当期投资增加量与上期托宾 Q 值的相关程度。例如，在 2020 年新冠肺炎疫情期间，推涨了医用口罩行业公司的价值，上市公司会迅速对此做出反应追加相应的投资，这些投资在期末报表上的反映应与当期托宾 Q 值的变化更为相关；而上一年度这些公司的托宾 Q 值由于口罩产业的不景气可能还很低，与今年追加投资的相关程度其实并不高。综上所述，本书以当期的投资与托宾 Q 值的相关系数来反映公司能否良好地运用投资机会，即公司资本配置效率较高。

6.3　实证结果分析

6.3.1　描述性统计结果与分析

本章主要变量的描述性统计结果如表 6.2 所示。从中我们可以看出，国有上市公司的投资水平存在较大的差异，平均值为 0.07，最大值为 0.53；国有上市公司的成长性较好，平均值为 1.848，大于投资机会的临界值 1，说明大部分上市公司有较高的市场估值和较好的投资机会，市场投资者对国有上市公司有着较高的认可度和信心；国有上市公司的现金流量（CFO）平均值为 0.044，这一水平与苏坤（2015）基于我国上市公司全样本研究的结果相一致，说明国有、非国有上市公司的现金流水平差异不大。其余变量公司规模、资产负债率、公司成长性、盈利能力等变量的统计结果与前文研究基本一致。

表 6.2 主要变量的描述性统计

变量	平均值	标准差	最小值	中位数	最大值
Risktaking	0.072	0.337	0.002	0.026	5.039
AMLS	0.289	0.453	0	0	1
TDrisk	0.549	0.498	0	1	1
Invest	0.07	0.086	0.002	0.043	0.53
TobinQ	1.848	3.342	0.083	1.205	11.0394
CFO	0.044	0.069	−0.159	0.042	0.246
Size	21.943	1.309	13.076	21.779	28.509
Lever	0.427	0.205	0.0497	0.423	0.898
Growth	0.175	0.407	−0.495	0.113	2.665
Top1	0.349	0.145	0.0858	0.333	0.737
ROA	0.048	0.5235	−2.1341	0.035	11.0062

资料来源：作者经 Stata 软件分析整理所得。

6.3.2 回归结果与分析

模型（6.1）的回归结果如表 6.3 所示。表 6.3 的列（1）和列（2）为模型（6.1）的回归结果，由回归结果可见，在未加入控制变量时，公司投资机会（TobinQ）与公司投资水平负相关，在加入相关控制变量后，投资机会与投资水平负相关但不显著，这说明国有上市公司并没有良好地运用投资机会，没有抓住市场上的机会窗口而追加公司投资，公司资本配置效率较低。而公司风险承担与投资机会的交乘项回归系数为正，这表明，在公司风险承担选择正向调节了公司投资机会与投资水平之间的关系，这与上文假设 1 的预期相符。由上文理论分析可知，这个检验结果说明，随着公司风险承担水平的提高，意味着公司内部人愿意更多地选择冒风险的、有利于公司价值增值的投资项目，更少地放弃高风险的正净现值项目，在公司拥有投资机会的时候不会因为项目的风险水平而不追加项目投资，能够更好地抓住投资机会，因而优化了公司的资本配置效率，公司资本和资源流向了更加优良的投资项目。因此，检验结果表明，公司风险承担选择能够正向影响公司资本配置效率，假设 1 得到了验证。

表 6.3   风险承担与公司资本配置效率的回归检验

因变量:企业投资	(1) 总样本	(2) 总样本	(3) 高风险承担组 TDrisk = 1	(4) 低风险承担组 TDrisk = 0
TobinQ	− 0. 0232 ** (− 2. 09)	− 0. 0003 (− 0. 74)	− 0. 0003 (− 0. 66)	0. 0042 * (1. 72)
Risktaking	− 0. 0147 * (1. 93)	− 0. 0466 ** (− 2. 43)	− 0. 0441 ** (− 2. 05)	− 0. 1821 ** (− 2. 03)
Risktaking × TobinQ	0. 0002 (0. 59)	0. 001 * (1. 88)	0. 0009 * (1. 73)	− 0. 0032 (− 0. 07)
CFO		− 0. 0202 (− 0. 85)	− 0. 0757 ** (− 2. 26)	0. 0608 * (1. 86)
Size		0. 0065 *** (3. 48)	0. 0076 *** (2. 81)	0. 0071 *** (2. 69)
Lever		− 0. 0202 * (− 1. 94)	0. 0005 (0. 03)	− 0. 0207 (− 1. 34)
Top1		− 0. 0224 (− 1. 56)	− 0. 0056 (− 0. 27)	− 0. 0346 * (− 1. 95)
Growth		0. 0538 *** (16. 10)	0. 0587 *** (10. 95)	0. 0513 *** (11. 24)
ROA		0. 0138 * (1. 75)	0. 0127 (1. 51)	− 0. 0907 (− 1. 47)
Year & Industry	Control	Control	Control	Control
Obs	6854	6854	2591	4263
Adj_R	0. 0334	0. 1665	0. 1869	0. 1929

注:(1)括号内为 T 检验值;(2)***、**、*分别表示在 1%、5%、10%的水平上显著。

资料来源:作者经 Stata 统计软件分析整理所得。

从表 6.3 中控制变量的回归结果可见,公司规模与投资水平显著正相关,公司规模越大越有实力进行大规模投资,或者追加更多投资以进一步扩大规模;公司资产负债率与投资水平显著负相关,说明高负债的还本付息压力可能给公司投资带来硬约束降低公司投资水平;公司的成长性与投资水平显著正相关,成长性越高的公司越有可能更多地新增投资;公司盈利能力(ROA)与投资水平显著正相关,这与以往文献研究结论相符，盈利水平越高的公司越有实力进行新增投资。而公司现金流水平（CFO）与投资水平负相关但不显著，这可能是由于公司内部人为追求私利而公司提高现金持有而不去投资。

表6.3的列（3）和列（4）是区分风险承担高、低组子样本的回归检验结果。从列（3）的回归结果可见，在高风险承担水平的子样本中，公司投资机会（TobinQ）与公司投资水平为负相关但不显著，说明公司没有良好地运用投资机会，公司资本配置效率较低；而公司风险承担与投资机会的交乘项回归系数为正，说明公司风险承担选择正向调节了公司投资机会与投资水平之间的关系，风险承担水平提高时公司在拥有投资机会的时候不会因为项目的风险水平而放弃投资，能够更好地抓住投资机会，因而优化了公司的资本配置效率。从列（4）的回归结果可见，在低风险承担的子样本中，公司投资机会与投资水平的相关关系显著为正，而风险承担与投资机会的交乘项系数不再显著；同时，低风险承担子样本中的公司现金流水平（CFO）与投资水平的相关关系显著为正。这可能说明，低风险承担水平的公司的投资更依赖于公司内部现金流，这意味着其面临着一定的融资约束，在这种情况下，过度的冒风险会给公司带来更大的发生危机的可能性，因此公司会更多地选择在市场投资者更认可公司的时候追加投资，而不看重高风险项目所能带来的高收益，因此风险承担对投资敏感性的调节作用在此没有表现出来。综上所述，公司风险承担对资本配置效率的正向影响作用在高风险承担公司更加明显。

为了检验多个大股东并存情景下，公司风险承担对资本配置效率的影响作用，本章进一步检验多个大股东公司和单一控股股东公司样本下风险承担对公司资本配置效率影响的差异。采用模型（6.1）分别对两组样本进行回归检验，检验结果如表6.4所示。表6.4中列（1）和列（2）为多个大股东股权结构样本组的回归检验结果，由检验结果可见，无论是否加入相关控制变量，在多个大股东股权结构的国有上市公司，投资机会与公司投资水平呈显著的正相关，这表明公司投资水平对投资机会的敏感性较高，能够充分利用市场机会窗口追加投资以获取更多的收益；而由列（3）和列（4）单一控股股东结构组的回归结果可见，无论是否加入相关控制变量，公司投资机会（TobinQ）与投资水平均为负的不相关，说明单一控股股东的国有上市公司不太能够良好地运用市场上投资机会，公司的资本配置效率较低。由此可见，多个大股东的国有上市公司的资本配置效率要好于单一控股股东的公司，相比于单一控股股东结构，多个大股东结构是更具有效率的。公司引入其他非控股大股东能够带来股东间的竞争，发挥促进竞争效应，提高了公司的决策水平，使公司能够更好把握市场上的投资机会窗口，资本的配置效率更高。

表 6.4 多个大股东公司中风险承担对资本配置效率的影响

因变量：企业投资	多个大股东组 AMLS = 1		单一控制性股东组 AMLS = 0	
	（1）	（2）	（3）	（4）
TobinQ	0.0067 *** （2.83）	0.0061 ** （2.41）	− 0.0003 （− 0.22）	− 0.0021 （− 1.46）
Risktaking	− 0.0002 （− 0.02）	0.0003 （0.33）	− 0.0011 * （− 1.94）	− 0.0007 （− 1.17）
Risktaking × TobinQ	− 0.0005 ** （− 2.10）	− 0.0005 ** （− 2.22）	− 0.0002 （− 1.13）	− 0.0002 （− 1.06）
CFO		0.0003 （0.10）		− 0.0006 （− 0.43）
Lever		0.0143 （0.66）		− 0.0165 * （− 1.77）
Top1		− 0.0362 （− 1.03）		− 0.0042 （− 0.35）
ROA		0.0382 * （1.91）		0.0360 *** （3.69）
Duality		0.0036 （0.36）		− 0.0067 （− 1.40）
Ind		0.0824 （1.48）		− 0.0187 （− 0.62）
CEOshare		0.4745 *** （3.28）		0.6042 *** （6.41）
Year & Industry	Control	Control	Control	Control
Obs	1973	1973	4881	4881
Adj_R	0.0353	0.0506	0.0108	0.0686

注：（1）括号内为 T 检验值；（2）*** 、** 、* 分别表示在 1%、5%、10% 的水平上显著。

资料来源：作者经 Stata 统计软件分析整理所得。

171

　　此外，由表6.4的回归结果可见，对于多个大股东公司，风险承担与公司投资机会的交乘项系数显著为负；而对于单一控股股东公司，风险承担与公司投资机会的交乘项回归系数为负但不显著。这可能说明，首先，对于多个大股东股权结构的公司，其投资水平对投资机会有较高的敏感度，但在公司风险承担的调节下这种效应没有进一步地增强，本书认为这说明了多个大股东治理与公司风险承担在提高公司资本配置效率上有相互替代的作用，公司风险承担的提高能够促进公司的资本配置效率，多个大股东治理也可以提高公司的投资机会和投资水平的敏感性，因此两者的效率治理的作用存在一定程度上的相互替代。由列（3）和列（4）的控制变量回归结果可以看出，单一控股股东结构公司的投资水平更加受到公司盈利能力的正向影响，公司盈利能力更高，更有实力进一步地追加投资；公司投资水平同时受到经理人持股的影响，依据委托代理理论，经理人持有股份使经理人与股东的利益趋于一致，其为追求私利而保守投资的倾向减弱，更乐于增加投资；公司的资产负债率越高，受到负债还本付息的压力越大，越不能够轻易增加投资。

　　进一步地，本章检验了在不同身份大股东存在下的多个大股东公司中风险承担对资本配置效率的影响，检验结果如表6.5所示。由表6.5可见，公司存在不同身份的非控股大股东会使得风险承担对资本配置效率的影响有所不同。具体来说，当公司存在国有性质的非控股大股东时（SMLS），公司风险承担行为能够更好地促进资本配置效率的提高（交乘项 Risktaking × TobinQ 的回归系数显著为正），也就是说，国有性质非控股大股东的治理作用的发挥能够正向调节风险承担与公司资本配置效率的关系。而与此相反，当公司存在民营性质的非控股大股东时，会负向调节公司风险承担对资本配置效率的影响（交乘项 Risktaking × TobinQ 的回归系数显著为负），可能的原因是，民营非控股大股东的存在会由于股东冲突和融资约束而负向影响公司的风险承担水平，进而影响了公司资本配置效率的提高。与前文结果相似，外资性质和金融性质的非控股大股东似乎在我国的公司治理环境下不能很好地发挥其治理作用，对实证结果的影响不显著。

表 6.5 细分股东身份的多个大股东并存下风险承担对资本配置效率的影响

因变量：企业投资	(1) PMLS = 1	(2) SMLS = 1	(3) FMLS = 1	(4) IMLS = 1	(5) AMLS = 0
TobinQ	− 0.0072 * (− 1.74)	− 0.0035 (− 0.71)	0.0223 (1.19)	− 0.0021 (− 1.46)	0.0005 (0.91)
Risktaking	− 0.0048 (− 0.03)	− 0.1105 (− 1.22)	0.4521 ** (2.10)	− 0.0007 (− 1.17)	0.0061 (0.18)
Risktaking × TobinQ	− 0.0005 ** (− 2.10)	0.0012 ** (2.22)	0.0031 (1.08)	− 0.0002 (− 1.06)	− 0.0002 (− 0.93)
CFO	− 0.0057 (− 0.94)	0.0110 (1.28)	0.0005 (0.05)	− 0.0006 (− 0.43)	0.0014 (0.49)
Lever	− 0.0497 (− 1.14)	− 0.0362 (− 0.85)	− 0.2671 *** (− 3.00)	− 0.0165 * (− 1.77)	0.0055 (0.35)
Top1	0.0019 ** (2.14)	− 0.0007 (− 0.84)	− 0.0029 *** (− 2.99)	− 0.0042 (− 0.35)	− 0.0010 (− 1.05)
ROA	0.1312 (1.29)	− 0.1295 * (− 1.91)	− 0.6839 * (− 2.40)	0.0360 *** (3.69)	0.0405 (1.13)
Duality	− 0.0029 (− 0.31)	− 0.0139 (− 0.67)	0.0195 (0.76)	− 0.0067 (− 1.40)	− 0.0024 (− 0.37)
Growth	− 0.0118 (− 1.23)	0.0106 (1.07)	− 0.0189 (− 0.44)	− 0.0187 (− 0.62)	0.0020 (0.48)
CapExp	− 0.0526 (− 0.66)	0.0529 (0.42)	− 0.2511 (− 1.44)	0.6042 *** (6.41)	− 0.0060 (− 0.14)
Size	0.0029 (0.34)	− 0.0033 (− 0.26)	0.0047 (0.34)	0.0005 (0.52)	− 0.0003 (− 0.08)
Year & Industry	Control	Control	Control	Control	Control
Obs	431	884	438	212	4881
Adj_R	0.0353	0.1004	0.0108	0.0686	0.0971

注：（1）括号内为 T 检验值；（2） *** 、 ** 、 * 分别表示在 1% 、 5% 、 10% 的水平上显著。

资料来源：作者自制。

6.4 本章小结

本章完整研究了 SCP 模型框架中 C（Conduct）—P（Performance）的部分，讨论了公司风险承担对提高资本配置效率是否具有积极作用。经过理论分析和假设检验，研究结果表明公司风险承担选择正向调节了公司投资机会与投资水平之间的关系，即公司风险承担对提高资本配置效率具有积极作用。随着公司风险承担水平的提高，公司内部人愿意更多地选择冒风险的、有利于公司价值增值的投资项目，更少地放弃高风险的正净现值项目，在公司拥有投资机会的时候不会因为项目的风险水平而不追加项目投资，能够更好地抓住投资机会，因而优化了公司的资本配置效率，公司资本和资源流向了更加优良的投资项目。

为了检验上市公司多个大股东并存情景下，公司风险承担对资本配置效率的影响作用，本章进一步检验多个大股东和单一控股股东公司样本下风险承担对公司资本配置效率影响的差异。研究结果发现，国有上市公司整体而言投资水平对投资机会的敏感性不高，资本配置效率较低；但多个大股东股权结构公司的投资机会与投资水平显著正相关，这说明，相对于单一控股股东的公司，多个大股东公司有更高的资本配置效率。但同时，这种效应在公司风险承担的调节下没有进一步地增强，本章认为这说明了多个大股东治理与公司风险承担行为在提高公司资本配置效率上有相互替代的作用，公司风险承担的提高能够促进公司的资本配置效率，多个大股东治理也可以提高公司的投资机会和投资水平的敏感性，因此两者的效率治理作用存在一定程度上的相互替代。在细分非控股大股东身份的检验中，实证结果表明，不同身份的非控股大股东存在下的多个大股东结构会使得风险承担对资本配置效率的影响有所不同。国有性质非控股大股东的治理作用的发挥能够正向调节风险承担与公司资本配置效率的关系；而当公司存在民营性质的非控股大股东时，会负向调节公司风险承担对资本配置效率的影响。

第7章　政治监督环境对风险承担的影响效应

　　新制度经济学认为，制度环境对企业行为具有重要影响。企业的决策行为离不开政府与市场相互作用的制度环境，而政治制度的变迁和政治安排的改变会带来不确定的政治环境，企业决策行为很可能发生改变。从中央八项规定的出台，到中纪委祭出反腐重拳，再到中央巡视组对央企展开拉网式全覆盖巡视，持续的反腐已深化为一种国家治理机制。腐败治理期间，伴随着大批腐败官员的落马，牵涉其中的企业家也纷纷被查，官员更替的方式和程度也都与以往有明显的不同；与此同时，政企关系的利益格局重构，使企业所面临的政治环境发生了极大的变动。2015 年以来，巡视工作的开展大大增加了对国企的监督强度，大量国企高管被强制更替，在严厉的政治监督下，很多企业抱有"求稳"的心态，避免冒严重的"政治风险"，风险承担的决策也可能随之改变。

　　风险承担体现了企业在多大程度上愿意将资源投入不确定以及有风险的项目中，更高风险的项目能够带来更高的预期回报，最终提升股东的股权价值和最大化公司价值。高的风险承担使企业管理者在面对市场环境的不确定性时，敢于冒着风险和损失来制定企业的目标、决策和相关的行动，投资于高风险且净现值大于零的项目以追求高的市场回报，因而能够抓住企业的成长机会，加快资本积累并促进技术进步，这种持续的成长最终可以带来高水平的经济发展。而风险承担意识不足会阻碍企业对机会的识别和利用，面对不断变化的市场环境不能做出及时反应，投资于保守的、创新性不足的项目，最终不利于企业绩效的提升。

　　因此，风险承担反映了企业对不确定性项目的态度，而企业在面临高的环境波动时如何进行风险承担的选择是值得进一步探讨的问题。在外部环境不确定性较高时，风险承担意愿高的企业可能会看到项目成功可带来的巨大收益，抓住机会承担高风险；而风险承担意愿低的企业可能会关注到项目失败时损失的增大而不敢承担风险。反腐败期间企业面临的政治环境发生了极大的改变，为研究政治环境改变下企业的风险承担行为提供了好的情境。

本章试图探讨在中国转型时期特殊的制度因素影响下，企业的风险承担水平会有怎样的变化。具体的研究的问题是：国家腐败治理有利于经济的进一步市场化，从而有助于经济的长期增长。但在短期内，高强度腐败治理带来的企业政治环境的变化是否会影响企业的风险承担行为？这种影响是否会因为企业产权性质不同、政治关系不同而产生差异？强大的反腐威慑力和更为严格的问责制度是否会改变国企的风险偏好，使其在风险决策中更为谨慎；而有较强政治关联的民营企业是否会由于政治关联中断或反腐带来的政府官员可能的懒政现象，而改变其风险承担行为；以往没有政治关联的民营企业是否会因为反腐带来的更加市场化的环境，政治因素减少，而加强其风险承担意愿？基于此，本章以 2010~2015 年沪深上市公司为研究样本，检验了反腐期间政治环境变化对企业风险承担的影响，为影响风险承担的因素提供了制度层面的新经验证据。

本章的关注点不是企业在职消费的"吃喝"腐败，而是关注反腐败对企业投资领域腐败的影响。腐败案件有一个显著的特征，就是花钱的领域比挣钱的领域更容易滋生腐败，并且腐败的额度更高①。而风险承担关注的是企业会不会承担风险（有没有意愿承担风险）、承担了何种风险、在哪些经营行为上承担风险。风险承担对企业的经营发展至关重要，更高的风险承担水平意味着企业能够承受更高的经营波动从而有更高的预期收益，意味着企业愿意把钱投入高风险高收益的项目来获利。因而企业的风险承担意愿一定程度上决定了企业花多少钱、如何花钱、在哪些领域花钱，因此，关注反腐给企业风险承担带来的影响也是研究反腐经济后果的重要方面，从制度层面拓展了企业风险承担的相关研究。

本章可能的贡献主要在以下三个方面：

① 参见《中国经济周刊》文章，2015 年 4 月 8 日，"央企巡视缘何'一天查处一个'：收到大量举报材料"。其中，"花钱的领域"是指企业投资部门、采购部门，"挣钱的领域"是指销售部门。

176

第一，本章研究重新强调并证明了制度激励对企业风险承担的重要性，并深入剖析了腐败因素如何负面影响了企业风险承担决策，拓展和深化了企业风险承担问题的研究范畴。以往文献多数强调了企业微观层面因素对风险承担的影响，研究主要集中于高管个人特征、股权激励、股权结构及文化特征等因素。

第二，"刮骨疗伤"式的反腐败是我国全面深化改革和国家治理转型的关键一役，消除腐败的阻碍是政府简政放权，放心地还权于市场，继续推进全面深化改革的重要前提。通过风险承担视角，我们的研究结果表明，随着高压反腐的推进，没有政治依赖的民营企业的市场竞争地位有所上升，这最终会激励民营企业家更加积极地承担风险。转型时期我国民营企业始终处于市场中较为弱势的地位，在这种情况下，研究反腐是否会提高民营企业的市场竞争地位对于我们具有重要的现实意义，本章研究结果是反腐积极意义的又一有利证据。

第三，在 2017 年的"中国发展高层论坛"上，"政商关系与反腐败"的话题第一次在该论坛上被提及，这说明在反腐建设过程中形成了全新的政商关系格局，探讨新的政商关系下企业的应对与影响具有重要的学术和政策意义。本章研究结论具有比较重要而明确的政策含义：反腐败打破了传统的政商利益关系，对淡化政府因素干预微观企业的经济资源配置起到了极为有益的作用，以往政治关系带来的"护身符"效应不再显现。同时，"亲""清"的新型政商关系正在逐步形成，在新的政商关系要求下，寻租反而会成为企业承担风险的"紧箍咒"，使企业不敢承担风险。而接下来如何在环境变化冲击下尝试稳定的鼓励性的政策，使企业在反腐风暴中平稳过渡，积极承担风险，是需要进一步解决的实践问题。反腐虽然厘清了政商关系，但企业在新的政商关系中如何进一步平稳发展还需要新的政策、新的扶持和一定的缓冲期。

综上所述，本章考察了在中央加强腐败治理的背景下，企业风险承担行为的变化及异质政企纽带的作用差异。研究结果表明，企业的风险承担水平在反腐期间下降，国有产权性质弱化了反腐败对企业风险承担行为的负向影响。在中央新型政商关系的要求下，民营企业的政治联系不再是"护身符"而可能成为"紧箍咒"，研究发现相对于非政治关联民企，关联民企在腐败期间风险承担显著下降。将风险承担行为细分后发现，企业风险承担的下降很大程度上是源于更加谨慎的总体投资，而创新和并购活动有所增加，即有利于企业价值增值的风险承担行为在反腐期间仍有所提高。此外，腐败多发行业风险承担显著下降的同时过度投资问题显著减少，说明腐败治理制约了高腐败领域的盲目冒险倾向。本章为国家腐败治理的微观层面效果提供了企业风险承担方向的经验证据，并为反腐助力新型政商关系的建立提供了有力的证据和政策建议。

7.1 理论分析与假设提出

7.1.1 反腐败与企业风险承担

风险承担反映了企业决策过程中对不同风险水平项目的选择，企业如何选择风险承担水平取决于其自身所承担风险的成本收益的相对大小和与所承担风险相匹配的能力。党的十八大以来，中央反腐力度空前，持续的反腐行动已深化为一种国家治理机制。在此过程中，一方面，与以往明显不同的官员变更方式和程度及国企高管频繁的强制更替，使得企业决策者风险承担决策的成本收益都发生了变化；另一方面，政商利益格局的重构带来了企业承担风险的资源能力的改变，因而企业对待风险的态度很可能产生变化，不同企业的风险承担水平也有所不同。

第一，国家腐败治理带来的不确定性等待效应使企业倾向于更稳健的风险承担。国家加强腐败治理过程中各层级腐败官员大批落马，并且临时性调动更加频繁，这可能会放大企业风险承担所获收益的波动性，使企业趋向于更保守的风险承担战略。在周期性官员更替时，企业对新任官员及其可能施行的政策都有一定程度的预期，而非周期性官员更替时，新任官员指派和赴任的等待期存在着极大的不确定性，使企业更难预期所投资的高风险项目是否与未来政策相符，承担风险所获收益存在更大的不确定性。根据阿罗（Arrow，1968）的理论，不确定性增加了等待新信息的价值，而冒风险的投资决策又有成本较高和不可逆的特点，因而企业在此情况下很可能延迟投资以避免决策失误。也就是说，在国家加强腐败治理期间，企业可能采取更保守的决策，降低了企业的风险承担。

第二，国家反腐重构了政企关系的利益格局，可能使企业进行风险性项目投资的资源支持发生改变，导致企业风险承担意愿的改变。企业风险承担行为具有很高的资源依赖性，而在转型时期的中国，市场资源配置权力很大程度掌握在政府手中，因此，建立政商关系一直是我国企业获得承担风险所需资源的重要倚赖。高压反腐打破了以往政企关联的持续性和稳定性，一方面，大量政企关联因官员落马被打破，关联企业可以说是一夜间就再无政治荫庇，甚至可能被牵连；另一方面，反腐严格要求"清"的政商关系，使得企业建立新的政企关联的难度大大增加。从长远来看，这对企业发展有积极的意义，而在一段时间内，企业原有的政策和资源优势很可能中断，与新任官员打交道的结果也难以判断。由于风险承担行为的资源依赖性，失去政府背书的支持可能使企业更不愿意承担风险。

第三，高强度的腐败治理导致部分国有企业和民营企业的领导层强制性更替，这包括作为反腐直接目标的国企、央企的高管和那些与腐败官员建立利益关系的企业家，由此带来公司内部机制不确定性的攀升，风险承担决策很可能趋向于谨慎。由刘新民、王垒（2012），高管强制更替对公司战略的延续性有显著影响，相对于内部自然更替，高管强迫更替是一个更加复杂的过程，变更后公司组织结构和治理结构的调整对公司的未来决策有重要影响。中纪委的数据显示，在被查处的企业高管中，超 4 成职务为董事长或总经理，高层领导的更替，必然伴随着公司组织人事结构的大规模调整和公司战略决策的变化。对于存在高管被更替的企业，新任高管需要重新了解企业的情况，过于冒风险的战略可能会受到公司"元老"们的抵触，因此更可能采取稳健的政策；对于高管未被更替的企业，在高强度反腐的环境下，仍面临很大的被更替的不确定性，并且为避免被查，在决策时可能而更加谨慎，因此风险承担水平可能降低。

综上所述，我们提出假设 1。

假设 1：控制其他因素的影响，国家加强腐败治理期间企业风险承担很可能出现下降。

7.1.2　反腐败、异质政企纽带与企业风险承担

在转型时期的中国，政府在资源配置中处于绝对的主导地位，因而

179

企业如何处理与政府的关系成为企业战略重要的内容。民营企业建立与政府间的纽带关系主要表现为政治关联的建立，通过建立政治关联，处于相对弱势地位的民营企业可以获得多种优惠政策与资源，这种政企纽带的作用是"攀附"政府，以期得到政府赋予的"护身符"；而国有产权性质的企业与政府间存在天然的纽带关系，国有企业承担政府的政策性任务，政府给予国有企业更多的政策优惠与支持，这种政企纽带是相互依存的关系。高强度腐败治理改变了企业进行风险承担的成本收益和承担风险的资源能力，那么不同性质的政企纽带在其中起到的作用是缓解还是加重？因此，进一步地，本章考察政企纽带的异质性在其中的作用差异。

对于以国有股权作为政企纽带的国有企业来说，一方面，由于国有企业与政府天然的联系，国有企业的决策者具有"政治人"身份，其决策行为也具有"准官员"的性质，在中央反腐过程中国企高管为直接反腐目标。因而反腐使国企高管的腐败空间被大大压缩，上马新的高投资、高风险项目的动力减小。并且，严格的问责制对造成投资损失的决策人坚决追责，使企业决策者进行风险承担决策的成本增加，对政治风险的担忧可能使决策者更加谨慎地进行风险承担决策。因此，相对于非国有企业，国有企业在反腐期间风险承担下降可能更多。

但另一方面，从企业承担风险的资源能力角度，国有企业始终享有政府的"支持之手"，不可预期的官员变更使国企和民营都面临着更高的政策不确定性，而国有企业由于与政府存在相互依存的关系，并承担着政府的政策性任务，依然能够获得新一届官员的政策或资源支持，并且可以在承担风险失败陷入困境时获得政府救助；而民营企业则很可能因为政策的转向而失去资源优势，面临着更高的承担风险失败的可能。因此，相对于非国有企业，国有企业在反腐期间风险承担下降可能更少。根据以上分析，提出关于国有股权纽带作用的两个竞争性假设。

假设2a：控制其他影响因素，国有产权性质强化了反腐败对企业风险承担行为的负向影响。

假设2b：控制其他影响因素，国有产权性质弱化了反腐败对企业风险承担行为的负向影响。

对于以后天发展的企业家政治关系作为政企纽带的民营企业来说，政治关联在帮助企业获得各种经营优惠的同时也使企业面临着巨大的政治风险和政治成本。以往文献支持了拥有政治关联的企业由于预期在财务困境时会获得政府的救助，而很可能有更高的风险承担水平，对冒风险的决策更为决断。而在政治环境突然转变时，由于与政府存在更密切的关系，首当其冲受到政治生态变化的影响。在反腐期间大批企业的关联关系中断，失去了资源和政策优势的关联企业，未来的发展政策很可能以保守修整为主，风险承担水平很可能大幅降低。这与钱先航、徐业坤（2014）有关官员更替时民营企业家政治身份发挥的作用不同，该文的实证结果显示有政治身份的民营企业家在应对官员更替带来的不确定性时由于具有信息优势和资源优势，作为一种保险机制可以弱化不确定影响。而高压反腐期间，官员变更存在着不可预期性和突然性，民营企业后天发展的政企联系会因为官员的变更而中断，并且难以再建，突然失去保护屏障的关联企业，承担风险的预期收益存在更大的不确定性，并且失去了政府的资源支持作为保障，风险承担水平下降更多。

与此相反，没有政治关联的民营企业在之前的经营过程中相较于有政治关联的企业受到更多的限制，反腐过程中很多政治关联中断，新型政商关系正在逐步建立，政府对企业的干预水平降低、授权限制逐渐放开，市场竞争更加规范化。在此情况下，民营企业发展的政治负担和束缚大大减少，在市场上有更公平竞争机会和准入机会，投入高风险、创新性项目的激励增强，因而相对于关联企业风险承担的下降会较少。综上分析，我们预期政治关联纽带在反腐背景下的脆弱性放大了政治环境变化的影响，具有政治关联的民营企业在反腐期间风险承担下降更多。

假设 3：控制其他因素的影响，相比无政治关联的民企，关联民企在反腐建设期间风险承担水平下降更多。

7.2　研　究　设　计

7.2.1　样本选择与数据来源

鉴于党力（2015）所述，2010 年之前处于反腐平稳期，国家加强腐败治理开始于 2012 年末党的十八大召开以后。因此，本章选取沪深 A 股 2010～2015 年上市公司为研究样本，并根据研究需要对样本做如下筛选：（1）剔除金融保险类公司；（2）剔除各年度的 ST、PT 公司；（3）剔除资产报酬率（ROA）在 5 年内不连续的上市公司的观测值；（4）剔除数据有缺失的样本。为了控制异常值对研究结果可能带来的偏误，本章对主要连续变量在 1% 的水平上进行了 Winsorize 缩尾处理。

本章使用的政治关联数据是根据国泰安数据库"高管个人信息"中所提供的高管背景信息手工查找得到，这种做法能够较大限度地保证政治关联数据的准确性；股票波动率数据来自 Wind 数据库；所使用的其他数据主要来自国泰安数据库。

7.2.2　模型设定和变量说明

为验证假设 1，本章建立回归模型（7.1），考察反腐败带来的政治不确定性对企业风险承担的影响，根据假设 1 的推断，反腐败假设后政治不确定性的增强很可能导致风险承担的下降，因此预期模型（7.1）中 Post 的估计系数应显著为负：

$$\text{Risk-taking}_{it} = \alpha + \beta \times \text{Post}_{it} + \gamma \times \text{Controls}_{it} + \varepsilon_{it} \qquad (7.1)$$

此外，基于反腐败是一项准自然实验，本章进一步使用双重差分法（DID）来考察反腐运动下的政治不确定性对企业风险承担的影响，并通过回归模型（7.2）来检验。本章将国有企业和存在政治关联的民营企业作为处理组，原因是国有企业为反腐运动的直接目标，而有政治关联民企因存在政治关联，很有可能受到牵涉，Treated 为 1；将不存在政治关联的民营企业作为控制组，Treated 为 0。根据以往文献，我们关注的是交乘项的系数，预计模型（7.2）中交乘项系数应显著为负：

$$\text{Risk-taking}_{it} = \alpha + \beta \times \text{Post}_{it} + \gamma \times \text{Treated}_{it} + \delta \times \text{Post}_{it}$$
$$\times \text{Treated}_{it} + \text{Controls}_{it} + \varepsilon_{it} \qquad (7.2)$$

为了检验产权性质、政治关系在其中的异质性影响，即假设 2a、假设 2b、假设 3，本章建立回归模型（7.3）、（7.4）。根据假设 2 的分析，我们关注模型（7.3）交乘项的系数，如果交乘项系数为正，则说明国有产权与政府天然的纽带能够弱化反腐威慑的影响，如果交乘项系数为负，则说明国有产权性质企业作为反腐重点监察对象受到了更强的反腐威慑；根据假设3的分析，民企政治关联这种后天形成的政企纽带的脆弱性放大了反腐败下的政治不确定对风险承担的影响，因此预期模型（7.4）的交乘项系数应显著为负。

$$\text{Risk-taking}_{it} = \alpha + \beta \times \text{Post}_{it} + \gamma \times \text{Soe}_{it} + \delta \times \text{Post}_{it}$$
$$\times \text{Soe} + \text{Controls}_{it} + \varepsilon_{it} \qquad (7.3)$$

$$\text{Risk-taking}_{it} = \alpha + \beta \times \text{Post}_{it} + \gamma \times \text{PoliticalC}_{it} + \delta$$
$$\times \text{Post}_{it} \times \text{PoliticalC}_{it} + \text{Controls}_{it} + \varepsilon_{it} \qquad (7.4)$$

模型中被解释变量为企业风险承担水平（Risk-taking）。由于企业承担更高的风险项目意味着未来盈余会有较大的波动，现金流入存在大的不确定性，因而已有的研究主要采用企业盈利的波动性（即年度盈余的标准差）来衡量企业承担风险的情况。借鉴约翰等（John et al.，2008）和法西奥等（Faccio et al.，2011）的方法，首先，为了消除经济周期和行业不同的影响，得到一个更具有可比性的能够体现公司风险决策水平的干净值，我们将每个公司的 ROA（息税前利润/期末总资产）分年度分行业减去同年同行业 ROA 均值进行调整。而后，使用连续5年（t-4~t年）ROA 的数据，计算标准差。

主要解释变量 Post 为虚拟变量，若时间处于2013年及以后，则取值1；之前年份取0。本章将反腐败期间作为政治环境变化的节点，借鉴党力等（2015），党的十八大召开于2012年11月，接近2012财年的结束，之后开始高强度的反腐败。因此选取2013年为时间节点，观察高强度腐败治理带来的政治不确定环境下，企业风险承担行为的变化。进一步地，本章考察政企纽带的异质性在政治环境变化时的作用差异，因此引入两个解释变量 SOE（国有性质）和 PoliticalC（政治关系）。若企业的终极控制人为政府控制，则 SOE 取值为1；否则取值为0。若董事长或总经理为前任或现任政府官员、人大代表、党代表或政协委员时，PoliticalC 取值为1；否则取值0。借鉴徐业坤等（2013）的文章，本章考虑的政治关联高管主要为董事长和总经理，原因是董事长和总经理拥有公司主要决策权和管理权，其政治关联强度决定了企业政治关联优势的发挥。

借鉴现有文献的做法，我们在模型中主要控制了以下影响企业风险承担的因素。Age 为企业的经营年限，企业的经营年限越长，风险承担水平越高，预计其回归系数显著为正。Size 表示企业规模，等于期末总资产的自然对数。现有文献发现，与大企业相比，小企业具有更强的风险偏好，我们预计其回归系数显著为负。Lev 为杠杆率，它等于期末总负债与总资产的比值，负债水平高的公司更有动力投资于高风险高收益的项目来弥补负债利息的支出，因此负债水平越高，公司的风险承担水平越高，预计其回归系数显著为正。Growth 表示企业的成长能力，用 Tobin_Q 值衡量，企业的成长机会越多，风险承担意愿越强，预计系数为正。Firsshah 表示第一大股东持股比例，股权集中度越高，股东的财富越集中，财富分散化程度低使得股东承担风险的意愿降低，预计估计系数为负。

此外，为了控制宏观环境的影响，使衡量反腐败的影响更加干净，本章选取年度经济发展水平（GDPGrowth）指标对宏观经济环境进行控制。具体的变量定义如表 7.1 所示。

184

表 7.1   变量说明

变量名称		变量定义与度量
被解释变量	Risk-taking	std_roa，连续 5 年盈余波动标准差 σ（roa）
	CapExpend	构建固定资产、无形资产和其他长期资产支付的现金与总资产之比
	R&D	企业研发支出与期末总资产之比
	Merge	企业当年是否发生并购活动，发生并购取值为 1；否则为 0
	Investuneff	Richardson 投资效率模型计算，大于 0 为过度投资，小于 0 为投资不足
解释变量	Post	2013 年及以后取 1；2013 年之前取 0
	PoliticalC	若存在政治关联则取 1；否则取 0
	SOE	国有企业为 1；民营企业为 0
	Guanzhi	若企业处于政府管制行业为 1；否则取 0

续表

变量名称		变量定义与度量
控制变量	Age	企业上市年龄
	Size	期末总资产的自然对数
	Lev	期末负债与总资产之比
	Growth	Tobin_Q值,（流通股市场价值＋非流通股账面价值＋负债账面价值）／总资产账面价值
	Firsshah	第一大股东持股比例
	ROE	净利润与平均股东权益之比
	GDPGrowth	国民经济增长率

资料来源：作者自制。

7.3 实证结果与分析

7.3.1 描述性统计分析

表7.2报告了主要变量的描述性统计情况,为了消除极端值的影响,我们首先对极端样本进了1%分位数上的缩尾（Winsorize）处理。从表7.2的描述性统计数据来看,尽管我们已对Risk-taking进行了极端值处理,企业间风险承担水平仍有较大差异,最小值为0.0013,均值为0.0639;在计算Risk-taking时我们只保留了连续经营五年以上的公司以计算波动率,因此企业age最小值为5;省份年度被查处官员GCorruption也有较大的差异,根据中纪委监察网站的统计,省份被查处官员最高为49,最低为0,这可能表明不同省份受到反腐风暴的冲击力度不同,也说明了不同省份腐败程度不同。其他变量方面,都与以往文献的指标情况相符,资产负债率Lev均值为0.4999,企业规模Size的均值为22.0452,成长机会Growth的均值为1.9205。

表 7.2 　　　　　　　　　主要变量描述性统计

变量	均值	标准差	最小值	最大值
Risk-taking	0.0639	0.1379	0.0013	1.2945
PoliticalC	0.0275	0.4468	0	1
Age	13.9619	4.5806	5	25
Roe	0.0518	0.1029	-0.307	0.3
CapExpend	17.1442	2.7825	5.9296	25.7419
Lev	0.4999	0.2591	0.0001	12.1274
Firsshah	35.4425	15.6323	0.29	89.99
Size	22.0452	1.2651	17.0361	28.2426
SOE	0.5339	0.4892	0	1
Growth	1.9205	2.1591	0.1841	15.2329
GCorruption	12.8628	13.2642	0	49
GDPGrowth	0.7761	0.0086	0.069	0.095

资料来源：作者自制。

7.3.2 单变量差异性检验

表 7.3 是企业风险承担在中央高强度反腐风暴前后阶段全样本的单变量差异性检验结果，和细分产权性质、政治关联的子样本单变量差异性检验结果。其中，Panel A 是在高强度反腐前后企业风险承担变化的全样本检验。从结果可知，在高强度反腐前阶段，风险承担水平的均值为 0.083，而在反腐后阶段，风险承担水平均值在 1% 水平上显著下降到 0.057，存在较大的下降幅度。假设 1 得到了初步的验证，在反腐威慑下企业抱有更谨慎的态度，采取更加稳健的策略，风险承担水平有所下降。

表 7.3　　　　　　2010～2015 年企业风险承担水平差异性检验

样本分组	均值	组间差异
Panel A. 全样本反腐前后比较 Post = 0 Post = 1	0.0830195 0.0567254	8.2631 ***
Panel B. 全样本国企民企比较 SOE = 0 SOE = 1	0.083934 0.061452	7.3818 ***
Panel C. 国有企业反腐前后比较（SOE = 1） Post = 0 Post = 1	0.0671266 0.0502859	4.6491 ***
Panel D. 政治关联民企反腐前后比较（SOE = 0&PoliticalC = 1） Post = 0 Post = 1	0.1073188 0.0661692	3.5615 ***
Panel E. 无政治关联民企反腐前后比较（SOE = 0&PoliticalC = 0） Post = 0 Post = 1	0.0888497 0.0658287	3.7790 ***
Panel F. 反腐前有无政治关联民企比较（Post = 0&SOE = 0） PoliticalC = 0 PoliticalC = 1	0.0702496 0.0836827	− 1.9147 **
Panel G. 反腐后有无政治关联民企比较（Post = 1&SOE = 0） PoliticalC = 0 PoliticalC = 1	0.0564004 0.0575871	− 0.3751

资料来源：作者根据 Stata 软件检验结果自制。

Panel B 检验了国有企业与非国有企业风险承担水平的总体差异，由检验结果可见，非国有企业的风险承担均值为 0.0839，在 1% 的水平下显著高于国有企业的风险承担水平 0.0614。这与李文贵、余明桂（2012）的研究结论一致，由于国有企业存在严重的政府干预和对管理层激励约束机制的缺失，国有企业的风险承担水平要低于仅以逐利为最终目的的非国有企业。而该文献以 1998～2011 年为研究时段，国有企业的风险承担均值仅为 0.0489，可见，近年来国有企业显著增加了对风险性投资项目的承担。

Panel C～E 细分产权性质、政治关联的子样本的风险承担水平单变量差异性检验结果。由 Panel C 结果可见，国有企业在反腐后阶段风险承担均值为 0.0503，在 1% 的水平上显著低于反腐前阶段均值 0.0671，表明在反腐风暴带来的政治不确定性环境下，国有企业的风险承担意愿显著降低，但下降的幅度小于 Panel D、E 中所示的非国有企业。Panel D 检验结果显示，在反腐前后阶段，有政治关联的非国有企业风险承担水平由 0.1073，在 1% 水平上显著下降到了 0.0661，说明对于以往存在政治关联的非国有企业，国家加强反腐败中断了之前的政商模式，甚至很多非国有企业经历了政治关联的突然丧失，或面临极大的丧失政治关联的风险，在政治保护暂缺的状态下倾向于更加保守的投资行为，风险承担有所下降。根据 Panel E，以往没有政治关联的非国有企业在反腐前后阶段的风险承担水平有显著的下降，但是下降的幅度相较于有政治关联的非国有企业要低。因此，假设 2、假设 3 得到了初步的验证。

值得一提的是，本章在 Panel F 和 Panel G 检验了在高强度反腐前后，非国有企业有或无政治关联其风险承担的差异。由结果可见，高压反腐开始前阶段，存在政治关联与不存在政治关联的风险承担有显著差异，有政治关联的非国有企业风险承担均值在 5% 的水平上显著高于没有政治关联的非国有企业，但这一显著差异在反腐风暴后的阶段没有延续。这在一定程度上证明了政治关联在非国有企业中的作用，有政治关联的非国有企业的风险承担水平要显著高于没有政治关联，可能是由于政治关联带来的资源优势和困境救助效应提高了风险承担的意愿和能力；而反腐风暴中断了政治关联的同时打破了先前政治关联发挥的作用，有无政治关联的风险承担水平不再存在显著差异，也说明了反腐运动后非国有企业所面临的政治束缚有所减轻，政治关联所带来的不公平性有所减少。

从单变量差异性检验结果中能够显著看出反腐期间企业风险承担水平的下降，但要判断这一差异是否是由反腐败带来，还要控制其他影响风险承担的变量，即对公司治理影响因素和宏观经济因素做进一步控制，故接下来进行多元回归分析与倍差法分析。

7.3.3　多元回归结果分析

1. 反腐败与企业风险承担

表 7.4 中的列（1）和列（2）报告了回归模型（7.1）的面板回归

结果。从回归结果中可以看出,无论控制变量是否引入,反腐代表变量 Post 的回归系数均在 1% 的水平上显著为负,这说明反腐期间企业决策行为趋于保守,更多的回避风险,导致企业风险承担水平的降低。这一结果验证了本章的假设 1。

表 7.4　　　　　　　　　　反腐败与企业风险承担

因变量:风险承担	(1)Risk-taking	(2)Risk-taking	(3)倍差法(DID)	(4)倍差法(DID)
Post	−0.0294***(−8.03)	−0.0401***(−9.3)	−0.0265***(−6.74)	−0.0376***(−8.14)
Treated			0.0138**(2.67)	0.0144**(2.8)
Treated × Post			−0.0106**(−1.96)	−0.0101*(−1.86)
PoliticalC		0.0077**(2.09)		
SOE		−0.0189***(−5.46)		
Age		0.0021***(4.15)		0.0021***(4.15)
Roe		−0.001(−0.71)		−0.0047(−0.33)
Lev		0.0073(1.17)		0.0073(1.17)
Firsh		0.00045***(3.34)		0.00046***(3.39)
Size		−0.0099***(−5.46)		−0.0099***(−5.39)
TobinQ		0.0033**(2.09)		0.0033***(3.78)
GDPGrowth		1.0728(1.22)		1.9223**(2.1)
Industry & Year	yes	yes	yes	yes
R^2	0.0311	0.1035	0.0321	0.1035
N	6294	6294	6294	6294

资料来源:作者根据 Stata 软件检验结果自制。

2. 基于倍差法（DID）的进一步检验

进一步地，借助反腐败这一准自然实验，本章通过模型（7.2），使用双重差分法（DID）来考察反腐对企业风险承担行为变化的影响。双重差分法的假设是存在一个外生政策的冲击，且该冲击仅对处理组存在影响，对控制组不存在，因此可以通过差分得出外生冲击的净影响。这个假设对本章情境可能并不满足，因为反腐政策是对全国所有地区实行的。然而，借鉴王茂斌等（2016）的解释，社会经济生活中很难找到完全不受政策冲击的控制组。并且，双重差分法的使用在目前已得到一定程度的宽松和拓展，被很多学者用于识别处理组中不同的群体受政策冲击的差异效应。因此，本章根据之前的理论分析，将国有性质企业和存在政治关联的民营企业作为处理组，原因是国有企业为反腐的直接目标，有政治关联民企因存在政治关联，很有可能受到牵涉，Treated 为 1；将不存在政治关联的民营企业作为控制组，Treated 为 0。我们关注的是交乘项的系数，预计系数显著为负，表明在反腐期间，与控制组相比，处理组由于受反腐败影响更为明显，其风险承担下降得更多。

表 7.4 中的列（3）和列（4）报告了回归模型（2）的双重差分回归结果。从回归结果中可以看出，无论控制变量是否引入，交乘项 Treated × Post 的回归系数均显著为负，结果与假设 1 的预期相一致。

3. 反腐败与企业风险承担：政企纽带的异质影响

本章通过模型（3）来检验国有股权纽带性质对于反腐败影响下风险承担行为变化程度的差异，检验结果由表 7.5 所示。表 7.5 中列（1）和列（2）为模型（7.3）的回归结果，无论是否加入控制变量，交乘项 SOE × Post 都在 5% 的水平上显著为正，这与假设 2 的预期相一致，说明相比国有企业，非国有企业受到反腐败带来的不确定性的影响更大，风险承担水平下降更多，国有产权对这种影响有弱化的作用。表 7.5 中列（3）和列（4）为模型（1）的产权性质分组检验结果，由结果可见，在非国有企业组（SOE = 0）Post 的回归系数在负向显著更大，也说明了非国有企业的风险承担水平在反腐期间有更多的下降。

表 7.5　　　　　　　　　　产权性质的异质影响

因变量：风险承担	（1）	（2）	（3）	（4）
	全样本	全样本	SOE＝1	SOE＝0
Post	－0.0793 *** （－3.93）	－0.0195 （－0.21）	－0.0279 *** （－5.56）	－0.0613 *** （－7.64）
SOE	－0.0606 *** （－3.62）	－0.0639 *** （－3.74））		
SOE × Post	0.0463 ** （2.26）	0.0479 ** （2.32）		
Age		0.0033 ** （2.78）	0.0016 ** （2.65）	0.002 ** （2.46）
Roe		0.0012 （0.02）	－0.0005 （－0.29）	－0.0011 （－0.5）
Lev		－0.0078 （－0.38）	0.0213 ** （2.07）	0.0012 （0.14）
Firsh		0.0007 ** （2.11）	0.0001 （0.81）	0.0009 *** （3.77）
Size		－0.0081 （－1.61）	－0.0071 *** （－3.44）	－0.0119 *** （－3.53）
TobinQ		0.0053 * （1.81）	0.005 *** （3.83）	0.0037 ** （2.89）
Industry & Year	yes	yes	yes	yes
R^2	0.0144	0.0311	0.1356	0.136
N	6121	6121	3787	2507

资料来源：作者根据 Stata 13.0 软件检验结果自制。

通过模型（7.3）的检验结果可见，民营企业在反腐期间风险承担水平显著下降更多，我们进一步检验，反腐给官商勾结的传统政商关系以重创，那么民营企业风险承担水平的降低是否更多地是由于关联民营企业风险承担的降低？本章通过模型（7.4）来检验具有政治关联的民营企业在反腐期间是否下降更多，检验结果由表 7.6 所示。表 7.6 中列（1）和列（2）为模型（4）的回归结果，由回归结果可见，无论是否加入控制变量，交乘项 PoliticalC × Post 都在 10% 的水平上显著为负，这与假设 3 的预期相一致，说明相比无政治关联的企业，具有政治关联的企业风险承担水平下降更多，由于政治关联这种后天政企纽带的脆弱性，在不确定性的环境中强化了不确定性对风险承担水平的影响。表7.6中列（3）和列（4）为模型（7.1）的政治关联分组检验结果，由结果可见，在政治关联组（PoliticalC = 1）中 Post 的回归系数在负向显著更大，说明政治关联民企在反腐期间的风险承担水平出现了大幅度下降，而非关联企业仅出现了小幅度调整，反腐对民营企业风险承担水平的负向影响主要是由于关联民企的大幅下降带来的。

表 7.6　　　　　　　　　　　政治关联的异质影响

因变量：风险承担	（1）	（2）	（3）	（4）
	全样本	全样本	PoliticalC = 1	PoliticalC = 0
Post	− 0.0238 *** (− 6.53)	− 0.0353 *** (− 8.24)	− 0.482 *** (− 5.18)	− 0.0341 *** (− 7.50)
PoliticalC	0.0111 ** (2.31)	0.0119 ** (2.5))		
Post × PoliticalC	− 0.0086 * (− 1.71)	− 0.0079 * (− 1.58)		
Age		0.0019 *** (4.05)	0.0008 (1.13)	0.002 ** (4.05)
Roe		− 0.0092 (− 0.7)	0.0079 (0.27)	− 0.0113 (− 0.78)
Lev		0.0074 (1.28)	0.0336 * (2.00)	0.008 (1.4)
Firsh		0.0003 ** (2.71)	0.0006 ** (2.73)	0.0002 (1.59)
Size		− 0.0103 (− 6.07)	− 0.0126 *** (− 3.99)	− 0.0095 *** (− 5.22)
TobinQ		0.0041 *** (4.91)	0.0063 *** (3.56)	0.0043 *** (4.83)
Industry & Year	yes	yes	yes	yes
R^2	0.0196	0.1198	0.1401	0.136
N	6121	6121	1686	4435

资料来源：作者根据 Stata 13.0 软件检验结果自制。

7.4　进一步讨论

7.4.1　风险承担在哪些战略决策上发生了变化

反腐败所带来的政治环境的改变最终影响了企业的风险承担水平，根据产业组织理论的 SCP 模型，这种影响可能是公司具体战略决策及经营行为变化的作用结果。SCP 模型（shock-structure-conduct-performance）是用来分析在外部冲击下，所在行业结构发生变化，企业进行相应战略调整及行为的变化，进而影响企业绩效的范式。借鉴其思路，反腐败的外部冲击，使企业面临着行业政策的不确定、行业进入壁垒的变化等外部改变，企业针对外部冲击和行业结构的改变而采取相应的措施，包括业务扩张与收缩、营运方式的转变、管理的变革等一系列变动，最终影响企业的风险承担水平。为此，我们从公司的研发投入、并购行为来考察公司战略决策的变化。

相较于资本性投资，企业的 R&D 投资是高风险、高收益的战略行为，具有典型的长期性、高风险性和不可预测性。此外，R&D 投资也是有高自由裁量权的决策，因而 R&D 投资的提高意味着企业风险承担意愿的提高。企业的并购行为也被看作是高风险的经营活动，需要大量的现金投入并且未来收益有很大的不确定性。

从表 7.7 的回归结果上看，投资总体规模 CapExpend 与 Post 在 1% 的水平上显著负相关，说明在反腐风暴后，面对更高的不确定性，企业很可能采取了收缩的投资政策，投资行为更加稳健。而研发投入 R&D 和企业的并购活动与 Post 在 5% 的水平上呈显著的正相关关系，表明在反腐风暴后，企业研发投资活动和并购活动都有显著的增加。这可能是因为，R&D 投资虽然有高风险性，但在不确定的环境下，企业更可能进行高强度的创新投入以适应环境的变化；此外，研发投入的增加符合中央政府在各方面推进的"万众创新"的政策导向。我国政府仍有很强的能力直接干预企业的各级并购，反腐败淡化了政府对于并购活动的准入限制和强制干预，一定程度上提高了企业进行并购的能力和意愿。

193

因此由表7.7的实证结果可以看出，企业风险承担水平降低，主要来源于投资总体规模的降低，但对于促进公司价值提升的 R&D 投资和并购活动却有显著增加。即反腐减少了带有寻租色彩的企业风险承担行为，而符合政策导向、能够提高企业生命力的风险承担行为如加强研发和企业并购有所增加。

表7.7　　　　　　　　　　风险承担与公司战略决策

变量	(1)	(2)	(3)	(4)	(5)	(6)
	R&D	R&D	Merge	Merge	CapExpend	CapExpend
Post	1.64e+08*** (3.63)	2.33e+08** (3.00)	0.0245** (3.03)	0.1312*** (2.74)	-1.9166*** (-26.73)	-1.4093** (-3.38)
Age		-1.75e+07 (-1.19)		0.0004 (0.7)		-0.0861*** (-8.74)
Roe		2.01e+07 (1.04)		-0.066** (-2.44)		0.7054** (2.6)
Lev		2.66e+08 (1.56)		0.0058 (0.55)		-0.2471** (-2.07)
Firsh		0.3827 (1.33)		0.0006 (0.39)		-0.0029 (-1.09)
Size		1.63e+08*** (4.23)		0.0027 (1.04)		1.0027*** (28.23)
SOE		1.50e+08 (1.04)		-0.0116** (-1.98)		0.4027*** (4.29)
TobinQ		-2.13e+07 (-1.16)		0.0107*** (7.1)		-0.0092 (-0.54)
GDPGrowth				4.9761** (2.51)		9.7245 (0.56)
Industry & Year	yes	yes	yes	yes	yes	yes
R^2	0.007	0.1137	0.018	0.0217	0.1878	0.418
N	1306	1306	6121	6121	6121	6121

资料来源：作者根据 Stata 13.0 软件检验结果自制。

7.4.2 反腐是否打破了以往国有企业的盲目冒险行为?

近年来,实务界和理论界对央企国企过度投资的诟病不断。国有企业存在所有者缺位,很多国有企业尚未建立责权清晰的现代企业制度,管理层在决策中起着举足轻重的作用。因而有腐败倾向的高层管理者在决策时以考虑自己的既得利益为先,在风险决策选择中可能一味追求高风险带来的私有收益,而与企业自身资源能力不相匹配,导致巨额投资损失的事件频发,仅为利益输送而投资的非效率项目屡见不鲜。

高压反腐过程中国有企业是重点监察对象,企业高管可贪图的私有收益减少,其追求私有收益所要承担的成本加大;严格的问责制度使高管投资决策失败所带来的个人损失加大,因此国有企业高管因其既得利益而盲目投资的意图减弱,这有可能导致企业的风险承担水平有所降低,投资决策趋于谨慎,但盲目投资的问题相应有所改善,资金利用效率有所提高。

政府管制行业具有投资规模大、政府扶持力度强等特点,更容易滋生腐败和过度投资,并且更容易受政治因素的影响。因此,本章进一步检验政府管制行业也就是高腐败行业风险承担行为的变化,并对这种变化下投资效率水平的改变进行了检验。参考夏立军和陈信元(2007)和证监会行业分类标准(2011),将采掘业(B)、石油(C25)、金属冶炼(C31、C32)、电力(D)、交通(F)和房地产(K)界定为管制行业。采用理查森(Richardson,2004)的投资效率模型计算企业的投资效率(包括过度投资和投资不足)。

检验结果如表7.8所示。第(1)、(2)列为管制行业在反腐风暴前后风险承担的变化,我们关注的是管制行业与反腐败的交乘项。检验结果显示,无论是否加入控制变量,交乘项系数显著为负,说明相对于非管制行业,管制行业在反腐风暴期间风险承担下降显著更高。腐败治理期间对腐败行业进行重点治理,与其有关的官员与高管呈塌方式落马,使腐败行业所面临的不确定性显著提高,其风险承担水平显著下降。第(3)、(4)列为管制行业在反腐风暴前后投资效率的变化,检验样本为管制行业存在过度投资问题的企业(Guanzhi = 1&Investuneff > 0)。检验结果表明,反腐变量 Post 系数显著为负,说明反腐治理后管制行业企业的过度投资问题显著降低，投资效率有所提高。以上结果说明，反腐治理使腐败行业投资决策趋于谨慎，风险承担有所降低，但与此同时，盲目投资的问题有所改善，过度投资减少，资金利用效率在提升。

表 7.8　　　　　　　管制行业风险承担、投资效率变化

变量	（1） Risk-taking	（2） Risk-taking	（3） Investuneff （管制行业 过度投组）	（4） Investuneff （管制行业 过度投资组）
Post	− 0. 0261 *** （− 7. 52）	− 0. 03437 *** （− 8. 27）	− 0. 0086 *** （− 2. 89）	− 0. 0578 *** （− 4. 08）
Guanzhi	0. 1838 *** （23. 57）	0. 05854 *** （2. 8）		
Guanzhi × Post	− 0. 03922 *** （− 8. 24）	− 0. 03457 *** （− 1. 86）		
Age		0. 0014 *** （3. 15）		− 0. 0034 * （− 1. 93）
Roe		− 0. 0066 （− 0. 5）		− 0. 0016 （− 0. 05）
Lev		0. 0044 （0. 76）		− 0. 0054 （− 0. 21）
Size		− 0. 0108 *** （− 6. 51）		− 0. 007 * （− 1. 55）
TobinQ		0. 0039 *** （4. 85）		0. 0022 （0. 89）
Industry & Year	yes	yes	yes	yes
R^2	0. 1745	0. 0472	0. 0427	0. 0985
N	6294	6294	750	750

资料来源：作者根据 Stata 13. 0 软件检验结果自制。

196

7.5　稳健性检验

为了保证结果的稳健性，我们还进行了如下测试：

（1）风险承担的替代变量。以 3 年为观测区间并滚动计算企业盈利的波动性或者采用每个公司在观测期间内 ROA 最大值与 ROA 最小值之间的差额表示风险承担（Faccio et al.，2011），检验结果与本章主体部分结论一致。

（2）反腐程度的替代变量。前文以时间虚拟变量作为反腐败的替代变量，在控制了固定效应和宏观经济效应后可以排除大部分的干扰性因素，但为了更直观地观察高压反腐对企业风险承担的影响，我们用中纪委网站所披露的企业所处省份该年份落马副处级以上官员人数作为反腐强度的替代变量。检验结果与本章主体部分结论一致，即该省的官员落马人数与该省企业风险承担呈显著的负相关，也就是反腐力度越强，企业表现出更谨慎的承担风险态度。将样本细分为国有企业和民营企业后，负相关关系在民营企业样本中显著，在国有企业中不显著。

7.6　本　章　小　结

本章以十八大以来中央高压反腐为背景，考察了在政治环境改变时企业风险承担的成本收益配比和资源承担能力发生改变，其风险承担水平的改变情况。实证研究结果发现，企业的风险承担水平在反腐期间下降，国有产权性质弱化了反腐败对企业风险承担行为的负向影响。在中央新型政商关系的要求下，民营企业的政治联系不再是"护身符"而可能成为"紧箍咒"，研究发现相对于非政治关联民企，关联民企在腐败期间风险承担显著下降更多。进一步将企业风险承担细分为公司具体决策时发现，企业风险承担的下降很大程度上是源于更加谨慎的总体投资，而研发投入和并购活动有所增加，也就是说，反腐总体上减少了带有寻租色彩的企业风险承担行为，而符合政策导向、能够提高企业生命力的风险承担行为如加强研发和企业并购仍有所增加。此外，腐败多发行业风险承担显著下降更多的同时过度投资问题显著减少，说明腐败治理制约了高腐败领域的盲目冒险倾向。本章为反腐的微观治理效果提供了企业风险承担方向的经验证据，并为反腐助力企业竞争力和活力的提高和新型政商关系的建立提供了有力经验证据和政策启示。

本章研究关于政商关系的三个重要政策启示：其一，反腐给了传统的官商关系以明确的警示，很大程度上打破了固有的官商相处模式。本章研究结论发现，政治关联企业在高压反腐期间风险承担出现了更大程度的下降。其二，反腐更是为"新型政商关系"的建立提供了推动力和保障。反腐走向制度化轨道，能够长期制约官商勾结导致市场不公，推动政商关系由官员个体与企业家的官商关系，向法人与法人间的制度化政企关系转变。本章实证研究发现，在高压反腐前政治关联企业的风险承担要显著高于非关联企业，而反腐后政治关联企业与非政治关联企业没有显著差异，说明反腐后政治纽带不能再继续成为民营企业的"护身符"，在新型政商关系的要求下，政治关联很有可能成为束缚企业发展的"紧箍咒"，在看似光鲜的各种优惠政策下实则存在着更大的未来政治风险。其三，在公平市场上，企业能够更加确立以创新作为发展的核心手段。本章的研究结果显示在反腐期间，企业创新投入有显著的提升。高压反腐期间企业投资更加趋于谨慎，投资有所回落，但创新投入仍然有显著的提升。在不以官商关系为政策荫庇后，企业将关注点更多地集中在了创新对企业发展的核心作用上。

第8章 结论、政策建议与研究展望

8.1 结　　论

多个大股东的治理效用问题成为近年来国内外学者关注的热点，现有研究认为多个大股东对公司绩效、价值和融资成本等有积极作用，但对于作为公司重要经营和投资战略的风险承担行为，相关文献较少予以关注。而企业风险承担水平直接关系到企业的创新投入和未来收益，提高我国企业整体风险承担水平就是为中国经济和科技发展注入持续的活力和动能。目前有学者研究认为多个大股东并存缓解了控股股东与小股东间的代理问题，能够正向影响企业风险承担水平；也有学者指出其他大股东对控股股东可能存在"过度监督"，使控股股东更不愿进行高不确定性的决策从而降低了公司风险承担水平；由此可见，多个大股东如何影响公司风险承担倾向还有待探讨。特别是，在逐步深化国有企业混合所有制改革过程中，国家股东控股、非控股大股东为民营性质或其他不同身份性质的多个大股东公司越来越多的情况下，多个大股东对企业风险承担的影响作用研究更加重要。鉴于此，本书基于混合所有制改革的制度背景，从理论和经验证据上深入探讨了多个大股东对企业风险承担的影响、机制和经济后果。具体回答了以下几个问题。

首先，国有上市公司多个大股东并存是否有利于提高企业的风险承担？多个大股东存在下的促进竞争效应、联盟效应和折衷效应，哪一种效应发挥了主导作用？其次，多个大股东发挥治理效应的具体机制是什么？在中国情境下，是通过"发声"还是"退出"机制？多个大股东影响企业风险承担的具体公司政策路径是什么？再次，不同身份股东带来的股东间关系不同会导致多个大股东怎样不同的治理效应？导致差异性效应的具体机制是什么？最后，基于SCP模型，在多个大股东公司中风险承担的提高是否会带来公司资本配置效率的提升？

经济学基本原理和经典CAPM理论都说明了这样一个原理：风险与收益是相伴相生的，高风险意味着有更大可能性获得高收益。在充分竞争的市场上，要想获得更高的收益，那么更高的风险承担就是相伴而来的。风险承担是企业为了追逐市场上的高额利润而有意愿将资源投入到具有较高不确定性的项目上的倾向（Lumpkin and Dess，1996）。著名的管理学家彼得德鲁克认为，企业家在经济上的冒险行为是企业管理的核心内容，而企业是企业家决策的组织载体。因此，企业通过承担高风险来获取更高收益水平的行为应当得到鼓励（Holmstrom，1979；Jensen and Murphy，1990）。

我国近年来所倡导的"大众创业、万众创新"的实质就是提高企业和社会的整体风险承担水平，为中国经济发展注入新的活力和动能。创业和创新始于对市场上有价值的机会的识别与捕捉，有风险承担意识的企业和企业家会乐于为这种有价值的投资机会配置相关资源，即使这种机会往往是具有高风险性的。这意味着具有风险承担意愿的企业因为更看重的是新机会能够给企业带来长期的价值增值潜力，而能够容忍风险性项目投资可能带来的失败成本。企业和企业家在制定目标和进行决策时能够承担一定风险的胆识，使其可以更好地开发和捕捉市场上有价值的机会，从而给企业乃至于整体经济带来发展的活力和动能。

在国有企业改革不断向纵深推进的过程中，如何进一步提高国有企业的经营活力、创新活力成为亟待解决的关键问题。而国有企业由于国家股东"虚位"、过长的委托代理链条和严重的内部人控制问题，委托代理成本居高不下，其风险承担水平要明显低于民营企业（李文贵和余明桂，2012）。随着股权分置改革的完成和混合所有制改革的进行，国有上市公司控股股东的持股比例呈逐年下降的趋势，但为了保持国有经济的主体地位，国资委或者国有法人所持有的股份仍然是控制性的，一股独大的局面还未发生根本性的改变。在此情境下，考虑非控股大股东（non-controlling blockholders）存在下多个大股东结构的治理效应就成为了重要方向。

我国转轨经济和混合所有制改革的特殊背景为研究多个大股东问题

提供了良好的契机。在混合所有制改革过程中，最优股权组合问题成为学术界与实务界共同关注的重要问题。茨维伯尔（Zwiebel，1995）用合作博弈的工具证明了三种均衡的股权结构，存在多个大股东相互制衡的股权结构即为其中一种。然而国内就多个大股东共存对公司价值影响的研究还存在结论上的分歧。一方面研究发现存在多个大股东相制衡的公司价值显著高于其他公司（陈信元和汪辉，2004；赵景文和于增彪，2005）；而另一方面，有研究表明股权制衡结构并没有产生治理效率的提高，反而产生了控制权争夺，客观上使公司价值和中小股东利益受损（朱红军和汪辉，2004）。此外，在混合所有制改革背景下，多个大股东问题研究进一步复杂化，演化为不同股权性质即不同股东身份的多个大股东的博弈问题。不同产权性质股东在代理问题的产生和缓解途径、所有权的行使方式上存在明显差别，因而其博弈的路径和产生的结果不尽相同。徐莉萍等（2006）的研究结果证明，不同性质外部大股东的作用效果有明显差别，而且其在不同性质控股股东控制的上市公司中的表现也不尽一致。孙鲲鹏等（2021）认为多元产权主体理论应是国有企业改革理论制度讨论的基础，国有企业混合所有制改革的关键在于异质产权主体间博弈关系以及不同的治理效应。这是中国转型经济的特殊制度背景下特有的研究情境，西方契约理论鲜有讨论多元产权主体间的互动行为，以及不同股权组合下对企业风险承担和资本配置效率的影响。

　　基于此，本书从微观企业股东治理的视角探讨混合所有制改革背景下什么样的股权组合更好，更能够激发国有企业的经营活力，能够使国有企业更乐于做出有利于资本配置效率提升的风险承担决策；探讨在保持国有资产地位前提下，国家股东高持股的现实情境下，形成"一控多大"还是"一控众散"的股权结构更好。以 2008～2017 年我国 A 股国有上市公司为研究样本，实证结果发现，对于国有上市公司全样本，多个大股东公司比单一控股股东公司有显著更高的风险承担水平，说明了多个大股东的促进竞争效应（procompetitive effects）在其中占主导地位。该检验结果经过倾向匹配得分法下的双重差分检验、Heckman 两阶段检验和其他稳健性检验后依然成立。这个结果表明，多个大股东并存的股权结构对于国有企业来说是有效率的，引入其他非控股大股东可以提高国有企业的风险承担水平。更多地风险性项目的选择很大程度上意味着企业经营活力的提高，能够有助于改变国有企业以往"暮气沉沉"的经营状态，符合当前国有企业改革中"提高国有企业经营活力"的关键要求。

新一轮混合所有制改革推行以来，国企之间"同一性质"混合的形式不断地增加，而"国国"混合的效果受到很大的质疑。从本书的实证结果来看，引入国有性质的非控股大股东在公司风险承担方向上的影响是正向的，在引入国有股东形成多个大股东的情形下，能够形成大股东间的竞争关系，从而提高公司的决策质量。这可能是因为，"简单的"引入其他国有股权并不能改变原国有控股股东的"一言堂"状态，国企的固有弊端无法得到改善；而引入具有一定持股量的其他国有"大"股东后，大股东由于所属的利益集团不同仍然会产生竞争关系，使原控股股东有利于利益攫取的投资决策更不容易被通过。

进一步地，本书检验了多个大股东发挥促进竞争效应的具体作用机制："发声（Voice）"机制和"退出（Exit）"机制。检验结果发现，其他大股东在风险承担方向上的治理作用主要是通过"发声"机制来实现的，而"退出"机制在中国特殊的制度背景和资本市场环境下并不能有效地发挥作用。退出机制不能有效发挥作用的原因可能在于，一方面，其他大股东的进入可能是政府的指令性行为，这使得即使市场上有足够的流动性使大股东能够实施退出策略，也不会因为市场交易价格时机合适就卖掉股票退出公司；另一方面，我国不完善的资本市场环境使市场上的资产定价效率很低，这导致大股东退出带来的市场上资产定价威慑对控股股东行为的影响有限。

此外，基于"股权结构—公司政策—风险承担"的逻辑路径，本书验证了多个大股东并存下由何种具体路径影响了企业风险承担水平。检验结果发现，更多的并购决策、更高的经营集中度是多个大股东股权结构影响企业风险承担水平的具体路径。而多个大股东的引入对企业风险承担的正向影响作用并不是通过增加企业研发投入的路径来实现的。

股东身份以及由此决定的股东间关系是多个大股东治理作用发挥与否的约束项，因此本书进一步具体考虑大股东身份在其中的影响作用。实证结果发现，大股东的引入使民营性质非控股大股东的国有上市公司相比于单一国有控股股东结构的公司有更低的风险承担水平，国有控股股东与民营非控股大股东间的相互作用更多地表现为折衷效应（compromise effects）。经过作用机制检验本书排除了大股东间联盟关系导致风险承担下降的情况，研究发现股东冲突和融资约束是存在民营非控股大股东时多个大股东公司风险承担水平更低的可能原因。一方面，国家控股股东与民营大股东之间存在着战略导向、利益诉求、风险偏好等方面的差异冲突，大股东间的冲突的加剧会导致成一致决策意见的难度增加，冒风险的投资决策更不容易被通过；另一方面，实证检验发现，伴随着国有股权的退出，企业的风险承担更加依赖于自有现金流，同时上市公司可以获得的银行贷款更少，即民营非控股大股东存在下的多个大股东公司面临更强的融资约束，由于风险承担行为具有较强的资源依赖性，承担风险可用资源的减少负向调节了多个大股东结构与风险承担的关系。

而国有性质非控股大股东的引入正向影响了国有上市公司的风险承担水平，多个大股东的促进竞争效应为占优势的主导效应。这意味着，国有企业混合所有制改革中，引入具有一定持股量的国有性质大股东进行"国国"混合是有效率的。国有性质其他大股东与原国有控股股东虽然天然属性一致，但由于其很可能分属于不同集团公司，各集团公司都有自身不同的战略布局、主营业务导向和关键利润点，因此国有大股东间也存在竞争关系，这种竞争也可以带来一定程度上的"鲶鱼效应"，促使公司通过更多地有利于公司价值提升的风险性投资决策。

最后，经济后果的实证检验发现，公司风险承担选择正向调节了公司投资机会与投资水平之间的关系，即公司风险承担对提高资本配置效率具有积极作用。考虑多个大股东结构与单一控股股东结构的差异影响下，研究结果发现，国有上市公司整体而言投资水平对投资机会的敏感性不高，资本配置效率较低；但多个大股东公司的投资机会与投资水平显著正相关，这说明，相对于单一控股股东结构的公司，多个大股东公司有更高的资本配置效率。细分非控股大股东身份后，国有性质非控股大股东的治理作用的发挥能够正向调节风险承担与公司资本配置效率的关系；而当公司存在民营性质的非控股大股东时，会负向调节公司风险承担对资本配置效率的影响。

8.2 政策建议

基于以上的研究结论，可以得到的政策启示，特别是对深入推进国有企业混合所有制改革的政策启示主要有：

首先，国有上市公司中多个大股东治理具有风险承担方向上的效率性，因此在"以提高国有资本效率、增强国有企业活力为中心"的国企改革要求下，多个大股东结构应该受到鼓励。企业经营活力很大程度上来源于其风险承担行为（苏坤，2016），通过其他非控股大股东的引入，建立主要股东之间的竞争关系，可以避免国企内部人出于控制权私利攫取而进行保守的投资决策，更多地选择冒风险的投资项目以获得更高的收益同时从经济后果的角度看，也可以促进国有企业资本配置效率的优化。

其次，要重视国有、民营大股东行为偏好不相容问题。在新一轮混合所有制改革背景下，引入民营背景的战略投资者是国有企业改革的关键一环，而从本书的实证结果来看，"国民"混合也并不是"一混就灵"，避免陷入战略目标之争是国有上市公司进行混合所有制改革中要注意的重要问题。国有、民营大股东在利益诉求、战略导向和风险偏好等方面存在巨大差异甚至于冲突，当股东的行为偏好不相容时，他们在共同决策过程中的分歧可能会导致决策效率的降低。这就要求国有企业在引入民营战略投资者时谨慎地进行选择，突出其他大股东选择的匹配度问题，更多地选择理念一致、发展目标趋同、有产业协同意识的合作者，来充分发挥民营大股东的盈利动机明确的经营动力优势，选择更多有利于企业价值增加的风险性投资决策，提高国有企业经营活力。

再次，要重视国有股权退出可能带来的融资约束强化问题。在混合所有制改革过程中国有股权的不断退出可能影响与国有股权相伴而来的各种资源、信贷和政策优势，使公司面临的融资约束有所增强，承担风险性投资的资源能力有所降低。因此，在充分鼓励非国有资本进入的同时，也需要考虑混合所有制企业面临的现实困难，给予一定的配套政策的支持；作为市场制度设计者和维持者的政府应当继续深化改革，使市场进一步在资源配置中起决定性作用，给所有市场参与者提供更加公平的信贷环境和竞争环境。此外，技术资源和人才资源同样是企业承担风险所需的战略性资源，在选择民营战略投资者时，可优先考虑具有技术、人才等战略性资源的民资以对企业风险承担所需资源进行补充。

最后，要有选择地鼓励引入国有其他大股东进行"国国"混合。新一轮混合所有制改革推行以来，国企之间"同一性质"的混合不断地增加，这种"国国"混合往往被认为不能达到混改的实质目的，国有非控股股东的治理效果受到学者的质疑。而从本书的实证结果来看，引入国有性质的非控股大股东在公司风险承担方向上的影响是正向的。引入国有股东形成多个大股东结构，能够形成大股东间的竞争关系，从而提高公司的决策质量。这可能是因为，以往"简单地"引入其他国有股权并不能改变原国有控股股东的"一言堂"状态，国企的固有弊端无法得到改善；而引入具有一定持股量的其他国有"大"股东后，大股东由于所属的利益集团不同仍然会产生竞争关系，使原控股股东有利于利益攫取的投资决策更不容易被通过。因此，对"国国"混改不能一概而论的否定，混合所有制改革的公司治理效果受到公司股权结构的约束，在多个大股东股权结构场景下，国有性质其他大股东的引入也能够起到促进竞争效应，促使国有企业更多地选择风险性决策，提高企业的经营活力，应给予一定的政策鼓励。

8.3　研究局限与未来研究展望

本书基于国有企业混合所有制改革的制度背景，从理论和经验证据上深入探讨了多个大股东对企业风险承担的影响以及具体的作用机制，尝试从公司治理的本源性变量出发讨论如何能够进一步增强国有企业的经营活力和资本配置效率。但还需要进一步解决与探索以下问题。

首先，企业风险承担水平的计量问题。本书借鉴约翰等（John et al.，2008）、布巴克里等（Boubakri et al.，2013）等的研究方法，以观察时期内企业盈利的波动来衡量企业风险承担水平。尽管近年来不少学者借鉴该方法研究企业风险承担，同时取得了不少研究成果，但是目前尚无文献验证该计量方法在中国特殊制度背景下的适用性和有效性。有部分学者借鉴程等（Chen et al.，2006）、阿姆斯特朗等（Amstrong et al., 2012）的研究方法，用股票收益率的波动性衡量公司风险承担，由于我国资本市场还不完善，股票价格呈现较高的非理性特征，这种计量方法的适用性还有待验证。此外，企业风险承担实际上是企业事前对投资风险性的一种选择，现有研究多用事后的波动情况来反向推断风险选择的情况，而肯普夫等（Kempf et al., 2009）的研究中试图用基金经理的投资组合来反映承担风险的意愿，这种计量方法的适用性和有效性有待于以后进一步验证。

其次，本书研究所述的股东治理逻辑是基于公司法中一股一票的股东投票规则赋予的股东控制权与所有权安排相匹配，而现实中特别是我国特殊制度环境中，股权和控制权可能存在非对等的逻辑。国有企业混合所有制改革中不断引入不同性质的股东，国有股权虽然得到稀释，但国有股代表的超级股东身份使其仍占据着控制权优势，异质性股东对公司治理的参与程度因此可能削弱（李建标等，2016），存在股权和控制权不对等的情况。因此，进一步将控制权配置纳入多个大股东治理的分析框架是后续研究可能的关键点。在持有一定程度股份的基础上（满足多个大股东并存的股权结构安排），进一步让渡更多地控制权给其他大股东（即占有董事会席位或委派高管），会使大股东间关系产生怎样的变化？使其他大股东对公司治理参与度的影响如何？进而对企业风险承担水平产生何种不同的影响？这是本书进一步研究多个大股东治理作用的关键方向。

最后，多个大股东在企业风险承担方向上的治理作用可能会受到公司内部与外部治理机制的调节而产生不同的作用效果，这是本书进一步研究多个大股东治理作用的重要方向。再进一步地，多个大股东作为一种股东治理机制，与其他的内、外部治理机制之间的关系是否会表现为互补关系或者替代关系？这也有待以后研究的进一步检验。例如，较高质量的外部审计能够给其他大股东的决策提供更加透明的信息环境，更容易发现控股股东利用次优投资决策侵占中小股东利益的行为，对多个大股东与风险承担的关系起到正向调节作用；但同时，如果公司的外部审计质量较低，似乎更需要其他非控股大股东的治理发挥作用，因此多个大股东治理与其他治理机制是替代作用还是互补作用有待以后研究。

参 考 文 献

［1］白重恩、刘俏、陆洲等：《中国上市公司治理结构的实证研究》，载于《经济研究》2005年第2期。

［2］步丹璐、刁媛：《融资惯性、控制权收益和民营化效率——基于星美联合的案例分析》，载于《财经研究》2016年第9期。

［3］蔡春、朱磊、郑倩雯等：《多个大股东与高质量审计需求》，载于《会计研究》2021年第10期。

［4］曹廷求、朱博文：《货币政策、银行治理与风险承担》，载于《金融论坛》2012年第12期。

［5］陈德萍、陈永圣：《股权集中度、股权制衡度与公司绩效关系研究——2007~2009年中小企业板块的实证检验》，载于《会计研究》2011年第1期。

［6］陈建林：《家族所有权与非控股国有股权对企业绩效的交互效应研究——互补效应还是替代效应》，载于《中国工业经济》2015年第12期。

［7］陈骏、徐捍军：《企业寻租如何影响盈余管理》，载于《中国工业经济》2019年第12期。

［8］陈林、万攀兵、许莹盈：《混合所有制企业的股权结构与创新行为——基于自然实验与断点回归的实证检验》，载于《管理世界》2019年10期。

［9］陈仕华、卢昌崇：《国有企业党组织的治理参与能够有效抑制并购中的"国有资产流失"吗?》，载于《管理世界》2014年第5期。

［10］陈仕华、卢昌崇：《国有企业高管跨体制联结与混合所有制改革——基于"国有企业向私营企业转让股权"的经验证据》，载于《管理世界》2017年第5期。

［11］陈小悦、徐晓东：《股权结构、企业绩效与投资者利益保

护》，载于《经济研究》2001 年第 11 期。

[12] 陈信元、汪辉：《股东制衡与公司价值：模型及经验证据》，载于《数量经济技术经济研究》2004 年第 11 期。

[13] 党力、杨瑞龙、杨继东：《反腐败与企业创新：基于政治关联的解释》，载于《中国工业经济》2015 年第 7 期。

[14] 董保宝：《风险需要平衡吗：新企业风险承担与绩效倒 U 型关系及创业能力的中介作用》，载于《管理世界》2014 年第 1 期。

[15] 杜莹、刘立国：《股权结构与公司治理效率：中国上市公司的实证分析》，载于《管理世界》2002 年第 11 期。

[16] 冯晓晴、文雯：《多个大股东与企业风险承担》，载于《中南财经政法大学学报》2019 年第 7 期。

[17] 冯晓晴、文雯、靳毓：《多个大股东与企业社会责任》，载于《财经论丛》2020 年第 10 期。

[18] 高佳旭、刘志远：《控股股东对企业风险承担的影响——基于文献综述的视角》，载于《现代管理科学》2019 年第 1 期。

[19] 顾乃康、孙进军：《融资约束、现金流风险与现金持有的预防性动机》，载于《商业经济与管理》2009 年第 4 期。

[20] 郭瑾、刘志远、彭涛：《银行贷款对企业风险承担的影响：推动还是抑制?》，载于《会计研究》2017 年第 2 期。

[21] 郝阳、龚六堂：《国有、民营混合参股与公司绩效改进》，载于《经济研究》2017 年第 3 期。

[22] 郝云宏、汪茜：《混合所有制企业股权制衡机制研究——基于"鄂武商控制权之争"的案例解析》，载于《中国工业经济》2015 年第 3 期。

[23] 郝云宏、汪茜、王淑贤：《多个大股东与公司治理研究》，载于《浙江工商大学学报》2016 年第 2 期。

[24] 何威风、刘怡君、吴玉宇：《大股东股权质押和企业风险承担研究》，载于《中国软科学》2018 年第 5 期。

[25] 何瑛、于文蕾、杨棉之：《CEO 复合型职业经历、企业风险承担与企业价值》，载于《中国工业经济》2019 年第 9 期。

[26] 胡国柳、胡珺：《董事高管责任保险与企业风险承担：理论路径与经验证据》，载于《会计研究》2017 年第 5 期。

［27］胡一帆、宋敏、张俊喜：《中国国有企业民营化绩效研究》，载于《经济研究》2006 年第 7 期。

［28］胡一帆、宋敏、郑红亮：《所有制结构改革对中国企业绩效的影响》，载于《中国社会科学》2006 年第 4 期。

［29］胡育蓉、朱恩涛、龚金泉：《货币政策立场如何影响企业风险承担——传导机制与实证检验》，载于《经济科学》2014 年第 1 期。

［30］黄建欢、李卓霖、尹筑嘉：《混合所有制企业的股东利益冲突、股权混合模式与公司绩效》，载于《湖南大学学报（社会科学版）》2017 年第 1 期。

［31］黄群慧、余菁：《新时期的新思路：国有企业分类改革与治理》，载于《中国工业经济》2013 年第 11 期。

［32］黄中生：《论大股东的公司治理效应》，载于《管理现代化》2008 年第 1 期。

［33］黄祖辉、孙永祥：《上市公司的股权结构与绩效》，载于《经济研究》1999 年第 12 期。

［34］鞠晓生、卢荻、虞义华：《融资约束、营运资本管理与企业创新可持续性》，载于《经济研究》2013 年第 1 期。

［35］姜付秀、蔡欣妮、朱冰：《多个大股东与股价崩盘风险》，载于《会计研究》2018 年第 1 期。

［36］姜付秀、王运通、田园等：《多个大股东与企业融资约束——基于文本分析的经验证据》，载于《管理世界》2017 年第 12 期。

［37］金宇超、靳庆鲁、宣扬：《"不作为"或"急于表现"：企业投资中的政治动机》，载于《经济研究》2016 年第 10 期。

［38］李广子、刘力：《民营化与国有股权退出行为》，载于《世界经济》2012 年第 10 期。

［39］李建标、王高阳、李帅琦等：《混合所有制改革中国有和非国有资本的行为博弈——实验室实验的证据》，载于《中国工业经济》2016 年第 6 期。

［40］李文贵、余明桂：《所有权性质、市场化进程与企业风险承担》，载于《中国工业经济》2012 年第 12 期。

［41］李文贵、余明桂：《民营化企业的股权结构与企业创新》，载于《管理世界》2015 年第 4 期。

[42] 李维安、李滨：《机构投资者介入公司治理效果的实证研究——基于CCGI的经验研究》，载于《南开管理评论》2008年第1期。

[43] 李小荣、张瑞君：《股权激励影响风险承担：代理成本还是风险规避?》，载于《会计研究》2014年第1期。

[44] 李学伟、马忠：《金字塔结构下多个控制性大股东的制衡效应》，载于《中国软科学》2007年第7期。

[45] 李争光、赵西卜、曹丰等：《机构投资者异质性与企业绩效——来自中国上市公司的经验证据》，载于《审计与经济研究》2014年第5期。

[46] 连玉君、苏治：《融资约束、不确定性与上市公司投资效率》载于《管理评论》2009年第1期。

[47] 林莞娟、王辉、韩涛：《股权分置改革对国有控股比例以及企业绩效影响的研究》，载于《金融研究》2016年第1期。

[48] 刘汉民、齐宇、解晓晴：《股权和控制权配置：从对等到非对等的逻辑——基于央属混合所有制上市公司的实证研究》，载于《经济研究》2018年第5期。

[49] 刘行、建蕾、梁娟：《房价波动、抵押资产价值与企业风险承担》，载于《金融研究》2016年第3期。

[50] 刘胜强、刘星：《股权结构对企业R&D投资的影响——来自制造业上市公司2002~2008年的经验证据》，载于《软科学》2010年第7期。

[51] 刘新民、王垒：《上市公司高管更替模式对企业绩效的影响》，载于《南开管理评论》2012年第2期。

[52] 刘星在、刘伟：《监督，抑或共谋?——我国上市公司股权结构与公司价值的关系研究》，载于《会计研究》2007年第6期。

[53] 刘运国、高亚男：《我国上市公司股权制衡与公司业绩关系研究》，载于《中山大学学报（社会科学版）》2007年第4期。

[54] 刘志远、刘倩茹：《业绩型股票期权的管理层收益与激励效果》，载于《中国工业经济》2015年第10期。

[55] 刘志远、王存峰、彭涛等：《政策不确定性与企业风险承担：机遇预期效应还是损失规避效应》，载于《南开管理评论》2017年第6期。

［56］陆瑶、胡江燕：《CEO 与董事间的"老乡"关系对我国上市公司风险水平的影响》，载于《管理世界》2014 年第 3 期。

［57］卢峰、姚洋：《金融压抑下的法治、金融发展和经济增长》，载于《中国社会科学》2004 年第 1 期。

［58］罗党论、廖俊平、王珏：《地方官员变更与企业风险——基于中国上市公司的经验证据》，载于《经济研究》2016 年第 5 期。

［59］吕怀立、李婉丽：《多个大股东是否具有合谋动机？——基于家族企业非效率投资视角》，载于《管理评论》2015 年第 11 期。

［60］吕文栋、刘巍、何威风：《管理者异质性与企业风险承担》，载于《中国软科学》2015 年 12 期。

［61］马连福、王丽丽、张琦：《混合所有制的优序选择：市场的逻辑》，载于《中国工业经济》2015 年第 7 期。

［62］马新啸、汤泰劼、郑国坚：《非国有股东治理与国有企业的税收规避和纳税贡献——基于混合所有制改革的视角》，载于《管理世界》2021 年第 6 期。

［63］潘红波、余明桂、李文贵：《民营化、产权保护与企业风险承担》，载于《经济研究》2013 年第 9 期。

［64］潘越、戴亦一、李财喜：《政治关联与财务困境公司的政府补助——来自中国 ST 公司的经验证据》，载于《南开管理评论》2009 年第 5 期。

［65］潘红波、夏新平、余明桂：《政府干预、政治关联与地方国有企业并购》，载于《经济研究》2008 年第 4 期。

［66］潘越、汤旭东、宁博等：《连锁股东与企业投资效率：治理协同还是竞争合谋》，载于《中国工业经济》2020 年第 2 期。

［67］钱红光、刘岩：《混合所有制、股权结构对公司绩效的影响》，载于《统计与决策》2019 年第 23 期。

［68］钱先航、曹廷求：《谁获得了国有股权？》，载于《经济与管理研究》2014 年第 12 期。

［69］钱先航、徐业坤：《官员更替、政治身份与民营上市公司的风险承担》，载于《经济学（季刊）》2014 年第 4 期。

［70］宋立刚、姚洋：《改制对企业绩效的影响》，载于《中国社会科学》2005 年第 2 期。

[71] 宋增基、冯莉茗、谭兴民:《国有股权、民营企业家参政与企业融资便利性——来自中国民营控股上市公司的经验证据》,载于《金融研究》2014年第12期。

[72] 苏坤:《国有金字塔层级对公司风险承担的影响——基于政府控制级别差异的分析》,载于《中国工业经济》2016年第6期。

[73] 苏坤:《管理层股权激励、风险承担与资本配置效率》,载于《管理科学》2015年第3期。

[74] 孙泽宇、齐保垒:《多个大股东与企业金融化》,载于《管理工程学报》2022年第3期。

[75] 汤谷良、戴璐:《国有上市公司部分民营化的经济后果——基于"武昌鱼"的案例分析》,载于2006年第9期。

[76] 田高良、封华、张亭:《风险承担、信息不透明与股价同步性》,载于《系统工程理论与实践》2019年第3期。

[77] 王栋、吴德胜:《股权激励与风险承担——来自中国上市公司的证据》,载于《南开管理评论》2016年第3期。

[78] 王红建、曹瑜强、杨庆等;《实体企业金融化促进还是抑制了企业创新——基于中国制造业上市公司的经验研究》,载于《南开管理评论》2017年第1期。

[79] 王红领、李稻葵、雷鼎鸣:《政府为什么会放弃国有企业的产权》,载于《经济研究》2001年第8期。

[80] 王运通、姜付秀:《多个大股东能否降低公司债务融资成本》,载于《世界经济》2017年第10期。

[81] 王甄、胡军:《控制权转让、产权性质与公司绩效》,载于《经济研究》2016年第4期。

[82] 汪平、邹颖、兰京:《异质股东的资本成本差异研究——兼论混合所有制改革的财务基础》,载于《中国工业经济》2015年第9期。

[83] 汪伟、史晋川:《进入壁垒与民营企业的成长——吉利集团案例研究》,载于《管理世界》2005年第4期。

[84] 魏明海、程敏英、郑国坚:《从股权结构到股东关系》,载于《会计研究》2011年第1期。

[85] 吴红军、吴世农:《股权制衡、大股东掏空与企业价值》,载于《经济管理》2009年第3期。

［86］吴秋生、黄贤环：《财务公司的职能配置与集团成员上市公司融资约束缓解》，载于《中国工业经济》2017年第9期。

［87］吴淑琨：《股权结构与公司绩效的U型关系研究——1997 - 2000年上市公司的实证研究》，载于《中国工业经济》2022年第1期。

［88］申尊焕、郑秋亚：《上市公司第一大股东控制权：一个模型分析》，载于《统计与决策》2007年第24期。

［89］盛明泉、张春强、王烨：《高管股权激励与资本结构动态调整》，载于《会计研究》2016年第2期。

［90］宋立刚、姚洋：《改制对企业绩效的影响》，载于《中国社会科学》2005年第2期。

［91］孙兆斌：《股权集中、股权制衡与上市公司的技术效率》，载于《管理世界》2006年第7期。

［92］王茂斌、孔东民：《反腐败与中国公司治理优化：一个准自然实验》，载于《金融研究》2016年第8期。

［93］王欣、韩宝山：《混合所有制企业股权结构治理效应分析》，载于《经济体制改革》2018年第6期。

［94］夏立军、陈信元：《市场化进程、国企改革策略与公司治理结构的内生决定》，载于《经济研究》2007年第7期。

［95］徐光伟、殷浩洲、刘星：《混合所有制改革中股权结构多元化对企业投资结构的影响研究》，载于《经济体制改革》2019年第4期。

［96］徐莉萍、辛宇、陈工孟：《股权集中度和股权制衡及其对公司经营绩效的影响》，载于《经济研究》2006年第1期。

［97］徐信忠、黄张凯、刘寅等：《大宗股权定价的实证检验》，载于《经济研究》2006年第1期。

［98］徐业坤、钱先航、李维安：《政治不确定性、政治关联与民营企业投资——来自市委书记更替的证据》，载于《管理世界》2013年第5期。

［99］杨记军、逯东、杨丹：《国有企业的政府控制权转让研究》，载于《经济研究》2010年第2期。

［100］杨瑞龙、章逸然、杨继东：《制度能缓解社会冲突对企业风险承担的冲击吗?》，载于《经济研究》2017年第8期。

［101］杨兴全、尹兴强：《国企混改如何影响公司现金持有?》，载

于《管理世界》2018 年第 11 期。

[102] 姚颐、刘志远：《机构投资者具有监督作用吗?》，载于《金融研究》2009 年第 6 期。

[103] 姚颐、刘志远：《投票权制度改进与中小投资者利益保护》，载于《管理世界》2011 年第 3 期。

[104] 叶勇、蓝辉旋、李明：《多个大股东股权结构与公司业绩研究》，载于《预测》2013 年第 2 期。

[105] 俞红海、徐龙炳：《终极控股股东控制权与全流通背景下的大股东减持》，载于《财经研究》2010 年第 1 期。

[106] 余明桂、李文贵、潘红波：《管理者过度自信与企业风险承担》，载于《金融研究》2013 年第 1 期。

[107] 余明桂、李文贵、潘红波：《民营化、产权保护与企业风险承担》，载于《经济研究》2013 年第 9 期。

[108] 苑德军、郭春丽：《股权集中度与上市公司价值关系的实证研究》，载于《财贸经济》2005 年第 9 期。

[109] 张辉、黄昊、闫强明：《混合所有制改革、政策性负担与国有企业绩效——基于 1999—2007 年工业企业数据库的实证研究》，载于《经济学家》2016 年第 9 期。

[110] 张敏、童丽静、许浩然：《社会网络与企业风险承担——基于我国上市公司的经验证据》，载于《管理世界》2015 年第 11 期。

[111] 张瑞君、李小荣、许年行：《货币薪酬能激励高管承担风险吗》，载于《经济理论与经济管理》2013 年第 8 期。

[112] 张三保、张志学：《区域制度差异，CEO 管理自主权与企业风险承担——中国 30 省高技术产业的证据》，载于《管理世界》2012 年第 4 期。

[113] 张祥建、郭丽虹、徐龙炳：《中国国有企业混合所有制改革与企业投资效率的分析——基于留存国有股控制和高管政治关联的分析》，载于《经济管理》2015 年第 9 期。

[114] 张旭辉、李明、贾阳：《次大股东对公司价值的影响分析》，载于《统计与决策》2013 年第 20 期。

[115] 张瀚之、刘志远、张炳发：《决策者心理因素对企业知识资本投资行为异化影响的实证研究》，载于《管理评论》2017 年第 9 期。

［116］赵景文、于增彪：《股权制衡与公司经营业绩》，载于《会计研究》2005 年第 12 期。

［117］赵龙凯、江嘉骏、余音：《文化、制度与合资企业盈余管理》，载于《金融研究》2016 年第 5 期。

［118］郑晓倩：《董事会特征与企业风险承担实证研究》，载于《金融经济学研究》2015 年第 3 期。

［119］郑志刚：《分权控制与国企混改的理论基础》，载于《证券市场导报》2019 年第 1 期。

［120］钟覃琳、陆正飞、袁淳：《反腐败、企业绩效及其渠道效应——基于中共十八大的反腐建设的研究》，载于《金融研究》2016 年第 9 期。

［121］朱冰、张晓亮、郑晓佳：《多个大股东与企业创新》，载于《管理世界》2018 年第 7 期。

［122］朱红军、王彬、田子苷：《民营化为何不能改善公司经营绩效——国光瓷业民营化的案例研究》，载于《中国工业经济》2007 年第 1 期。

［123］朱克朋、刘小玄：《国有企业效率与退出选择——基于部分竞争性行业的经验研究》，载于《经济评论》2012 年第 3 期。

［124］朱磊、陈曦、王春燕：《国有企业混合所有制改革对企业创新的影响》，载于《经济管理》2019 年第 11 期。

［125］朱武祥、宋勇：《股权结构与企业价值——对家电行业上市公司实证分析》，载于《经济研究》2001 年第 12 期。

［126］朱玉杰、倪骁然：《机构投资者持股与企业风险承担》，载于《投资研究》2014 年第 8 期。

［127］祝继高、王春飞：《金融危机对公司现金股利政策的影响研究——基于股权结构的视角》，载于《会计研究》2013 年第 2 期。

［128］Amihud Y., Lev B. Risk Reduction as a Managerial Motive for Conglomerate Mergers. *The Bell Journal of Economics*, Vol. 12, No. 2, Autumn 1981, pp. 605 – 617.

［129］Anderson R. C., Reeb D. M. Founding-family Ownership, Corporate Diversification, and Firm Leverage. *The Journal of Law and Economics*, Vol. 46, No. 2, October 2003, pp. 653 – 684.

[130] Acemoglu D. , Zilibotti F. Was Prometheus Unbound by Chance? Risk, Diversification, and Growth. *Journal of Political Economy*, Vol. 105, No. 4, August 1997, pp. 709 – 751.

[131] Acharya V. V. , Amihud Y. , Litov L. Creditor Rights and Corporate Risk-taking. *Journal of Financial Economics*, Vol. 102, No. 1, October 2011, pp. 150 – 166.

[132] Acharya V. V. , Davydenko S. A. , Strebulaev I. A. Cash Holdings and Credit Risk. *The Review of Financial Studies*, Vol. 25, No. 12, December 2012, pp. 3572 – 3609.

[133] Admati A. R. , Pfleiderer P. The "Wall Street Walk" and Shareholder Activism: Exit as a Form of Voice. *The Review of Financial Studies*, Vol. 22, No. 7, July 2009, pp. 2645 – 2685.

[134] Aggarwal R. , Erel I. , Ferreira M. , et al. Does Governance Travel Around the World? Evidence from Institutional Investors. *Journal of Financial Economics*. Vol. 100, No. 1, April 2011, pp. 154 – 181.

[135] Anderson R. C. , Mansi S. A. , Reeb D. Founding Family Ownership and the Agency Cost of Debt. *Journal of Financial Economics*, Vol. 68, No. 2, May 2003, pp. 263 – 285.

[136] Armstrong C. S. , Vashinshtha R. Executive Stock Options, Differential Risk-taking Incentives, and Firm Value. *Journal of Financial Economics*, Vol. 104, No. 1, April 2012, pp. 70 – 88.

[137] Attig N. , Guedhami O. , Mishra D. Multiple Large Shareholders, Control Contests, and Implied Cost of Equity. *Journal of Corporate Finance*, Vol. 14, No. 5, December 2008, pp. 721 – 737.

[138] Attig N. , Ghoul S. E. , Guedhami O. , et al. The Governance Role of Multiple Large Shareholders: Evidence from the Valuation of Cash Holdings. *Journal of Management & Governance*, Vol. 17, No. 2, July 2013, pp. 419 – 451.

[139] Bargeron L. L. , Lehn K. M. , Zutter C. J. Sarbanes-oxley and Corporate Risk-taking. *Journal of Accounting and Economics*, Vol. 49, No. 1 – 2, February 2010, pp. 34 – 52.

[140] Bastgen A. , Holzner C. L. Employment Protection and the Mar-

ket for Innovations. *Labour Economics*, Vol. 46, June 2017, pp. 77 - 93.

[141] Bauguess S. W., Slovin M. B., Sushka M. E. Large Shareholder Diversification, Corporate Risk Taking, and the Benefits of Changing to Differential Voting Rights. *Journal of Banking & Finance*, Vol. 36, No. 4, April 2012, pp. 1244 - 1253.

[142] Belot F. Shareholder Agreement and Firm Value: Evidence from French Listed Firms. SSRN Working Paper, No. 1282144, 2010.

[143] Benndsen M., Wolfenzon D. The Balance of Power in Closely Held Corporations. *Journal of Financial Economics*, Vol. 58, No. 1 - 2, 2000, pp. 113 - 139.

[144] Bernanke B. S. Irreversibility, Uncertainty, and Cyclical Investment. *The Quarterly Journal of Economics*, Vol. 98, No. 1, February 1983, pp. 85 - 106.

[145] Benmelech E., Frydman C. Military CEOs. *Journal of Financial Economics*, Vol. 117, No. 1, July 2015, pp. 43 - 59.

[146] Ben-nasr H., Boubaker S., Rouatbi W. Ownership Structure, Control Contestability and Corporate Debt Maturity. *Journal of Corporate Finance*, Vol. 35, December 2015, pp. 265 - 285.

[147] Bharath S. T., Jayaraman S., Nagar V. Exit as Governance: An Empirical Analysis. *The Journal of Finance*, Vol. 68, No. 6, December 2013, pp. 2515 - 2547.

[148] Bloch F., Hege U. Multiple Shareholders and Control Contests. SSRN Working Paper, No. 2273211, 2003.

[149] Bolton P., Thadden E. V. Liquidity and Control: A Dynamic Theory of Corporate Ownership Structure. *Journal of Institutional & Theoretical Economics*, Vol. 154, No. 1, March 1998, pp. 177 - 211.

[150] Bond P., Edmans A., Goldstein I. The Real Effects of Financial Markets: The Impact of Prices on Takeovers. *The Journal of Finance*, Vol. 67, No. 3, June 2012, pp. 933 - 971.

[151] Boubari N., Cosset J. The Financial and Operating Performance of Newly Privatized Firms: Evidence from Developing Countries. *The Journal of Finance*, Vol. 53, No. 3, June 1998, pp. 1081 - 1110.

[152] Boubakri N. , Cosset J. , Saffar W. Political Connections of Newly Privatized Firms. *Journal of Corporate Finance*, Vol. 14, No. 5, December 2008, pp. 654 – 673.

[153] Boubakri N. , Cosset J. , Guedhami O. From State to Private Ownership: Issues from Strategic Industries. *Journal of Banking & Finance*, Vol. 33, No. 2, February 2009, pp. 367 – 379.

[154] Boubakri N. , Cosset J. , Guedhami O. , et al. The Political Economy of Residual State Ownership in Privatized Firms: Evidence from Emerging Markets. *Journal of Corporate Finance*, Vol. 17, No. 2, April 2011, pp. 244 – 258.

[155] Boubakri N. , Cosset J. , Saffar W. The Role of State and Foreign Owners in Corporate Risk-taking: Evidence from Privatization. *Journal of Financial Economics*, Vol. 108, No. 3, June 2013, pp. 641 – 658.

[156] Bowman E. H. A Risk/Return Paradox for Strategic Management. *Sloan Management Review*, Vol. 21, No. 3, 1980, pp. 17 – 31.

[157] Brandt L. , Li H. Bank Discrimination in Transition Economies: Ideology, Information or Incentives? . *Journal of Comparative Economics*, Vol. 31, No. 3, September 2003, pp. 387 – 413.

[158] Byungmo k. Do Foreign Investors Encourage Value-enhancing Corporate Risk Taking? . *Emerging Markets Finance & Trade*, Vol. 47, No. 3, 2011, pp. 88 – 110.

[159] Chen R. , Zhen C. , Lin T. W. Ownership Structure and Corporate Governance among Chinese Securities Firms. *International Journal of Management*, Vol. 28, No. 3, September 2011, pp. 789 – 805.

[160] Cheng M. , Lin B. , Wei M. How Does the Relationship Between Multiple Large Shareholders Affect Corporate Valuations? Evidence from China. *Journal of Economics and Business*, Vol. 70, November – December 2013, pp. 43 – 70.

[161] Claessens S. , Diankov S. , Lang L. H. The Separation of Ownership and Control in East Asian Corporations. *Journal of Financial Economics*, Vol. 58, No. 1 – 2, 2000, pp. 81 – 112.

[162] Coles J. L. , Daniel N. D. , Naveen L. Managerial Incentives

and Risk-taking. *Journal of Financial Economics*, Vol. 79, No. 2, February 2006, pp. 431 – 468.

[163] Cyert R. M. , March J. G. A Behavioural Theory of the Firm. *Systems Research & Behavioral Science*, Vol. 4, No. 2, 2010, pp. 81 – 95.

[164] Demsetz H. , Lehn K. The Structure of Corporate Ownership: Causes and Consequences. *Journal of Political Economy*, Vol. 93, No. 6, December 1985, pp. 1155 – 1177.

[165] Dhillon A. , Rossetto S. Corporate Control and Multiple Large Shareholders. Warwick Economics Research Paper, 2009.

[166] Diembissi B. Excessive Risk Taking and the Maturity Structure of Debt. *Journal of Economic Dynamics and Control*, Vol. 35, No. 10, October 2011, pp. 1800 – 1816.

[167] Don O. M. Do Managerial Motives Influence Firm Risk Reduction Strategies? . *The Journal of Finance*, Vol. 50, No. 4, September 1995, pp. 1291 – 1308.

[168] Dong Z. , Wang C. , Xie F. Do Executive Stock Options Induce Excessive Risk Taking? . *Journal of Banking & Finance*, Vol. 34, No. 10, October 2010, pp. 2518 – 2529.

[169] Durnev A. , Morch R. , Yeung B. Value – Enhancing Capital Budgeting and Firm-specific Stock Return Variation. *The Journal of Finance*, Vol. 59, No. 1, February 2004, pp. 65 – 105.

[170] Edmans A. , Fang V. W. , Zur E. The Effect of Liquidity on Governance. *The Review of Financial Studies*, Vol. 26, No. 6, June 2013, pp. 1443 – 1482.

[171] Edmans A. Blockholders and Corporate Governance. *Annual Review of Financial Economics*, No. 6, 2014, pp. 23 – 50.

[172] Edmanes A, Manso G. Governance Through Trading and Intervention: A Theory of Multiple Blockholders. *The Review of Financial Studies*, Vol. 24, No. 7, July 2011, pp. 2395 – 2428.

[173] Edmans A. , Holderness C. Blockholders: A Survey of Theory and Evidence. *The Handbook of the Economics of Corporate Governance*, Vol. 1, 2017, pp. 541 – 636.

[174] Faccio M., Lang H. P. The Ultimate Ownership of Western European Corporations. *Journal of Financial Economics*, Vol. 65, No. 3, September 2002, pp. 365 – 395.

[175] Faccio M., Marchica M., Mura R. Large Shareholder Diversification and Corporate Risk-taking. *The Review of Financial Studies*, Vol. 24, No. 11, November 2011, pp. 3601 – 3641.

[176] Faccio M., Marchica M., Mura R. CEO Gender, Corporate Risk-taking, and the Efficiency of Capital Allocation. *Journal of Corporate Finance*, Vol. 39, August 2016, pp. 193 – 209.

[177] Fahlenbrach R., Stulz R. M. Managerial Ownership Dynamics and Firm Value. *Journal of Financial Economics*, Vol. 92, No. 3, June 2009, pp. 342 – 361.

[178] Fan J. P., Wong T. J., Zhang T. Politically Connected CEOs, Corporate Governance, and Post – IPO Performance of China's Newly Partially Privatized Firms. *Journal of Financial Economics*, Vol. 84, No. 2, May 2007, pp. 330 – 357.

[179] Fang V. W., Tian X., Tice S. Does Stock Liquidity Enhance or Impede Firm Innovation?. *The Journal of Finance*, Vol. 69, No. 5 October 2014, pp. 2085 – 2125.

[180] Favara G., Gao J., Giannetti M. Uncertainty, Creditor Rights, and Firm Precautionary Behavior. *Ssrn Electronic Journal*, 2017.

[181] Fazzari S. M., Hubbard R. G., Petersen B. C. Financing Constraints and Corporate Investment. *Brookings Papers on Economic Activity*, Vol. 19, No. 1, 1988, pp. 141 – 206.

[182] Ferreira M. A., Matos P. The Colors of Investors'Money: The Role of Institutional Investors around the World. *Journal of Financial Economics*, Vol. 88, No. 3, June 2008, pp. 499 – 533.

[183] Fogel K., Morck R., Yeung B. Corporate Stability and Economic Growth: Is What's Good for General Motors Good for America?. *Journal of Financial Economics*, Vol. 89, No. 1, 2008, pp. 83 – 108.

[184] Gerstner W. C., König A., Enders A., Hambrick D. C. CEO Narcissism, Audience Engagement, and Organizational Adoption of Techno-

logical Discontinuities. Administrative Science Quarterly, Vol. 58, No. 6, 2013, pp. 257 – 291.

[185] Gervais S. , Heaton J. B. , Odean T. Overconfidence, Compensation Contracts, and Capital Budgeting. The Journal of Finance, Vol. 66, No. 11, 2011, pp. 1735 – 1777.

[186] Gomes A. , Novaes W. Sharing of Control versus Monitoring As Corporate Governance Mechanisms. SSRN Working Paper, 2005.

[187] Hart S. J. , Grossman O. D. Takeover Bids, the Free-rider Problem, and the Theory of the Corporation. *Bell Journal of Economics*, Vol. 11, No. 1, Spring 1980, pp. 42 – 64.

[188] Hart O. , Moore J. Property Rights and the Nature of the Firm. *Journal of Political Economy*, Vol. 98, No. 6, December 1990, pp. 1119 – 1158.

[189] Han E. K. , Lu Y. CEO Ownership, External Governance, and Risk-taking. *Journal of Financial Economics*, Vol. 102, No. 2, November 2011, pp. 272 – 292.

[190] Hirschman A. *Exit, Voice, and Loyalty: Responses to Decline in Firms, Organizations, and States.* New York: Harvard University Press, 1970.

[191] Holmstrom B. Moral Hazard and Observability. *The Bell Journal of Economics*, Vol. 10, No. 1, Spring 1979, pp. 74 – 91.

[192] Holmstrom B. Agency Costs and Innovation. *Journal of Economic Behavior& Organization*, Vol. 12, No. 3, December 1989, pp. 305 – 327.

[193] Hayes R. M. , Lemmon M. , Qiu M. Stock Options and Managerial Incentives for Risk Taking: Evidence from FAS 123R. *Journal of Financial Economics*, Vol. 105, No. 1, July 2012, pp. 174 – 190.

[194] Jensen M. C. , Meckling W. H. Theory of the Firm: Managerial Behavior, Agency Costs and Ownership Structure. *Journal of Financial Economics*, Vol. 3, No. 4, October 1976, pp. 305 – 360.

[195] Jensen M. C. , Murphy K. J. Performance Pay and Top-management Incentives. *Journal of Political Economy*, Vol. 98, No. 2, April 1990, pp. 225 – 264.

［196］Jiang F. X. , Cai W. J. , Wang X. , et al. Multiple Large Shareholders and Corporate Investment: Evidence from China. *Journal of Corporate Finance*, Vol. 50, June 2018, pp. 66 – 83.

［197］Jiang F. , et al. Family-firm Risk-taking: Does Religion Matter?. *Journal of Corporate Finance*, Vol. 33, August 2015, pp. 260 – 278.

［198］John K. , Litov L. , Yeung B. Corporate Governance and Risk-taking. *The Journal of Finance*, Vol. 63, No. 4, August 2008, pp. 1679 – 1728.

［199］Kahneman D. , Tversky A. Prospect Theory: An Analysis of Decision Under Risk. *Econometrica*, Vol. 47, No. 2, 1979, pp. 263 – 291.

［200］Kempf A. , Ruenzi S. , Thele T. Employment Risk, Compensation Incentives, and Managerial Risk Taking: Evidence from the Mutual Fund Industry. *Journal of Financial Economics*, Vol. 92, No. 1, April 2009, pp. 92 – 108.

［201］Kim E. H. , Lu Y. CEO Ownership, External Governance, and Risk-taking. *Journal of Financial Economics*, Vol. 102, No. 2, November 2011, pp. 272 – 292.

［202］Kini O. , Williams R. Tournament Incentives, Firm Risk, and Corporate Policies. *Journal of Financial Economics*, Vol. 103, No. 2, February 2012, pp. 350 – 376.

［203］Knight F. Risk, Uncertainty and Profit. *Social Science Electronic Publishing*, No. 4, 1921, pp. 682 – 690.

［204］Kostovetsky L. Political Capital and Moral Hazard. *Journal of Financial Economics*, Vol. 116, No. 1, April 2015, pp. 144 – 159.

［205］Laeven L. , Levine R. Complex Ownership Structures and Corporate Valuations. *The Review of Financial Studies*, Vol. 21, No. 2, April 2008, pp. 579 – 604.

［206］Li J. , Tang Y. CEO Hubris and Firm Risk Taking in China: The Moderating Role of Managerial Discretion. *Academy of Management Journal*, Vol. 53, No. 1, November 2017, pp. 45 – 68.

［207］Li K. , Griffin D. , Yue H. , et al. How Does Culture Influence Corporate Risk-taking? . *Journal of Corporate Finance*, Vol. 23, December

2013, pp. 1 – 22.

[208] Liu Y. , Mauer D. C. Corporate Cash Holdings and CEO Compensation Incentives. *Journal of Financial Economics*, Vol. 102, No. 1, October 2011, pp. 183 – 198.

[209] Low A. Managerial Risk-taking Behavior and Equity-based Compensation. *Journal of Financial Economics*, Vol. 92, No. 3, June 2009, pp. 470 – 490.

[210] Lumpkin G. T. , Dess G. G. Clarifying the Entrepreneurial Orientation Construct and Linking It to Performance. *Academy of Management Journal*, Vol. 21, No. 1, January 1996, pp. 135 – 172.

[211] Maug E. Large Shareholders As Monitors: Is There a Trade-off between Liquidity and Control? . *The Journal of Finanace*, Vol. 53, No. 1, February 1998, pp. 65 – 98.

[212] Maury B. , Pajuste A. Multiple Large Shareholders and Firm Value. *Journal of Banking & Finance*, Vol. 29, No. 7, July 2005, pp. 1813 – 1834.

[213] May D. O. Do Managerial Motives Influence Firm Risk Reduction Strategies? . *The Journal of Finance*, Vol. 50, No. 4, September 1995, pp. 1291 – 1308.

[214] Mclean R. D. , Zhao M. The Business Cycle, Investor Sentiment, and Costly External Finance. *The Journal of Finance*, Vol. 69, No. 3, June 2014, pp. 1377 – 1409.

[215] Megginson W. L. , Ullah B. , Wei Z. State Ownership, Soft-budget Constraints and Cash Holdings: Evidence from China's Privatized Firms. *Journal of Banking & Finance*, Vol. 48, November 2014, pp. 276 – 291.

[216] Mishra D. R. Multiple Large Shareholders and Corporate Risk Taking: Evidence from East Asia. *Corporate Governance: an International Review*, Vol. 19, No. 6, November 2011, pp. 507 – 528.

[217] Myers S. C. , Majluf N. S. Corporate Financing and Investment Decisions When Firms Have Information That Investors Do Not Have. *Journal of Financial Economics*, Vol. 13, No. 2, June 1984, pp. 187 – 221.

[218] Nakano M. , Nguyen P. Board Size and Corporate Risk Taking: Further Evidence from Japan. *Corporate Governance: an International Review*, Vol. 20, No. 4, July 2012, pp. 369 – 387.

[219] Nenova T. The Value of Corporate Voting Rights and Control: A Cross-country Analysis. *Journal of Financial Economics*, Vol. 68, No. 3, June 2003, pp. 325 – 351.

[220] Nguyen P. Corporate Governance and Risk-taking: Evidence from Japanese Firms. *Pacific – Basin Finance Journal*, Vol. 19, No. 3, June 2011, pp. 278 – 297.

[221] Pagano M. , Roell A. The Choice of Stock Ownership Structure: Agency Costs, Monitoring, and the Decision to Go Public. *The Quarterly Journal of Economics*, Vol. 113, No. 1, February 1998, pp. 187 – 225.

[222] Paligorova T. Corporate Risk Taking and Ownership Structure. Bank of Canada Working Paper, No. 3, 2010.

[223] Palmer T. B. , Wiseman R. M. Decoupling Risk Taking from Income Stream Uncertainty: A Holistic Model of Risk. *Strategic Management Journal*, Vol. 20, No. 11, November 1999, pp. 1037 – 1062.

[224] Peltomaki J. , Swidler S. , Vahamaa S. Age, Gender, and Risk-taking: Evidence from the S&P 1500 Executives and Market-based Measures of Firm Risk. *Journal of Business Finance & Accounting*, Vol. 48, No. 9 – 10, October/November 2021, pp. 1988 – 2014.

[225] Porta R. L. , Lopez-de-silanes F. , Shleifer A. Corporate Ownership around the World. *The Journal of Finance*, Vol. 54, No. 2, April 1999, pp. 471 – 517.

[226] Rau P. R. , Xu J. How Do Ex Ante Severance Pay Contracts Fit into Optimal Executive Incentive Schemes? . *Journal of Accounting Research*, Vol. 51, No. 3, June 2013, pp. 631 – 671.

[227] Shleifer A. , Vishny R. A Survey of Corporate Governance. *The Journal of Finance*, Vol. 52, No. 2, June 1997, pp. 737 – 783.

[228] Shleifer A. , Wolfenzon D. Investor Protection and Equity Markets. *Journal of Financial Economics*, Vol. 66, No. 1, October 2002, pp. 3 – 27.

[229] Su W. , Lee C. Effects of Corporate Governance on Risk Taking in Taiwanese Family Firms during Institutional Reform. *Asia Pacific Journal of Management*, Vol. 30, No. 3, March 2013, pp. 809 – 828.

[230] Thomsen S. , Pedersen T. Ownership Structure and Economic Performance in the Largest European Companies. *Strategic Management Journal*, Vol. 21, No. 6, June 2000, pp. 689 – 705.

[231] Wang C. J. Board Size and Firm Risk-taking. *Review of Quantitative Finance and Accounting*, Vol. 38, No. 4, April 2012, pp. 519 – 542.

[232] Wei Z. , Xie F. , Zhang S. Ownership Structure and Firm Value in China's Privatized Firms: 1991 – 2001. *Journal of Financial and Quantitative Analysis*, Vol. 40, No. 1, March 2005, pp. 87 – 108.

[233] Wright P. , Ferris S. P. , Sarin A. , et al. Impact of Corporate Insider, Blockholder, and Institutional Equity Ownership on Firm Risk Taking. *The Academy of Management Journal*, Vol. 39, No. 2, April 1996, pp. 441 – 463.

[234] Zwiebel J. Block Investment and Partial Benefits of Corporate Control. *The Review of Economic Studies*, Vol. 62, No. 2, April 1995, pp. 161 – 185.